THÉATRE COMPLET

DE

EUGÈNE LABICHE

AVEC UNE PRÉFACE

PAR

ÉMILE AUGIER

X

LE PRIX MARTIN
J'AI COMPROMIS MA FEMME
LA CIGALE CHEZ LES FOURMIS — SI JAMAIS JE TE PIN E
UN MARI QUI LANCE SA FEMME

PARIS
CALMANN LÉVY, ÉDITEUR
ANCIENNE MAISON MICHEL LÉVY FRÈRES
3, RUE AUBER, 3
—
1892
Droits de reproduction et de traduction réservés.

THÉATRE COMPLET

DE

EUGÈNE LABICHE

X

ÉMILE COLIN. — IMPRIMERIE DE LAGNY

LE PRIX MARTIN

COMÉDIE
EN TROIS ACTES

Représentée pour la première fois, à Paris, sur le théâtre du Palais-Royal, le 5 février 1876.

COLLABORATEUR : M. ÉMILE AUGIER

PERSONNAGES

ACTEURS
qui ont créé les rôles.

FERDINAND MARTIN. MM. Geoffroy.
HERNANDEZ MARTINEZ. Brasseur.
AGÉNOR MONTGOMMIER. Gil-Pérès.
EDMOND BARTAVELLE. Ch. Numa.
PIONCEUX, domestique de Martin. Lassouche.
LOISA, femme de Martin. Mmes M. Magnier.
BATHILDE BARTAVELLE. Eug. Lemercier.
GROOSBACK, servante d'auberge. Raymonde

Le premier acte à Paris, chez Martin. Le deuxième à Chamounix, et le troisième à la Handeck.

LE PRIX MARTIN

ACTE PREMIER.

Le théâtre représente un petit salon bourgeoisement meublé. — Au premier plan, à droite, une cheminée avec glace. — Au deuxième plan, une porte. — Au deuxième plan, à gauche, une porte. — Portes dans les pans coupés. — Porte d'entrée au fond. — A droite, un canapé. — Un petit guéridon près de la cheminée. — A gauche, une table de jeu avec des cartes. — Fauteuils, chaises, etc...

SCÈNE PREMIÈRE.

MARTIN, AGÉNOR et PIONCEUX.

Au lever du rideau, Martin et Agénor sont assis devant la table de jeu. Pionceux est debout derrière son maître et le conseille.

AGÉNOR.

A qui de faire?

MARTIN.

A toi, capitaine. (Pendant qu'Agénor donne.) Quel beau jeu que le bésigue!

AGÉNOR.

C'est attachant et ça n'absorbe pas.

MARTIN.

On peut causer... on s'arrête... on repart... c'est une voiture à volonté... Avec le bésigue, nous tuons agréablement trois heures par jour, l'un dans l'autre

AGÉNOR.

Oui, mais ça fait bisquer ta femme.

MARTIN.

Oh bien, qu'elle bisque! si je m'abstenais de tout ce qui la fait bisquer, je ne ferais plus rien de rien!... c'est un dragon de vertu, ma femme, il faut lui rendre justice, un vrai dragon!... Eh bien, il y a des jours, ma parole, où je porte envie aux maris trompés... On les dorlote, ceux-là!... Tu as raison de rester garçon.

PIONCEUX, qui s'est assis derrière Martin.

Êtes-vous bête!

MARTIN.

Comment, je suis bête?

PIONCEUX, indiquant.

Quarante de bésigue.

MARTIN.

C'est vrai, je ne le voyais pas. (Se retournant tout à coup.) Mais je vous prie, monsieur Pionceux, de surveiller vos expressions.

PIONCEUX, se levant et rangeant son siége.

Bah! devant le capitaine!

MARTIN.

Soit! mais ça pourrait t'échapper devant des étrangers

et tout le monde n'est pas forcé de savoir que tu es mon frère de lait.

PIONCEUX.

Vous ne vous vantez pas de notre parenté, je le sais bien... un domestique!...

MARTIN.

Tu m'ennuies, imbécile!... Va nous chercher de la bière.

PIONCEUX, sortant à part.

Les parents pauvres... voilà!

Il sort par le fond.

AGÉNOR.

Quand vous êtes seuls, il te tutoie?

MARTIN.

Jamais! Je ne le souffrirais pas.

AGÉNOR, comptant et étalant son jeu.

J'ai gagné! soixante de femmes.

MARTIN.

Ça ne m'étonne pas, tu as toujours été le favori des dames.

AGÉNOR.

Pas tant qu'on le croit.

MARTIN.

Voyons, entre nous, combien en as-tu eu?

AGÉNOR.

Est-ce que je sais!

MARTIN.

Innombrables!... tu l'avoues!... Moi, j'en ai eu onze... je n'ai jamais pu aller jusqu'à la douzaine!... Quelle drôle de chose que la vie! il y a des hommes qui ont toutes les femmes, tandis que les autres... Mais comment t'y prenais-tu? Car enfin tu n'es pas plus beau que moi.

AGÉNOR.

Plus mince... beaucoup plus mince... et puis le prestige de l'épaulette!

MARTIN.

Et d'un beau nom! c'est quelque chose! Agénor Montgommier!... en déplaçant une lettre ça fait Montgommeri! grande maison! tandis que, moi, je m'appelle Ferdinand Martin, petite enseigne... Dire que, si ma famille n'avait pas quitté le Guatemala, je m'appellerais Hernandez Martinez comme mon cousin... voilà un nom à femmes! et que, si j'avais su monter à cheval, j'aurais pu être comme toi dans l'état-major de la garde nationale... quand il y en avait une... Pas de chance!

AGÉNOR.

Tu perds onze cents points.

MARTIN.

Pas de chance! Soufflons un peu.

<small>Pionceux entre et pose la bière et les verres sur la table.</small>

PIONCEUX.

Voici la bière; mais vous avez bien tort d'en boire, gros comme vous êtes.

MARTIN.

Veux-tu me laisser tranquille, toi!

PIONCEUX.

Ça me fait mal de voir détériorer le nourrisson de ma mère.

MARTIN, se levant.

Je n'engraisse plus... j'ai fait mon effet

PIONCEUX.

Je t'en fiche! vos pantalons me deviennent deux fois trop larges.

Il montre son pantalon.

MARTIN.

Veux-tu t'en aller, animal!...

PIONCEUX, sortant par le fond.

Les riches ne tolèrent pas la vérité.

AGÉNOR, qui a versé la bière, se levant et en présentant un verre à Martin.

Qu'est-ce que je te disais! il t'a tutoyé.

MARTIN, prenant le verre.

Si je le croyais!

AGÉNOR.

Il t'a dit : « Je t'en fiche! »

MARTIN

Oh! ça, c'est une locution... dont on peut se servir envers un supérieur... C'est comme *Je t'en souhaite*... ou *Je t'en ratisse*... A ta santé, mon vieux!... à tes maitresses!...

Ils trinquent.

AGÉNOR.

Aux tiennes!

Ils boivent.

MARTIN.

Tu as dû avoir pas mal de femmes mariées, hein?

AGÉNOR.

On en a toujours trop.

MARTIN.

Bandit! moi, je n'en ai eu qu'une... la mienne... c'est le

regret de ma vie... Oh! l'adultère! l'adultère, c'est-à-dire la volupté assaisonnée de crime! Comprends-tu le crime, Agénor? moi, je le comprends! il y a des jours où je sens en moi l'étoffe d'un grand criminel!

Il va poser son verre sur la table.

AGÉNOR.

Tais-toi donc! tu es le meilleur des hommes..

Même jeu.

MARTIN, descendant à gauche.

Ne crois pas ça! j'ai du sang espagnol dans les veines! *Caromba!* comme dit mon cousin!... et puis ça passe... mais il y a tout de même un fond de regrets.

AGÉNOR.

Console-toi, va! les femmes mariées, c'est amusant de loin; mais, à l'user, c'est la scie des scies!...

MARTIN.

Quand tu me persuaderas ça...

AGÉNOR.

Dans les commencements, je ne dis pas... il y a de bons quarts d'heure.

MARTIN.

Je crois bien... la femme d'un autre!

AGÉNOR.

Oui, mais l'autre a parfois des vengeances...

MARTIN.

Oui... le sire de Vergy, qui fait manger à son épouse le cœur de son amant... Ça c'est pénible... mais ça ne t'est jamais arrivé?

AGÉNOR.

Il y a plus pénible encore.

MARTIN.

Fulbert?

AGÉNOR.

Oh! non! mais je ne sais pas si au choix...

MARTIN.

Le reste est donc bien terrible?

AGÉNOR.

Mon Dieu, ça n'a l'air de rien... As-tu vu aux Français *le Supplice d'une femme?*

MARTIN.

Oui, une femme qui n'aime plus son amant et qui se remet à aimer son mari.

AGÉNOR.

Retourne la chose et tu as le supplice d'un homme: (Allant à la cheminée.) Un amant qui se met à aimer le mari et à ne plus aimer la femme.

MARTIN.

Que c'est bête! il n'a qu'à la lâcher.

AGÉNOR.

Si tu crois que c'est facile, de lâcher une femme romanesque!

MARTIN.

Ça ne m'a jamais gêné.

AGÉNOR.

Comment t'y prenais-tu?

MARTIN.

Très-simplement. Je portais alors un léger gazon, car j'étais déjà chauve; au moment le plus... lyrique, j'ôtais ma perruque, la petite me flanquait à la porte en m'appelant : « Vieux déplumé!... » et bonsoir!... libéré!...

AGÉNOR, devant la cheminée.

Mais je ne porte pas perruque, moi!

MARTIN.

Non, mais tu te teins.

AGÉNOR.

Je t'assure...

MARTIN.

Farceur! tu t'es encore donné une couche ce matin.

AGÉNOR.

Jamais!... un peu de pommade peut-être.

MARTIN.

Eh bien, renonce à cette pommade-là et tu verras si on se cramponne.

AGÉNOR, à part.

C'est une idée!

MARTIN.

Encore une partie

AGÉNOR.

Ça va.

Ils se rasseyent à la table.

PIONCEUX, entrant du fond une lettre à la main.

Une lettre qu'apporte un commissionnaire. Pas de réponse.

MARTIN.

L'écriture de mon cousin Hernandez. (Après avoir lu.) Il vient dîner avec nous. Tu mettras son couvert, Pionceux.

PIONCEUX.

Encore! il n'y a pas de bon sens de l'avoir comme ça tous les jours.

ACTE PREMIER.

MARTIN.

Si je ne peux plus recevoir ma famille !

PIONCEUX.

Pas tous les jours, saprelotte !

MARTIN.

Est-ce toi qui payes ?

PIONCEUX.

Non, mais c'est moi qui nettoie l'argenterie, et ce monsieur change de fourchette à chaque plat. Les sauvages, ça devrait manger avec les doigts !

MARTIN.

C'est un grand seigneur, ce sauvage-là, monsieur Pionceux !... Je suis fier d'être de sa race, et je vous prie d'être avec lui de la plus obséquieuse politesse... dans votre intérêt même, car je vous préviens que sa botte est un peu nerveuse.

PIONCEUX.

Et ce n'est pas vous qui me défendriez... Je ne suis pas de votre race.

MARTIN.

Tu n'es d'aucune race, idiot ! fiche-moi le camp.

PIONCEUX.

Bien, bien ! reniez-moi ! reniez le sein qui nous a nourris !

Il sort par le fond en emportant le plateau de la bière.

MARTIN.

Cette brute-là me rendra fou ! (Pendant qu'Agénor donne les cartes.) Tu dînes avec nous ce soir ?

AGÉNOR, sèchement.

Non.

MARTIN.

Pourquoi non?

AGÉNOR.

Tu n'as pas besoin de moi... Tu as ton fameux cousin.

MARTIN.

Ça t'offusque, que je l'invite?

AGÉNOR.

Moi? pas du tout. Qu'est-ce que ça me fait? Adopte-le, ton cousin! Tu es bien libre!

MARTIN.

Agénor, tu me fais de la peine.

AGÉNOR.

Tu lâches les vieux amis pour les nouveaux, c'est naturel! Tout nouveau, tout beau!

MARTIN.

Agénor, vous êtes injuste.

AGÉNOR.

Tiens, veux-tu que je te dise? il te fait poser, ton cacique; il te pousse des blagues grosses comme des maisons.

MARTIN.

Lesquelles?

AGÉNOR.

Tu crois, par exemple, qu'il a épousé une reine?

MARTIN.

Une reine des Peaux-Rouges, j'en suis sûr. J'en ai la preuve... J'ai vu le serpent!

AGÉNOR.

Quel serpent?

MARTIN.

Le serpent qu'il porte tatoué sur sa poitrine et qui est le symbole de la royauté chez les Chichimèques.

AGÉNOR.

Les Chichimèques? Tu crois aux Chichimèques, toi?

MARTIN.

C'est une tribu d'Indiens dans l'Amérique centrale... Consulte Malte-Brun.

AGÉNOR.

Bêta, va!

MARTIN.

Si tu ne crois plus à la géographie!

AGÉNOR.

Tiens, Ferdinand, tu n'as qu'un défaut, mais, sacrebleu! tu l'as!

MARTIN.

Lequel, s'il vous plaît?

AGÉNOR.

La gloriole.

MARTIN, blessé.

La gloriole, moi?... Tenez, jouons, monsieur, jouons.

SCÈNE II.

Les Mêmes, LOISA, puis PIONCEUX.

LOÏSA, entrant par le pan coupé de droite.

Comment! vous voilà encore avec votre bésigue?

MARTIN.

Nous finissons.

LOÏSA.

Non ! c'est insupportable ! depuis le matin jusqu'au soir ! (Brouillant les cartes.) Tiens ! tiens !

MARTIN.

J'avais cent d'as.

Il se lève.

LOÏSA, à part.

Comment le renvoyer? (Haut à Martin.) Vous oubliez que vous devez aller toucher aujourd'hui vos coupons au Crédit foncier.

MARTIN.

C'est juste... On a jusqu'à trois heures... J'y vais. (Il remonte puis redescend.) Je t'annonce que M. Agénor refuse de dîner avec nous.

LOÏSA.

Comment?

MARTIN.

Monsieur prétend que, si nous invitons notre cousin Hernandez, c'est par gloriole !

AGÉNOR, debout

Non, j'accepte, la... J'accepte !

MARTIN, lui tendant la main.

Capricieux ! Tu m'as fait de la peine.

PIONCEUX, entrant du fond.

Madame, c'est une visite... M. et madame Bartavelle.

LOÏSA, à part.

Ils prennent bien leur temps ! (Haut à Pionceux.) Rangez cette table.

Pionceux range la table de jeu contre le mur à gauche.

AGÉNOR.

Les Bartavelle? Je file.

LOÏSA, bas, l'arrêtant.

Restez J'ai à vous parler.

AGÉNOR, à part.

Une explication? J'aime mieux cela.

MARTIN.

Ils sont mariés depuis trois jours... ils font sans doute leurs visites de noces.

AGÉNOR.

Parbleu! Je les ai déjà rencontrés hier dans l'exercice de leurs fonctions. La petite, que ça ennuie, ne faisait qu'agiter son mouchoir pour donner le signal du départ.

LOÏSA, à part.

Tant mieux, ils ne resteront pas longtemps. (Haut, à Pionceux.) Allons, faites entrer...

PIONCEUX, gravement.

M. et madame Bartavelle!

SCÈNE III.

Les Mêmes, EDMOND, BATHILDE.

EDMOND, entrant avec Bathilde, et saluant.

Madame... messieurs... permettez-moi de vous présenter ma femme.

Pionceux sort.

LOÏSA.

Madame. (Elle fait asseoir Bathilde près d'elle, sur le canapé Tout le monde s'asseoit.) Vous faites déjà vos visites?

BATHILDE.

Mon Dieu oui... maman m'a dit : « Il faut vous en débarrasser tout de suite. »

EDMOND.

D'autant plus que nous partons ce soir. J'ai une botte de cartes avec P. P. C... pour prendre congé.

LOÏSA.

Et, quand vous ne rencontrez personne... vous dites : « Une de moins!... »

BATHILDE.

Autant de gagné!

EDMOND, toussant pour l'avertir.

Hum! hum! (Haut, gracieusement.) Nous ne disons pas cela partout.

BATHILDE.

Oh! presque!

MARTIN, à part.

Elle est charmante! un peu bébête! (Haut.) Et où allez-vous passer votre lune de miel?

EDMOND.

En Suisse. Je viens d'acheter le Guide.

Bathilde agite son mouchoir.

AGÉNOR, à part.

Le mouchoir! déjà!...

LOÏSA.

Quelle partie de la Suisse comptez-vous visiter?

BATHILDE.

Oh! je ne sais pas, moi, il faut demander ça à Edmond.

ACTE PREMIER.

EDMOND.

Nous entrerons par Genève, Chamounix et ensuite l'Oberland... Je tiens surtout à faire voir à mademoiselle... (On rit. Se reprenant.) à madame Bartavelle! la chute de l'Aar à la Handeck.

LOÏSA.

C'est curieux?

EDMOND.

C'est ce qu'on appelle une belle horreur. Figurez-vous des rochers à pic... non... je vais vous en lire la description.

Il ouvre son Guide. Bathilde agite son mouchoir.

MARTIN.

Madame est peut-être un peu pressée?

BATHILDE.

Oh! pas du tout! nous avons tout le temps.

EDMOND, qui a cherché dans le Guide.

Ah! voilà!... La Handeck. Écoutez ça. (Lisant.) « En approchant de ces vastes solitudes, l'âme est pénétrée d'un sentiment religieux. On prend un petit sentier à gauche... »

Bathilde agite plus vivement son mouchoir.

AGÉNOR, à part.

Le mouchoir a des attaques de nerfs!

EDMOND, lisant.

« Enfin l'on arrive. Quel admirable tableau!... O sceptique, découvre-toi! Au sommet d'un rocher à pic, couronné de pins noirs (*pinus nigra*), deux torrents se précipitent, en se choquant avec un bruit formidable, dans un gouffre sans fond. »

LOÏSA, avec terreur.

C'est effrayant !

EDMOND, lisant.

« Le voyageur tremble, car l'abime l'attire, et, courbé sous la main puissante de la nature, il plie le genou et s'écrie... (Tournant la page.) On trouve au châlet de la Handeck, du pain, du fromage et du kirschwaser. » (S'arrêtant.) Mais ça ne se suit pas... Ah! j'ai tourné deux pages.

Batbilde agite son mouchoir.

AGÉNOR, à part.

Il est donc aveugle ?

Il tire son mouchoir et l'agite aussi.

LOÏSA.

Que ça doit être beau, cette chute de l'Aar. (A Martin.) Mon ami, pourquoi n'irions-nous pas aussi en Suisse ?

MARTIN.

Oh! la Suisse !... on s'en fait une idée... Figure-toi le Mont-Valérien... plus haut... voilà la Suisse !

LOÏSA.

Oui, mais là on ne court aucun danger... tandis qu'à la Handeck...

EDMOND.

Il suffit d'un simple faux pas... On parle d'un Anglais qui avait à se plaindre de sa femme. Il la conduisit à la chute de l'Aar et, avec le petit doigt, il la poussa dans le trou !

LOÏSA.

Ah! c'est horrible !

BATHILDE.

On ne l'a retrouvée que cinq ans après.

ACTE PREMIER.

AGÉNOR.

Bien changée.

Bathilde agite son mouchoir.

LOÏSA.

Monsieur Edmond... madame vous fait le signal du départ.

BATHILDE.

Oh! non! ce n'est pas ça... ce sont les mouches qui me tourmentent.

MARTIN, à part.

Elle est charmante! un peu bébête!...

LOÏSA.

Combien vous reste-t-il de visites à faire?

BATHILDE.

Vingt-cinq avant dîner!

LOÏSA, se levant.

Vous n'avez pas une minute à perdre

EDMOND.

Puisque vous le permettez...

On se lève.

BATHILDE.

Nous resterons plus longtemps à notre retour.

LOÏSA.

Je vous souhaite un bon voyage, chère madame.

MARTIN.

Et prenez garde à la Handeck.

EDMOND, à Bathilde.

Oui. Si vous n'êtes pas gentille... je ferai comme l'Anglais: je vous pousserai dans le trou.

BATHILDE.

Oh! je ne vous crains pas, allez! (Saluant.) **Madame,** messieurs...

MARTIN.

Je sors avec vous; je vais au Crédit foncier.

Martin, Edmond et Bathilde sortent par le fond.

LOÏSA, à part.

Ce n'est pas malheureux, les voilà partis!

SCÈNE IV.

AGÉNOR, LOISA.

AGÉNOR, à part.

Il faut en finir!... il faut me dépoétiser. Je dois ce sacrifice à l'amitié.

LOÏSA, descendant.

Monsieur Montgommier, je me suis plu longtemps à vous appeler mon beau gentilhomme.

AGÉNOR.

C'est vrai, Loïsa... vous avez cette innocente manie.

LOÏSA.

Je croyais que vous touchiez aux Montgommeri par le cœur, comme par le nom... Je constate avec regret que vous n'êtes qu'un traîneur de sabre.

AGÉNOR, à part.

C'est elle qui commence... ça ira tout seul.

LOÏSA.

Voilà trois rendez-vous de suite auxquels vous vous dérobez lâchement.

AGÉNOR.

Mais chaque fois j'ai fait le signal!

LOÏSA.

Il n'aurait plus manqué que vous ne le fissiez pas!

AGÉNOR.

Pour lundi et samedi, je vous ai expliqué...

LOÏSA.

Soit... mais pour hier?

AGÉNOR.

Pour hier, c'est autre chose... Je séchais.

LOÏSA.

Vous séchiez?...

AGÉNOR.

Oui, Loïsa... et vous me réduisez à un aveu bien pénible. Ces cheveux dans lesquels vous avez parfois le doux caprice de passer vos doigts, ils n'ont qu'un éclat emprunté.

LOÏSA.

Eh bien?

AGÉNOR.

Eh bien, hier, il faisait très-humide, le vent soufflait de l'ouest... et ils ne voulaient pas sécher.

LOÏSA.

Est-ce bien vrai?

AGÉNOR.

Que je me teins? sur ce qu'il y a de plus sacré...

LOÏSA.

Non, ça, je le savais.

AGÉNOR, très-étonné.

Vous le saviez?

LOÏSA.

Depuis trois ans. (Allant s'asseoir sur le canapé.) C'était pour me plaire, j'ai cru devoir reconnaître cette attention en feignant de ne pas m'en apercevoir... car j'ai toutes les délicatesses, moi.

AGÉNOR, assis près du canapé.

Toutes... vous les avez toutes! ah! Loïsa que vous me faites de bien! Je tremblais de voir diminuer mon prestige en vous faisant cet aveu! C'est si ridicule de se teindre! c'est pire que de porter perruque... car enfin la perruque a une excuse... le rhume de cerveau... tandis que la teinture...

LOÏSA.

C'est de l'amour!

AGÉNOR.

Ah! oui! — Les fausses dents aussi...

LOÏSA.

Les fausses dents?

AGÉNOR

Pendant que j'y suis, j'aime mieux tout vous dire, j'en ai trois.

LOÏSA, se levant.

Agénor, ce que vous faites est infâme! Vous n'avez pas de fausses dents, vous voulez me désenchanter de vous.

AGÉNOR, à part.

Pincé!

LOÏSA.

Mais ce que j'ai aimé en vous, ce n'est pas votre physique... il est médiocre. (Agénor se lève.) C'est votre crânerie, c'est la noblesse de vos sentiments, la grâce de vos manières...

AGÉNOR, à part, tristement.

Chic funeste!

LOÏSA.

Croyez-vous que je me serais détournée de mes devoirs pour un bel homme? J'étais un ange, monsieur! rappelez-vous mes remords! en ai-je eu assez? j'en étais assommante, disiez-vous alors!... et aujourd'hui on dirait que c'est vous qui en avez.

AGÉNOR.

Eh bien, oui, j'en ai! et vous me feriez bien plaisir, mais, la, bien plaisir de les partager.

LOÏSA.

Il est trop tard, monsieur.

AGÉNOR.

Il n'est jamais trop tard pour bien faire... quand je pense que j'attente depuis trois ans à l'honneur de l'homme... qui a sauvé le mien! Sans lui, je faisais faillite, j'étais rayé des cadres de l'armée.

LOÏSA.

Vous l'avez remboursé.

AGÉNOR.

J'ai remboursé l'argent... mais le reste!

LOÏSA.

Vous vous êtes battu pour lui, partant quittes.

AGÉNOR.

Non! pas pour lui, Loïsa, pour vous.

LOÏSA.

A sa place, du moins.

AGÉNOR.

Mon Dieu... c'était dans la foule du feu d artifice... derrière vous, un insolent vous avait arraché... un cri, je le giflai, c'était une affaire entre lui et moi.

LOÏSA.

Une affaire que M. Martin devait réclamer pour lui seul... il se borna à vous servir de témoin... c'est depuis lors que je n'ai plus le moindre remords.

AGÉNOR.

On peut n'être pas un gladiateur et avoir encore bien des qualités... Je vous assure qu'il vaut mieux que moi, cet homme... j'ai peut-être plus de brillant, mais il a plus de fond! Si vous le connaissiez comme moi...

LOÏSA, haussant les épaules.

Je le connais mieux que vous!

AGÉNOR.

Non, puisque vous ne l'aimez pas... Enfin que lui reprochez-vous, à part ce duel?

LOÏSA.

Tout! il est grotesque jusque dans son sommeil, il ronfle!

AGÉNOR.

Ça, c'est un embarras de la muqueuse, le cœur n'y est pour rien.

LOÏSA.

Mettez-le sur un piédestal, n'est-ce pas? c'est obligeant pour moi! ne voyez-vous pas que, si M. Martin est un ange, je suis un monstre?

AGÉNOR.

Non, Loïsa, le monstre c'est moi! Vous ne pouviez tromper que lui, puisque vous êtes sa femme... tandis que moi...

LOÏSA.

Soyez franc! c'est une rupture que vous cherchez?

AGÉNOR.

Une rupture? jamais! une simple modification. Le rôle de la femme sur cette terre n'est-il pas de revenir à son mari après l'avoir trompé? Rentrons dans le giron, Loïsa.

LOÏSA.

Assez, monsieur. Je sais ce qu'il me reste à faire... je ne survivrai pas à votre lâche abandon, je vous en préviens.

AGÉNOR.

Vous dites toujours cela.

LOÏSA.

Vous le croirez peut-être quand je ne serai plus. J'ai dans le chaton de ma bague un poison subtil, celui dans lequel les Indiens trempent leurs flèches. Il m'a été rapporté par don Hernandez, le cousin de mon mari.

AGÉNOR, incrédule.

Ah! ouat!

LOÏSA.

Ah! ouat?... Adieu, Agénor... adieu.

Elle fait le geste de porter la bague à ses lèvres.

AGÉNOR, l'arrêtant.

Pas de bêtises, Loïsa!

LOÏSA.

Je ne comprends que cette façon de rentrer dans le giron, comme vous dites.

AGÉNOR.

Alors n'y rentrez pas, j'aime mieux ça. (A part.) Avec les femmes romanesques, on n'est jamais sûr! (Haut.) Continuons à nous rouler dans le crime!

LOÏSA.

Non, monsieur... du moment que vous ne m'aimez plus...

Elle porte la bague à ses lèvres.

AGÉNOR, l'arrêtant de nouveau.

Je vous aime toujours, sacré mille baguettes! je vous aime, je vous aime... la!

LOÏSA.

Ah! je le savais bien! je retrouve mon beau gentilhomme!

AGÉNOR, à part.

Faut-il que je sois bête... d'avoir peur!

LOÏSA.

Alors, dans une heure, rue Paradis?

AGÉNOR.

Oui. (A part.) Mon pauvre Martin!

LOÏSA.

J'ai mille choses à vous dire encore.

AGÉNOR, à part.

Mille!

PIONCEUX, entrant du fond.

Madame, c'est le sauvage.

LOÏSA.

Quel sauvage?

ACTE PREMIER.

PIONCEUX.

Le cousin de monsieur.

LOÏSA.

Don Hernandez... faites entrer.

Pionceux sort.

AGÉNOR.

Il m'agace, votre cousin... je préfère ne pas le rencontrer.

LOÏSA.

Dans une heure... rue Paradis...

AGÉNOR.

Numéro douze... oui, je sais. (A part.) Je ficherai plutôt le feu à la maison.

Il sort par le pan coupé de gauche.

SCÈNE V.

LOÏSA, puis HERNANDEZ.

LOÏSA, seule.

Immolez donc votre pudeur à un homme pour vous voir préférer votre mari !

HERNANDEZ, entrant du fond.

Dieu vous garde, cousine ! Ferdinand n'est pas là ?

LOÏSA.

Non, mais il va rentrer. Comme vous êtes rouge !

HERNANDEZ.

Je viens de jouer à la paume. La paume est un jeu qui développe le muscle... et le muscle, c'est l'homme. — Je vous apporte l'objet que vous m'avez fait l'honneur de me demander.

LOÏSA.

Quoi donc?

HERNANDEZ, tirant une photographie de son portefeuille.

Le portrait de la reine mon épouse.

LOÏSA, prenant la carte.

Une photographie! il y a donc des photographes chez les Peaux-Rouges?

HERNANDEZ.

Non, je l'ai fait faire de mémoire, rue Vivienne... Ça ne lui ressemble pas, mais ça me la rappelle.

LOÏSA, regardant la photographie.

Oh! qu'elle est laide!

HERNANDEZ, avec complaisance.

Oui, elle est assez laide.

Loïsa lui rend la photographie.

LOÏSA.

Comment, mon pauvre cousin, vous avez eu le courage...?

HERNANDEZ.

J'étais en verve! Et puis l'éclat du diadème... D'ailleurs, il s'agissait de sauver ma vie... et celle de mon domestique. Nous étions tombés dans une embuscade de Chichimèques.

LOÏSA, à part, regardant la pendule.

Trois heures et demie... Et mon rendez-vous!

HERNANDEZ.

On me conduisit devant la reine, dans le costume du pays. Le roi était mort depuis huit jours, et le veuvage commençait à agacer sa veuve. Les Indiennes sont laides, mais elles ont du sang. A ma vue, elle se trouble. « Qu'on me laisse seule avec le visage pâle, dit-elle à ses gardes; je veux l'interroger. » Je compris que mon salut était dans mes mains... et, le lendemain, Sa Majesté me suppliait de régulariser notre situation..

LOÏSA, à part, regardant la pendule.

Il n'en finira pas!

HERNANDEZ.

J'ai toujours été républicain; mais un trône, ça ne se refuse pas.... D'ailleurs, le plus fort était fait... J'acceptai... Et la reine fit appeler, séance tenante, son ministre des beaux arts pour me tatouer roi.

LOÏSA.

Ah! le fameux serpent! Ça doit être curieux?

HERNANDEZ.

Voulez-vous voir?

LOÏSA.

Merci bien!

HERNANDEZ.

Le lendemain, quand elle me présenta au peuple, j'entendis des murmures... J'armai mon revolver.

LOÏSA.

Pardon... j'ai une visite à faire... très-importante... et je ne suis pas habillée.

HERNANDEZ.

Ne vous gênez pas, cousine.

LOÏSA.

Vous nous conterez la suite ce soir au dessert. Vous trouverez des journaux sur cette table. (Le saluant.) Cousin...

HERNANDEZ.

Dieu vous garde!

Elle sort par le pan coupé de droite.

SCÈNE VI.

HERNANDEZ, puis PIONCEUX.

HERNANDEZ, *prenant un journal sur le guéridon et venant s'étendre sur le canapé.*

Voyons le cours des cotons. (Lisant.) « La commission sur le travail des enfants dans les manufactures a tenu hier sa cinquante-deuxième séance... » (Rejetant le journal.) Ça m'embête, ces journaux d'Europe!... Je vais sonner la femme de chambre pour me tenir compagnie.

Il sonne à la cheminée.

PIONCEUX, *entrant du fond.*

Monsieur a sonné?

HERNANDEZ.

Ce n'est pas toi... c'est la femme de chambre.

PIONCEUX.

Elle habille madame.

HERNANDEZ.

Alors fais-moi la conversation... à haute voix.

PIONCEUX, *à part.*

Il est sauvage mais pas fier... (Haut.) Qu'est-ce que Monsieur veut que je lui dise?

Il prend un siége et s'assoit à gauche.

HERNANDEZ, *après avoir fait lever Pionceux, se mettant à cheval sur une chaise près du canapé.*

Maintenant, raconte-moi tes voyages.

PIONCEUX.

Je n'en ai fait qu'un... Je suis allé à Melun pour la révision.

HERNANDEZ, allumant une cigarette.

Va... intéresse-moi !

PIONCEUX, racontant.

Parti de Paris par le train du matin de six heures cinquante, nous arrivâmes à Melun à huit heures seize. M. le préfet nous invita à nous dépouiller de nos vêtements. En me voyant, le général dit : « Mal bâti !... Pas d'épaules ! Des jambes comme des tuyaux de pipe ! Je ne prends pas ça ! »

HERNANDEZ, bâillant.

Après ?

PIONCEUX.

Après, je repris le train de trois heures dix-huit, et j'arrivai à Paris à...

HERNANDEZ.

Ah ! tu m'embêtes ! va-t'en.

PIONCEUX, continuant.

A cinq heures quarante-cinq. (Apercevant Martin qui rentre par le fond.) Ah ! voilà monsieur.

Il sort par le fond.

SCÈNE VII.

HERNANDEZ, MARTIN, puis PIONCEUX.

MARTIN, entrant.

Ah ! c'est toi !

HERNANDEZ.

Cousin... que Dieu te garde!

MARTIN.

Tu vas bien? Dis donc, ça ne te contrarie pas que je te utoie?

HERNANDEZ.

Nullement. Pourquoi?

MARTIN.

C'est qu'il y a des rois qui n'aiment pas ça.

HERNANDEZ.

Des aristos! Moi, je n'ai pas de morgue... ainsi je causais avec ton nègre en t'attendant.

MARTIN.

J'étais allé au Crédit foncier pour toucher mes coupons, lorsque j'ai eu la chance de rencontrer Montgommier, le capitaine...

HERNANDEZ.

Le petit vieux qui sent la pommade?

MARTIN.

Alors je lui ai donné ma place à la queue et il va toucher pour moi en touchant pour lui... Où as-tu dîné hier? on ne t'a pas vu.

HERNANDEZ.

Au cabaret... avec des jeunes gens... d'un certain âge... je me suis embêté, ils ont raconté des histoires stupides.

MARTIN.

Des histoires de femmes?

HERNANDEZ.

Non, de maris.

ACTE PREMIER.

MARTIN.

Il y en a de drôles.

HERNANDEZ.

Ils riaient tous à se fendre la narine en quatre... pas moi!... parce qu'à la dernière, j'ai cru qu'ils voulaient me faire poser.

MARTIN.

Toi? pas possible!

HERNANDEZ.

Je t'en fais juge... et après nous verrons! Il paraît qu'un de leurs amis, qui n'était pas là, a pour maîtresse une femme mariée... et, quand il veut donner un rendez-vous à sa belle, il fait à la craie une raie dans le dos du mari... en travers, ça veut dire : « J'y serai. »

MARTIN.

Oh! que c'est bête!

HERNANDEZ.

Et, au contraire, quand il ne peut pas aller au rendez-vous... il fait une raie en long... ça veut dire : « Je n'y serai pas. »

MARTIN.

Mais c'est impossible! le mari s'en apercevrait. Essaye donc de me faire une raie dans le dos.

Il se tourne et montre une raie verticale dans le dos.

HERNANDEZ.

Ah! *caraï!*...

MARTIN.

Va, essaye...

HERNANDEZ.

Mais tu l'as!

MARTIN.

Moi?... (Allant à la cheminée et se regardant dans la glace.) C'est ma foi vrai...

HERNANDEZ, à part.

Est-ce que par hasard...?

MARTIN.

Où diable me suis-je fourré? (Il sonne.) Je n'ai pourtant pas joué au billard.

PIONCEUX, entrant du fond.

Vous avez sonné?

MARTIN, tendant son dos.

Oui... brosse-moi!...

PIONCEUX, le brossant.

Encore de la craie!... Ah! c'est trop fort!... depuis quelque temps, vous en avez tous les jours.

MARTIN, stupéfait.

Tous les jours!

HERNANDEZ.

Caramba!

PIONCEUX, faisant un geste horizontal

Autrefois, c'était comme ça.

HERNANDEZ, à part.

« J'y serai! »

PIONCEUX.

Et, maintenant, c'est comme ça.

Il fait un geste

HERNANDEZ, à part.

« Je n'y serai pas! »

ACTE PREMIER.

MARTIN.

C'est bien, laisse-nous.

Pionceux sort par le fond.

SCÈNE VIII.

MARTIN, HERNANDEZ.

MARTIN, accablé.

Eh bien, qu'est-ce que tu dis de ça?

HERNANDEZ.

C'est clair... ça y est. (Lui serrant la main.) Dieu te garde!

MARTIN.

Ça me tombe comme un pavé... Loïsa! coupable!... et moi qui me privais de lui faire des traits! jobard!

HERNANDEZ.

Je suis de moitié dans ton affront.

MARTIN.

Tu seras de moitié dans ma vengeance!

HERNANDEZ, lui tendant la main.

Même nom!

MARTIN.

Même cœur!

HERNANDEZ.

Même honneur!

MARTIN.

Le traître ne mourra que de ma main!...

HERNANDEZ.

Ou de la mienne, si tu le rates... Quelles sont tes armes?

MARTIN.

Mes armes?... Ah! voilà le chiendent!... Je ne suis pas un duelliste de profession... J'ai déjà été sur le terrain, comme témoin, mais je ne connais ni l'épée ni le pistolet.

HERNANDEZ.

Diable! et la carabine?

MARTIN.

Plutôt. (Passant à gauche.) J'ai cassé pas mal de pipes à la fête de Bougival.

HERNANDEZ.

Alors le duel à l'américaine!

MARTIN.

Le duel américain?

HERNANDEZ.

Oui... à la carabine... On se cherche dans une forêt...

MARTIN.

Au Vésinet! ma maison de campagne est par là.

HERNANDEZ.

On s'épie, on rampe derrière les arbres et les rochers... le premier qui voit l'autre tire dessus!

MARTIN.

C'est que... j'ai la vue basse.

HERNANDEZ.

Enfant! j'ai un truc superbe qui m'a toujours réussi.

MARTIN.

Je le prends!

HERNANDEZ, prenant sa canne et son chapeau et allant se placer derrière le canapé.

Je me couche derrière un buisson. Je mets mon paletot et mon chapeau au bout de ma carabine... (Il met son chapeau au bout de sa canne et se dissimule derrière le canapé.) Et je crie à mon adversaire : « Tu es mort! » Pan! il tire, il blesse mon chapeau, je me lève en souriant et je l'expédie!

MARTIN, un peu froid.

Oui, c'est ingénieux. Se coucher derrière un buisson.. mais je trouve ça un peu terre à terre pour nous... Je rêve une vengeance plus cannibale et plus sûre... Je ne sais pas encore laquelle... mais je la trouverai!

HERNANDEZ.

Il ne faut pas que ça traîne... Où demeure-t-il?

MARTIN.

Qui ça?

HERNANDEZ.

Ton copartageant?

MARTIN.

Comment, mon co...? Ah, c'est juste! Je n'en sais rien... Je ne le connais pas, moi!... au fait, qui diable ça peut-il être?

Agénor paraît au fond.

SCÈNE IX.

Les Mêmes, AGÉNOR.

AGÉNOR, entrant, à Martin.

Voilà ton argent. Quatre mille cinq cent vingt-huit francs... Tu me dois dix centimes pour le timbre.

Il lui remet la somme et échange un salut froid avec Hernandez.

MARTIN, allant poser l'argent sur la cheminée.

Il ne s'agit pas de ça; tu arrives à point pour tenir conseil avec nous...

AGÉNOR.

Va... je t'écoute. (A part, regardant le dos de Martin.) Tiens, on a brossé mon signal.

Il tire un morceau de craie de sa poche.

MARTIN.

La destinée nous ménage souvent des surprises. (Apercevant dans la glace Agénor qui lui fait une nouvelle raie dans le dos, trébuchant, à part.) Oh! lui! lui!...

Il tombe dans les bras d'Agénor.

AGÉNOR, l'assistant.

Qu'est-ce que tu as, mon ami? qu'est-ce que tu as?

MARTIN.

Rien! une crampe d'estomac.

HERNANDEZ, qui s'est approché.

Retiens ta respiration!

AGÉNOR, asseyant Martin sur le canapé.

Repose-toi. Quelques gouttes d'eau de mélisse sur un morceau de sucre!... Je reviens.

Il sort vivement par la porte du deuxième plan de droite.

SCÈNE X.

MARTIN, HERNANDEZ.

MARTIN, se levant vivement.

Ah! le gredin! le gueux! le misérable! moi qui l'a sauvé de la faillite! qui l'aimais comme un frère! qui faisais tous les jours son bésigue!

HERNANDEZ.

Qu'as-tu donc?

MARTIN.

C'est lui... je l'ai vu!... regarde dans mon dos.

HERNANDEZ, apercevant le raie.

Caramba! veux-tu que je l'étrangle?

MARTIN.

Non, ce serait trop doux! il faut un châtiment proportionné à son crime.

HERNANDEZ.

Oui!

MARTIN.

Une vengeance qui fasse pâlir celle du sieur de Vergy.

HERNANDEZ.

Ce n'est pas trop!

MARTIN.

Mais quoi? quoi?... Ah! j'y suis! j'ai trouvé!... ce sera épouvantable. Mes cheveux se dressent rien que... Il vient, dissimulons.

SCÈNE XI.

Les Mêmes, AGÉNOR, puis PIONCEUX.

AGÉNOR, rentrant avec un morceau de sucre dans une cuiller un rouleau d'eau de mélisse à la main.

Tiens, avale ça!

MARTIN.

Merci, ça va mieux.

AGÉNOR, insistant.

Non, avale!... je le veux! (Lui fourrant le morceau de sucre dans la bouche.) La, ne mâche pas... laisse fondre tout doucement.

Il va poser la cuiller et le rouleau sur la cheminée.

MARTIN, à part, son morceau de sucre dans la bouche.

Si on ne jurerait pas qu'il m'aime, le gredin!

AGÉNOR.

Maintenant, déboutonne ton gilet. (Le lui déboutonnant.) Ça n'a pas de bon sens de se serrer comme ça.

HERNANDEZ, à part.

Il me crispe avec ses petits soins.

MARTIN.

Merci, c'est passé!... une crise nerveuse. (A Agénor.) Sonne.

Agénor sonne.

PIONCEUX, paraissant au fond.

Monsieur?

MARTIN.

Priez madame de venir?

Pionceux sort par le pan coupé de droite.

AGÉNOR, à part.

Comme ça, elle verra le signal!

HERNANDEZ, bas, à Martin.

Que veux-tu faire?

MARTIN, bas.

Tu vas voir... ce sera effroyable!

SCÈNE XII

Les Mêmes, LOISA, puis PIONCEUX.

LOÏSA, entrant de droite.

Vous m'avez fait demander, mon ami?

MARTIN, très-gracieux.

Oui, ma bonne... une surprise... Le coupon des omnibus a été excellent cette année, tu m'as parlé ce matin de faire un voyage en Suisse... eh bien, ce voyage... je vous l'offre.

LOÏSA.

Ah! quel bonheur!

HERNANDEZ, étonné, à part.

Qu'est-ce qu'il dit?

MARTIN.

Agénor en sera.

AGÉNOR, passant à Martin.

J'accepte... mais je payerai ma part.

MARTIN.

Oui... tu payeras ta part... Sois tranquille!... nous visiterons la mer de glace, Interlaken... (Appuyant.) et la chute de l'Aar... à la Handeck... La chute de l'Aar...

LOÏSA.

Oh! on dit que c'est si beau! Quand partons-nous?

MARTIN.

Tout de suite... après dîner!

LOÏSA, remontant avec Agénor.

Vite nos malles!... nos paquets! (Appelant.) Pionceux! Pionceux!

PIONCEUX, entrant.

Madame?

Elle lui donne des ordres à voix basse.

HERNANDEZ, sur le devant, bas, à Martin.

Et c'est là ta vengeance? un voyage en Suisse?

MARTIN.

Ne vois-tu pas que c'est le voyage du condamné?

HERNANDEZ.

Comment?

MARTIN, bas.

Une fois à la Handeck... un gouffre sans fond... je le pousse dans le trou!... Il y a des précédents!

HERNANDEZ, bas.

Bravo!... la justice de Dieu est satisfaite...

MARTIN.

Et celle des hommes n'a rien à y voir.

HERNANDEZ.

Ah! je reconnais mon sang!

ACTE PREMIER.

MARTIN, lui serrant la main.

Même nom!

HERNANDEZ.

Même cœur!

MARTIN.

Même honneur! Maintenant, ayons l'air gai.
Ils se mettent à fredonner.

LOÏSA, descendant.

Tout sera prêt dans une heure.

ACTE DEUXIÈME.

Un salon dans un hôtel de Chamounix. — A droite, deuxième plan, la chambre d'Agénor. — Au troisième plan, dans le pan coupé, celle des Bartavelle. — Au fond, la porte d'entrée. — A gauche, au deuxième plan, une fenêtre. — Dans le pan coupé, la chambre de Loïsa. — Au premier plan, un petit guéridon. — Un divan devant la fenêtre. — A droite, premier plan, une table avec tout ce qu'il faut pour écrire. — Fauteuils, chaises, coussin, tabouret de pieds, etc., etc.

SCÈNE PREMIÈRE.

MARTIN, HERNANDEZ, LOÏSA, puis PIONCEUX.

Au lever du rideau, Hernandez et Loïsa sont en scène, et Martin sort avec précaution, sur la pointe des pieds, d'une chambre à droite celle d'Agénor.

LOÏSA, à Martin, à voix basse.

Eh bien, comment va-t-il?

MARTIN, à voix basse.

Chut! il dort!

LOÏSA, à voix basse.

Pauvre garçon! il a été bien malade toute la nuit. Ses yeux semblaient nous dire adieu pour toujours.

ACTE DEUXIÈME.

HERNANDEZ, très-haut.

Bah! il est coriace!

MARTIN, à voix basse.

Pas si haut! Il a attrapé hier un chaud et froid à la source de l'Arveyron.

LOÏSA.

Il faisait tant de vent!

HERNANDEZ, avec mépris.

Ça, des hommes! Un courant d'air les met sur le flanc. (Très-haut.) Moi, je me déshabille et je me promène au milieu de la tempête!

MARTIN.

Mais pas si haut!

HERNANDEZ.

Ah! c'est embêtant, de causer comme ça!

Il va s'asseoir sur le divan.

MARTIN.

Nous voilà encore obligés de coucher à Chamounix. (Échangeant un regard avec Hernandez.) Nous ne partirons donc jamais pour la Handeck!

LOÏSA.

Qu'est-ce qui nous presse? Vous êtes insupportable avec votre Handeck! Qu'est-ce que vous voulez y faire, voyons?

MARTIN, vivement.

Rien! Je parle comme touriste.

PIONCEUX, entrant du fond et très-haut à la cantonade.

Non, ça ne peut pas durer comme ça.

MARTIN et LOÏSA.

Chut! plus bas!

MARTIN, à Pionceux qui est descendu.

Voyons, qu'est-ce qu'il y a?

PIONCEUX.

Il y a que je me plains de la nourriture! On ne nous donne que les restes de la table d'hôte... et je ne mange que des carcasses et des têtes de lapin!

MARTIN.

Gourmand!

PIONCEUX.

Ce matin, j'ai demandé de la soupe : on m'a servi un œil de veau dans de l'eau chaude. — Oh! la Suisse!

MARTIN.

Tu veux peut-être qu'on te serve des blancs de poulet?

PIONCEUX.

Pourquoi pas?... Ma mère ne vous marchandait pas la nourriture, elle!

MARTIN, passant à droite.

Ah! tu m'ennuies! Va-t'en!

POINCEUX, remontant, puis revenant.

Oui, monsieur... Ah! j'oubliais de vous dire : le docteur est là.

MARTIN.

Et tu ne nous préviens pas, animal! Fais-le entrer chez M. Montgommier, je le rejoins.

PIONCEUX.

Tout de suite. (A part.) Il y a un poulet à la broche, je le guette!... (En sortant.) Oh! la Suisse!

Il sort par le fond.

LOÏSA, à Martin.

Allez vite à la consultation... Je crains une fluxion de

poitrine... Expliquez bien au docteur que M. Agénor a eu une bronchite en 69 et une entorse en 71.

MARTIN.

Oui, sois tranquille.

Il entre chez Agénor.

SCÈNE II.

LOISA, HERNANDEZ.

HERNANDEZ, tirant de sa poche un bouquet complétement aplati.

Nous sommes seuls... tenez... prenez vite!

LOÏSA, assise près de la table

Qu'est-ce que c'est que ça?

HERNANDEZ.

Un bouquet!

LOÏSA, riant.

Il ressemble à un nid d'écureuil. (Prenant le bouquet.) Ce n'est pas possible, on s'est assis dessus.

HERNANDEZ.

Ce sont les fleurs que vous avez admirées hier en haut de ce rocher inaccessible.

LOÏSA.

Oui, je les reconnais; mais comment vous les êtes-vous procurées?

HERNANDEZ.

Je suis parti cette nuit à trois heures, seul, sans guide, avec une grande échelle

LOÏSA, posant le bouquet sur la table.

Comment! vous avez pu porter une échelle?

HERNANDEZ.

Le muscle, c'est l'homme! Elle était trop courte... Alors j'ai grimpé; j'ai déchiré mes mains, mon pantalon, ma peau...

LOÏSA.

Oh! je suis désolée.

HERNANDEZ.

Ne vous inquiétez pas... ça repousse... Dieu vous garde! Seulement, en dégringolant, je me suis appesanti sur le bouquet... J'aurais dû le mettre sur mon cœur... mais il serait brûlé.

LOÏSA.

Vraiment, pour un sauvage, on n'est pas plus galant!

HERNANDEZ.

Il s'est opéré en moi une révolution.

LOÏSA.

Où ça?

HERNANDEZ.

A la douane... à Culoz... Jusqu'alors, je vous considérais comme un fragile enfant de l'Occident, comme une plante étiolée et maladive... mais vous êtes descendue de wagon... votre robe s'est accrochée au marchepied, et j'ai vu votre jambe.

LOÏSA, ramenant sa robe avec un mouvement de pudeur.

Oh! monsieur!...

HERNANDEZ.

Ne cachez pas! j'ai vu! (Se frappant le front.) C'est là, imprimé!

LOÏSA, à part.

Il me fait peur... il jette du feu par les naseaux !

SCÈNE III.

Les Mêmes, MARTIN.

LOÏSA, à Martin qui entre, venant de chez Agénor.

Eh bien, qu'a dit le docteur?

MARTIN.

Ça ne sera rien... c'est un malade qui se frappe...

LOÏSA.

Ça, c'est bien vrai.

MARTIN.

Un petit refroidissement qui s'est porté sur l'intestin. Le docteur a ordonné six gouttes de laudanum dans une tasse de tilleul.

LOÏSA.

Six gouttes, n'est-ce pas beaucoup?

HERNANDEZ.

Moi, j'en prends tous les soirs dans mon café pour faire digérer.

MARTIN.

Le docteur dit qu'il en faut cinquante gouttes pour tuer un homme... ainsi nous avons de la marge... Mais ce qu'il recommande, c'est du repos et surtout du calme... Agénor se plaint d'avoir entendu du bruit toute la nuit.

HERNANDEZ.

Ce sont les voisins du n° 3. Ils ont fait un vacarme!...

MARTIN.

Je les prierai de se taire, et, demain, nous pourrons partir pour la Handeck.

Nouveau regard échangé avec Hernandez.

LOÏSA.

Encore? Mais c'est une maladie!

MARTIN.

Je parle comme touriste.

LOÏSA.

Maintenant, je suis moins inquiète, je vous demande la permission de vous quitter... je vais m'habiller.

Elle entre chez elle, pan coupé de gauche.

SCÈNE IV.

HERNANDEZ, MARTIN.

MARTIN.

Je vais commander le laudanum.

Il remonte.

HERNANDEZ, éclatant.

Non! non! je ne te comprends pas?

MARTIN, revenant

Quoi?

HERNANDEZ.

Nature de coton! Ce n'est pas du sang qu'on t'a mis dans les veines, c'est de la limonade.

MARTIN.

Qu'est-ce que j'ai fait?

HERNANDEZ.

Tu le soignes, tu le dorlotes, tu te fais sa garde-malade!...

MARTIN.

Je le soigne! (D'une voix sourde.) Ne faut-il pas qu'il arrive à la Handeck en bon état, le condamné?

HERNANDEZ.

Seras-tu ferme jusqu'au bout?

MARTIN.

Moi? ah! tu ne me connais pas! Je voudrais déjà le tenir au bord du trou! et le pousser!... et lui jeter des rochers sur la tête! tiens!... en voilà encore! Est-ce de la limonade, ça?

HERNANDEZ.

A la bonne heure!

MARTIN.

Si tu savais ce que je souffre dans ce voyage... je me contiens, je me concentre pour ne pas éclater... Tantôt, c'est un signe d'intelligence, un regard que je surprends...

HERNANDEZ.

A Mâcon, ils se sont fait de l'œil. Je l'ai vu!... Dieu te garde!

MARTIN.

A Mâcon... je sais pourquoi... Il est descendu un monsieur qui avait du blanc à son habit, et alors Loïsa a regardé Agénor en souriant.

HERNANDEZ, furieux.

Valgame Dios!

MARTIN, de même.

Caramba! Plus fort que ça! l'avant-dernière nuit...

dans le wagon... Loïsa s'est trompée de pied; son brodequin est venu caresser ma bottine.

HERNANDEZ, exaspéré.

Et tu n'as pas étranglé ton rival?

MARTIN.

J'ai été plus fin... j'ai rendu pression pour pression... pour voir jusqu'où ça irait.

HERNANDEZ.

Et jusqu'où ça a-t-il été?

MARTIN.

Le lampiste a allumé et elle a retiré son pied.

HERNANDEZ, poussant un soupir de soulagement.

Dieu garde le lampiste!

MARTIN.

Et tu me demandes si je serai ferme jusqu'au bout? Sois tranquille, ma haine le couve!

HERNANDEZ.

Tu le dorlotes trop!

MARTIN.

Quand un homme est condamné à mort, on lui accorde toutes ses fantaisies, du poulet, du tabac, de l'eau-de-vie...

HERNANDEZ.

Je trouve ça bête.

MARTIN.

C'est l'usage chez les nations civilisées. Dans ce moment, c'est du laudanum qu'il lui faut.

HERNANDEZ.

Et du calme, du silence, a dit le médecin.

MARTIN.

C'est vrai... Ainsi, toi, tu as rapporté des pays chauds une terrible habitude... tu cries comme un sourd! (A ce moment, on entend de grands éclats de rire dans la chambre numéro 3, pan coupé de droite.) Ah çà! est-ce qu'ils vont recommencer leur sabbat? (Courant à la porte et frappant.) Mais taisez-vous donc, par là! il y a un malade, sacrebleu!

SCÈNE V.

Les Mêmes, EDMOND, BATHILDE, tenant un album à la main.

EDMOND, entrant suivi de Bathilde.

Mais nous sommes bien maîtres chez nous. (Reconnaissant Martin.) Tiens! c'est vous!

BATHILDE.

Monsieur Martin!

Ils descendent en scène.

MARTIN, à part.

Le petit ménage! (Haut.) Eh bien! Vous pouvez vous vanter de faire un tapage...

BATHILDE.

C'est Edmond qui tournait autour de la table et qui avait parié que je ne pourrais pas l'attraper... J'ai gagné.

MARTIN.

Quoi?

BATHILDE, baissant les yeux.

Mais...

EDMOND.

Un baiser... Nous jouons! nous jouons!

HERNANDEZ, à part.

Si c'est pour ça qu'ils sont venus en Suisse!

MARTIN.

Vous ne pourriez pas jouer à autre chose? Aux échecs, par exemple... ça ne fait pas de bruit; nous avons un de nos amis malade.

BATHILDE, apercevant Hernandez.

Monsieur, peut-être?

HERNANDEZ.

Moi, malade? Hernandez malade? (Se frappant la poitrine.) C'est en bronze, tout ça... tout ça... et le reste en acier!...

EDMOND, bas, à Bathilde.

C'est un athlète qui court les foires. Ne le contrarie pas.

MARTIN, à Bathilde.

Eh bien, êtes-vous contente de la Suisse?

BATHILDE.

Oh! très-contente!... Dans ce moment, nous allons voir le glacier des Bossons.

MARTIN.

Et vous emportez votre album pour dessiner?

BATHILDE, déposant l'album sur la table.

Oh! non, j'écris dessus mes impressions de voyage...

MARTIN.

Et qu'est-ce que vous avez déjà vu?

BATHILDE.

Nous avons vu Lyon; je voulais visiter Notre-Dame de Fourvières; mais Edmond m'a dit que ce n'était pas intéressant... alors, nous sommes restés à l'hôtel et...

Elle baisse les yeux.

MARTIN.

Et?

EDMOND.

Nous avons fait un peu de musique.

BATHILDE.

Ah! jamais je n'oublierai Lyon!

EDMOND.

Ah! moi non plus!

BATHILDE.

A Genève, nous avions le projet de faire une promenade sur le lac, mais Edmond a aperçu un nuage... il a craint une tempête... Alors, nous sommes restés à l'hôtel et...

MARTIN.

Et?...

EDMOND.

Et nous avons fait un peu de musique.

BATHILDE.

Ah! je n'oublierai jamais Genève!

EDMOND.

Ah! moi non plus!

HERNANDEZ, à part.

Ils voyagent pour la musique.

BATHILDE.

Aujourd'hui, Edmond veut absolument me montrer le glacier des Bossons... moi, je préférerais rester. Je suis un peu nerveuse, mais il dit que c'est très-curieux.

EDMOND.

Très-curieux! très-curieux!

MARTIN, à Bathilde.

On ne peut pas toujours faire de la musique.

EDMOND, prenant le bras de sa femme.

Dépêchons-nous! le guide et les mulets nous attendent!

Ils saluent et sortent, en courant, par le fond.

MARTIN.

Je vais commander le laudanum. (Redescendant, à Hernandez.) Ah! je n'ai pas fait ma barbe, fais-moi donc le plaisir de demander à ma femme la clef de mon nécessaire.

Il sort par le fond.

SCÈNE VI.

HERNANDEZ, puis LOISA, puis MARTIN.

HERNANDEZ, seul.

Nous disons la clef de son nécessaire. (Il se dirige vers la chambre où est entrée Loïsa et ouvre la porte.) Cousine!

LOÏSA, à l'intérieur, poussant un cri.

Ah!... On n'entre pas!

HERNANDEZ, refermant vivement la porte, revenant en scène, très agité.

Elle s'habille! *Caramba! Démonio! Valgame Dios!*

Qu'elle est belle, éblouissante!... De l'air! de l'air!... (Il ouvre la fenêtre.) Ah! j'ai du feu dans les veines! J'étouffe! j'étouffe! (Il ôte son habit et son gilet.) Je me sens mieux!

LOÏSA, ouvrant sa porte.

Vous voulez me parler? (Elle l'aperçoit, pousse un cri et referme vivement la porte.) Ah!

HERNANDEZ.

Caraï! un peu plus, elle voyait mon tatouage!...

MARTIN, rentrant par le fond et l'apercevant en manches de chemise.

Qu'est-ce que tu fais là?... Tu te déshabilles?

HERNANDEZ.

J'avais un peu chaud, je prenais le frais.

MARTIN, à part.

Drôle de peuple! (Haut.) On va apporter le tilleul et le laudanum.

VOIX D'AGÉNOR, dans sa chambre, à droite.

Ferdinand! Ferdinand!

MARTIN.

C'est Agénor... Je t'en prie... ne le contredis pas... tu le contredis toujours.

HERNANDEZ, remettant son habit et son gilet.

Il m'agace!

Il passe à gauche.

MARTIN.

Parbleu! moi aussi! il m'agace!... Mais, puisqu'il est condamné... un peu de patience!... couvrons le précipice de roses, donnons-lui son poulet.

Il va au-devant d'Agénor.

SCÈNE VII.

Les Mêmes, AGÉNOR.

AGÉNOR, entrant. Il est en tenue de malade, et d'une voix dolente

Ferdinand... tu me laisses seul... Voilà une heure que je t'appelle.

MARTIN.

Excuse-moi, mon ami, j'étais sorti un moment pour commander la potion. Eh bien, te sens-tu un peu mieux?

AGÉNOR.

Non, ça ne va pas. On a encore fait du tintamarre à côté... Est-ce qu'il y a un billard?

HERNANDEZ.

Les joueurs sont partis.

AGÉNOR, il est pris d'une quinte de toux.

Allons, bien, voilà la poitrine qui se prend!

HERNANDEZ.

Secouez-vous, sacrebleu!

AGÉNOR, à Hernandez, avec aigreur.

Secouez-vous!... Est-ce que ça guérit les maladies de poitrine, de se secouer?... Vétérinaire, va!

Il passe à droite.

HERNANDEZ, bondissant.

Hein? qu'est-ce qu'il a dit?

MARTIN, l'arrêtant.

Rien! (Bas, à Hernandez.) Mais ne le contrarie donc pas! (A Agénor.) Tiens, assieds-toi. (Il le fait asseoir sur un fauteuil. A Hernandez.) Vite! un tabouret!

ACTE DEUXIÈME.

HERNANDEZ, apportant un tabouret.

Pour la poitrine de monsieur!

MARTIN.

Et un coussin sous la tête.

<small>Hernandez prend un coussin du divan et le place derrière la tête d'Agénor.</small>

AGÉNOR, à Martin.

Oh! tu es bon, toi! Tu m'aimes!

<small>Hernandez va s'asseoir sur le divan. — Agénor est assis au milieu de la scène. — Martin est debout, près de lui.</small>

MARTIN.

Oui... oui... sois tranquille! Comment te trouves-tu?

AGÉNOR.

Mal! J'ai froid... je sens comme un faux frisson.

MARTIN, apercevant la fenêtre ouverte.

Parbleu! on a laissé la fenêtre ouverte! Quel est l'imbécile?... (A Hernandez.) Ferme la fenêtre.

<small>Hernandez la ferme avec humeur et revient s'asseoir sur le divan.</small>

AGÉNOR.

Oh! j'ai la bouche sèche... je boirais bien...

MARTIN.

Quoi?

AGÉNOR.

Je ne sais pas quoi. Rien ne me dit.

MARTIN.

Parle. Dans ta position, tu peux tout demander.

AGÉNOR.

Eh bien, donne-moi un petit grapillon de raisin.

MARTIN.

Ah! c'est qu'au commencement de juillet, il n'y a pas encore de raisin.

AGÉNOR.

Alors, une pêche au sucre.

MARTIN.

Ah! c'est qu'au commencement de juillet, il n'y a pas de pêches non plus.

HERNANDEZ, à part.

Il n'a pas de chance, le condamné!

MARTIN.

Mais veux-tu du poulet... avec du tabac et un verre d'eau-de-vie... c'est ton droit!

AGÉNOR.

De l'eau-de-vie! Tu veux donc me tuer?

MARTIN, vivement.

Non! pas encore! c'est trop tôt!

AGÉNOR, poussant un cri.

Ah!

MARTIN.

Quoi?

AGÉNOR.

Allons, bien! voilà l'intestin qui se prend!

HERNANDEZ, à part, avec mépris.

Ah! galette!

AGÉNOR.

Non, ça se calme. Je me suis levé pour écrire à mon oncle.

ACTE DEUXIÈME.

MARTIN.

Ça va te fatiguer

AGÉNOR.

Approche-moi la table... Je vais essayer de tracer quelques lignes.

MARTIN.

Oui. (A Hernandez.) La table!... approchons la table!...

HERNANDEZ, à part.

Il me fait faire un métier de commissionnaire.

<small>Ils placent la table devant Agénor. — Hernandez va se rasseoir sur le divan.</small>

AGÉNOR, écrivant.

« Mon cher oncle... » (S'interrompant, à Martin.) Tu ne peux donc pas m'avoir un petit grapillon de raisin?... Je payerai ce qu'il faudra...

MARTIN.

Mais il n'y en a pas! il n'y en a pas!

HERNANDEZ, à part.

Il est sciant avec son raisin!

AGÉNOR, reprenant la plume.

« Mon cher oncle, je suis bien malade à Chamounix, et, malgré toute mon énergie, je ne sais si je pourrai vous revoir jamais... » (Laissant tomber sa plume.) Non... je suis trop faible... La sueur me monte... Prends la plume, Ferdinand.

MARTIN.

Oui... repose-toi sur ce divan... Hernandez, aide-le! (Hernandez vient prendre Agénor par le bras et l'installe sur le divan face à la fenêtre.) Le coussin! le coussin!...

HERNANDEZ, apporte le coussin en jurant.

Valgame à la porra!

Il va s'asseoir à droite

MARTIN, s'asseyant à la table.

Maintenant, tu vas me dicter.

AGÉNOR, dictant.

« J'emprunte, pour continuer ma lettre, la main de mon meilleur ami. »

MARTIN, à part, écrivant.

Canaille!

AGÉNOR, dictant.

« De mon meilleur ami, dont la femme m'a soigné avec le dévouement d'une sœur... »

HERNANDEZ, à part, jaloux.

D'une sœur!

AGÉNOR, dictant.

« De charité. Je ne crains pas d'exagérer en disant que cette femme est un ange... »

Hernandez se lève.

MARTIN, à part.

Un ange!... elle!... (A Hernandez.) Tiens, prends la plume... je ne peux pas continuer!

Il se lève.

HERNANDEZ, protestant à voix basse.

Ah! mais les écritures... ça m'embête!

MARTIN, bas.

Puisqu'il est condamné! nous ne devons rien lui refuser.

ACTE DEUXIÈME.

HERNANDEZ.

C'est juste, l'animal !

Il se met à table.

AGÉNOR, à Martin.

Tu n'écris plus ?

MARTIN.

Non, j'ai une convulsion dans le pouce... Don Hernandez va me relayer.

Il remonte,

HERNANDEZ, la plume à la main, à Agénor.

Quand il plaira à monsieur ?

AGÉNOR, dictant.

« J'emprunte, pour continuer ma lettre, la main d'un indifférent. »

HERNANDEZ, à part.

Il a du nez !

AGÉNOR.

« Je sens bien que je ne pourrai pas continuer mon voyage. »

HERNANDEZ, se levant et allant à Agénor.

Hein ?

MARTIN.

Qu'est-ce qu'il dit ?... (Bas, à Hernandez.) Il nous échappe! Agénor.) Voyons, un peu de courage, sacrebleu !

AGÉNOR.

Oh ! non !... les forces...

MARTIN.

Viens seulement jusqu'à la Handeck... Je ne t'en demande pas plus !

HERNANDEZ.

On dit que c'est si joli!

AGÉNOR, à Martin.

Tu m'achèteras la photographie.

MARTIN.

Ce n'est pas la même chose.

AGÉNOR, à Hernandez.

Continuez. (Dictant.) « Je quitterai sans regret ce pays... où l'on ne trouve même pas à acheter un grapillon de raisin. »

HERNANDEZ, à part

Encore son raisin!

AGÉNOR, dictant.

« Je serai à Paris. »

HERNANDEZ, écrivant.

Pas si vite!

AGÉNOR, reprenant.

« Je serai à Paris mercredi. » Donnez que je signe. (Hernandez lui apporte la lettre avec le buvard. Il signe.) Ah! cette lettre a épuisé mes forces. Je vais rentrer. Ton bras, Ferdinand!

MARTIN.

Oui, voilà!

> Hernandez remet la table et le fauteuil en place, pendant qu'Agénor, soutenu par Martin, se dirige vers sa chambre; puis Hernandez prend Martin par la manche de son habit et le ramène brusquement en scène. Agénor, tenant toujours Martin, trébuche et manque de tomber.

HERNANDEZ, à Martin, bas.

Que vas-tu faire?

MARTIN, bas.

Je n'en sais rien; mais il faut à tout prix que je le fasse changer d'avis. (A Agénor.) Appuie-toi... ne crains rien.

AGÉNOR, sortant, appuyé sur le bras de Martin.

Que tu es bon! Tu es un ange aussi!

MARTIN.

Oui... nous sommes tous comme ça dans le ménage!... Appuie-toi.

Ils sortent à droite.

SCÈNE VIII.

HERNANDEZ, puis LOISA.

HERNANDEZ, seul.

Et elle aime cet avorton... elle! Vénus!... Oh! ce petit bonhomme me gêne! Ça finira mal!

LOÏSA, sortant de sa chambre et l'apercevant.

Ah!... c'est vous... pardon.

Elle fait mine de se retirer.

HERNANDEZ.

Vous me fuyez?

LOÏSA, descendant.

Non, mais je n'ose pas lever les yeux devant vous. Vous avez ouvert ma porte si brusquement tout à l'heure...

HERNANDEZ.

Rassurez-vous... je suis myope... je n'ai rien vu! (Avec exaltation.) Mais quel éclat! quelle blancheur!

LOÏSA, offusquée.

Monsieur!

Elle passe à droite.

HERNANDEZ.

Je parle de vos mains!... (Il veut lui prendre la main.) Ah! Loïsa! cousine!

LOÏSA, se reculant.

Mais, monsieur... je suis mariée!...

HERNANDEZ.

Si ce n'est que ça, moi aussi, et à une reine, encore!

SCÈNE IX.

Les Mêmes, MARTIN.

MARTIN, sortant de la chambre d'Agénor.

Allons, bon!

HERNANDEZ et LOÏSA, se retournant.

Quoi donc?

MARTIN.

Voilà qu'il a la colique, maintenant.

LOÏSA.

Oh! vous êtes révoltant avec vos expressions.

MARTIN.

C'est le nom! Comment veux-tu que j'appelle ça.

LOÏSA.

Dites un refroidissement.

MARTIN.

C'est une belle et bonne indigestion... Je viens de lui commander un... Comment veux-tu que j'appelle ça?... à l'eau de son.

HERNANDEZ.

Il a trop mangé avant-hier.

MARTIN.

Il s'est bourré de fraises et de fromage à la crème... il ne nous a laissé que le saladier!

HERNANDEZ.

Il est répugnant à voir manger!

MARTIN, à part.

C'est ça... abimons-le! (Haut.) Répugnant! voilà le mot.

LOÏSA.

Tenez, vous êtes insupportable. (A Martin.) Quand on a un ami malade, je ne comprends pas qu'on s'exprime de la sorte.

MARTIN

Mais...

LOÏSA.

Vous avez vraiment bien peu de charité! Laissez-moi!

Elle entre dans sa chambre.

SCÈNE X.

MARTIN, HERNANDEZ, puis PIONCEUX.

MARTIN, la regardant sortir.

Comme elle l'aime! Elle ne prend même plus la peine de s'en cacher.

HERNANDEZ.

Patience!... notre heure viendra! L'as-tu décidé à continuer le voyage?

MARTIN.

Oh bien, oui!... j'ai employé tous les arguments... j'ai été jusqu'à lui dire que ça ferait plaisir à ma femme. Mais il est buté!... Il se tient le ventre et il répond : « Non! je veux retourner à Paris! je veux retourner à Paris! »

HERNANDEZ.

Eh bien, qu'est-ce que tu décides?

MARTIN.

Je décide... que je ne décide rien!... J'avais mon plan... la Handeck!... Il ne veut pas y aller... Ça dérange tout!

PIONCEUX, entrant par le fond et à voix basse.

Monsieur...
Il tient dans ses mains une fiole et une tasse.

MARTIN.

Quoi?

PIONCEUX, à voix basse.

C'est le tilleul et l'*eau d'anum*.

MARTIN, parlant très-fort.

Oh! tu peux parler haut, maintenant. Crie, chante, si tu veux.

PIONCEUX.

Il va mieux?

MARTIN.

Oui. (Indiquant la tasse de tilleul.) Pose ça dans un coin... Ça ne me regarde plus. S'il croit que je vais continuer à être sa garde-malade!

PIONCEUX, *posant la tasse et la fiole sur la table, à part.*

Le poulet est presque cuit!

Il sort par le fond.

HERNANDEZ, *regardant la fiole et se parlant à lui-même en espagnol.*

Sangue de dios! no es por nada que esta botella habra venido sobre questa mesa. (Sang de Dieu! ce n'est pas pour rien que cette fiole sera venue sur cette table.)

MARTIN, *le regardant, étonné.*

Qu'est-ce que tu dis?

HERNANDEZ, *tenant la fiole et la lui montrant.*

Tu vois bien cette fiole?

MARTIN.

Parbleu!

HERNANDEZ.

Qu'est-ce que tu en penses?

MARTIN.

Eh bien, je pense que c'est une fiole!

HERNANDEZ.

Non... c'est le châtiment.

MARTIN.

Le châtiment?

HERNANDEZ.

Le docteur a dit: « Six gouttes de laudanum... » Tu es distrait, je te parle... je te raconte mon règne... et tu mets cinquante gouttes.

MARTIN, *se reculant.*

Cinquante!... Mais le docteur a dit que cinquante...

HERNANDEZ.

Eh bien?

MARTIN.

C'est un forfait!

HERNANDEZ.

Tu voulais bien le jeter dans le trou.

MARTIN.

Le trou... c'est un incident de voyage, tandis que la fiole...

HERNANDEZ.

Voilà bien la vieille Europe... flasque et sans énergie!... mais chez moi, sous ma zone... on échange continuellement des petites poudres dans des verres d'eau sucrée, on arrange des bouquets de roses qu'il suffit de respirer, et on n'est pas mal vu pour ça.

MARTIN.

Je ne dis pas...

HERNANDEZ, lui tendant la fiole.

Allons!

MARTIN.

Non, tiens, décidément, ça ne me sourit pas... le trou me souriait, mais pas la fiole.

HERNANDEZ, reposant la fiole sur la table.

Très-bien... laisse-le rentrer à Paris... on va le soigner, lui bassiner son lit... avec du sucre, et, dans un mois, quand il sera bien portant, tu ramèneras ta femme.

MARTIN.

Saperlotte!

HERNANDEZ.

Et ils continueront à tracer leur petit signal sur-ton-dos complaisant.

ACTE DEUXIÈME.

MARTIN, furieux.

Sang de Dieu! passe-moi la bouteille.

HERNANDEZ, la lui donnant.

Allons donc!

MARTIN, versant le contenu de la fiole dans la tasse que lui présente Hernandez.

Je verse tout, *carambo!*

HERNANDEZ.

Tout! c'est peut-être beaucoup... mais le reste aurait été perdu... (Prenant la fiole et lui donnant la tasse.) Maintenant, porte-lui ça.

MARTIN, prenant la tasse.

Moi-même? (Il va jusqu'à la porte d'Agénor; sur le point d'entrer, il s'arrête, et, après un moment d'hésitation, il revient à Hernandez.) Non, vois-tu, c'est plus fort que moi... je ne pourrai jamais lui offrir... nous avons été trop liés.

HERNANDEZ, prenant la tasse.

Donne-moi ça, poule mouillée! (Il va jusqu'à la porte d'Agénor avec la tasse et s'arrête.) C'est drôle, dans ce pays-ci, ça me fait quelque chose... je crains l'opinion publique.

MARTIN.

Ah! tu vois bien! tu recules aussi!

HERNANDEZ.

Je ne recule pas... je me recueille...

MARTIN, sentencieux.

Vois-tu, Hernandez, il n'y a que Dieu qui ait le droit de tuer son semblable!

HERNANDEZ, qui est revenu près de Martin.

Tu me suggères une idée... Rapportons-nous-en au jugement de Dieu!

MARTIN.

Comment l'entends-tu?

HERNANDEZ, plaçant la tasse près de la table.

Je pose la coupe fatale sur cette table... bien en vue... Agénor va venir... il boira si c'est son inspiration... Ça te va-t-il comme ça?

MARTIN.

Comme ça, je veux bien... poser une tasse sur une table n'est pas un crime.

HERNANDEZ.

Allons faire un tour.

Il remonte au fond, à gauche, pour prendre son chapeau.

MARTIN.

Je te suis. (A part.) Ce n'est pas un crime... (Il verse vivement l'encrier dans la tasse en se cachant d'Hernandez et à part.) Tout l'encrier! maintenant, s'il boit... c'est qu'il aura une fière soif!

HERNANDEZ.

Viens-tu?

SCÈNE XI.

LES MÊMES, PIONCEUX.

Pionceux entre par le fond ; en les voyant, il cache une tasse derrière son dos.

HERNANDEZ, l'apercevant, à part.

Pionceux! Préparons-nous un alibi. (Haut, à Pionceux, après l'avoir fait descendre et lui montrant la tasse qui est sur la table.) Remarque bien que la potion du capitaine est là intacte;

ACTE DEUXIÈME.

(Tirant sa montre, Martin l'imite.) qu'il est midi et que nous allons tranquillement au café faire une partie de dominos.

MARTIN.

Tu en témoigneras au besoin.

Martin et Hernandez sortent par le fond.

SCÈNE XII.

PIONCEUX, puis AGÉNOR.

PIONCEUX, seul.

Qu'est-ce qu'ils ont?... Moi, j'ai chipé un bouillon à la cuisine en attendant que le poulet soit à point... (Soufflant sur le bouillon.) Il est trop chaud.

AGÉNOR, sortant de sa chambre.

J'ai dormi... je suis tout à fait bien... mais j'ai une soif!... Tiens, Pionceux! qu'est-ce que tu bois là, toi?

PIONCEUX, lui indiquant la tasse qui est sur la table.

Voilà votre potion, monsieur.

AGÉNOR.

Ah! c'est vrai! (Il prend la tasse et la flaire.) Drôle d'odeur! drôle de couleur! (A Pionceux.) Changeons. (Il prend la tasse de Pionceux et lui donne la sienne.) Il embaume, ton bouillon.

PIONCEUX, flairant sa tasse.

Le vôtre n'embaume pas... il infecte le vieux cassis.

AGÉNOR, qui a bu et replacé sa tasse sur l'assiette où était la potion.

Ah! ce bouillon m'a mis en goût... Va me chercher un poulet et une bouteille de bordeaux.

PIONCEUX.

Un poulet? mais il n'y en a qu'un à la broche.

AGÉNOR.

Eh bien, je le prends!

PIONCEUX, à part.

Sapristi! pas de chance!... Je vais repincer un a bouillon. (Il sort par le fond emportant la potion qu'il fla Pouah! je ne boirai pas ça.

AGÉNOR, seul.

Je me sens tout guilleret... Je renais... je vais faire venir le coiffeur.

PIONCEUX, rentrant avec un plateau garni

Voilà le poulet.

<small>Il pose le plateau sur le petit guéridon qu'Agénor a placé au milieu de la scène. Agénor se place devant la table et commence à manger.</small>

AGÉNOR, flairant le poulet.

Il embaume!

SCÈNE XIII.

Les Mêmes, LOISA.

LOÏSA, entrant par le fond.

Que vois-je? M. Agénor à table!... (A Pionceux.) Laisse-nous.

PIONCEUX.

Mais...

LOÏSA.

Laisse-nous!

PIONCEUX.

On s'en va !...

Il sort par le fond en jetant un regard de regret sur le poulet.

AGÉNOR, mangeant.

Vous permettez?...

LOÏSA.

Mon ami, pendant que vous étiez étendu sur votre lit de douleur, j'ai fait un vœu.

AGÉNOR, se servant à boire.

Lequel?

LOÏSA.

J'ai fait vœu de ne plus tromper mon mari.

AGÉNOR, la bouche pleine.

Comme ça se trouve! j'ai fait le même vœu!

LOÏSA.

Ah! comme nos cœurs se comprennent!... Nous fuirons ensemble.

AGÉNOR, la regardant, stupéfait.

Hein!

LOÏSA.

Votre fortune suffira pour nous deux

AGÉNOR.

Ah! permettez!

LOÏSA.

Nous irons cacher notre bonheur dans un nid de verdure.

AGÉNOR, se levant, une cuisse de poulet à la main.

Écoutez, Loïsa, je suis convalescent... Je relève de maladie... Je ne suis pas en train d'enlever des femmes... Ma santé ne me le permet plus...

Il s'assied et se remet à manger.

LOÏSA.

C'est bien, monsieur, je vous comprends... Je sais ce qu'il me reste à faire... J'en ai assez, de cette vie de mensonges et d'hypocrisie... il faut en finir.

AGÉNOR, à part, mangeant toujours.

La bague! le poison des Indiens! Je l'attendais!

LOÏSA.

Agénor... regardez-moi bien en face. Vous savez si je suis une femme de résolution...

AGÉNOR, à part, mangeant.

Si elle croit que je vais couper dedans!

LOÏSA.

J'ai fait vœu de ne plus tromper mon mari... et ce que j'appelle ne plus tromper un homme... c'est lui tout avouer.

AGÉNOR, bondissant; il se lève.

Hein! voilà autre chose! Vous ne ferez pas cela, Loïsa!

LOÏSA.

J'attends M. Martin... et vous allez voir!...

AGÉNOR.

C'est impossible... Ce serait lui porter un coup...

LOÏSA.

Voulez-vous fuir, oui ou non?

AGÉNOR, hésitant.

Eh bien, oui... Non... Je demande jusqu'à demain pour réfléchir.

LOÏSA.

Soit! Mais pas plus tard!... (Elle remonte, arrivée près de la porte, elle se retourne pour dire:) Vous m'entendez!... pas plus tard!

Elle entre dans sa chambre.

SCÈNE XIV.

AGÉNOR, puis MARTIN.

AGÉNOR, seul, jetant sa serviette sur la table.

Que le diable l'emporte!... Elle m'a coupé l'appétit. Je n'ai plus faim. (Il range le guéridon, à gauche, près de la fenêtre.) Ah! j'ai besoin de prendre l'air. Un glacier me remettra. Voyons le temps.

Il ouvre la fenêtre et regarde au dehors.

MARTIN, inquiet, entrant par la porte du fond.

J'ai lâché le domino. Je mettais du quatre sur du six, et du blanc sur du trois. (Apercevant Agénor, qui est à la fenêtre, lui tournant le dos.) Le voilà! (Allant à lui, très-inquiet.) Eh bien, comment vas-tu?

AGÉNOR, quittant la fenêtre.

Je suis tout à fait bien. J'allais sortir.

MARTIN, à part, avec joie.

Il n'a pas bu!

AGÉNOR.

Ah! mon pauvre ami, je me suis cru bien près de ma fin... Eh bien, tu me croiras si tu veux, ce qui me faisait le plus de peine, ce n'était pas tant de passer l'arme à gauche que de te quitter.

MARTIN, à part.

Oui, oui! de quitter ma femme!

AGÉNOR.

Aussi ma dernière pensée a été pour toi.

MARTIN.

Merci.

AGÉNOR.

Croyant partir, j'ai fait mon testament.. J'ai vingt-deux mille cinq cents francs de rente : je t'ai tout laissé, mon ami!

MARTIN.

A moi?... Je ne veux pas! je ne puis accepter!

AGÉNOR.

Pourquoi? je n'ai plus de parents.

MARTIN.

Je refuse... déchire ce testament.

AGÉNOR.

Je viens de l'envoyer à mon notaire... Il est à la poste.

MARTIN.

Non! c'est impossible! Révoque-le... (S'approchant de la table.) Voilà du papier... des plumes. (Il s'approche de la tasse et, la trouvant vide, à part.) Ah! il a bu! il a bu! (Se trouvant mal et tombant sur un fauteuil.) Ah! mon Dieu! ah! mon Dieu!

AGÉNOR, courant à lui.

Eh bien, qu'est-ce que tu as? Martin! mon pauvre Martin!

MARTIN, suffoqué.

Je... je... je ne peux parler!

AGÉNOR.

Tu m'as soigné... C'est à mon tour.

MARTIN.

Mais non! Toi! toi... de l'émétique!... de l'émétique!...

AGÉNOR.

Tu veux de l'émétique? Tout de suite! (Appelant.) Holà! quelqu'un! du monde!

SCÈNE XV.

Les Mêmes LOISA, HERNANDEZ, puis PIONCEUX.

LOÏSA, entrant par le fond.

Qu'y a-t-il?

HERNANDEZ, accourant aussi du fond.

Pourquoi ce bruit?

Ils entourent Martin.

AGÉNOR.

Il se trouve mal! il demande de l'émétique!

HERNANDEZ, s'approchant de Martin.

Eh bien, ça ne va donc pas?

MARTIN.

Hernandez!... (Lui indiquant la tasse.) La tasse! la tasse!

HERNANDEZ, à part.

Il a bu! (Il prend la tasse et la flaire.) Tiens! ça sent le bouillon.

AGÉNOR.

Oui, je m'en suis offert un.

MARTIN et HERNANDEZ.

Hein?

MARTIN, se levant.

Mais l'autre tasse... la potion?

AGÉNOR.

Ne me gronde pas. Je ne l'ai pas bue!

MARTIN, suffoquant de joie et se pâmant de nouveau.

Ah! mon Dieu! pas bue! pas bue!

AGÉNOR, l'assistant.

Bon! voilà que ça le reprend!... De l'émétique!...

MARTIN.

Ah! ça va mieux... ça va mieux... ton bouillon... m'a remis.

AGÉNOR.

Quelle drôle de maladie!

MARTIN, se levant.

Ah! quelle crise!

AGÉNOR.

Du repos... une bonne nuit et nous pourrons repartir demain pour la Handeck.

MARTIN.

La Handeck!... Non! je suis encore bien faible...

HERNANDEZ, à part.

Il canne.

AGÉNOR.

Bah! je te soutiendrai... je te porterai, s'il le faut, mon bon Martin. (A Loïsa.) Je le porterai.

LOÏSA, bas, à Agénor.

C'est là qu'il me faut une réponse.

ACTE DEUXIÈME.

AGÉNOR.

Oui. (A part.) L'enlever, jamais! si elle persiste... Eh bien, je la fourre dans le trou!

HERNANDEZ, bas, à Martin.

Une fois là-bas, j'espère que tu tiendras ta parole?

MARTIN, très-froid.

Sans doute... sans doute... puisque c'est convenu.

HERNANDEZ.

Lui ou toi, tu m'entends? Si tu hésites, je te fourre dans le trou!

MARTIN, à part.

Il en est capable! Quelle situation!

HERNANDEZ.

Maintenant, ayons l'air gai!

Il se met à fredonner.

PIONCEUX, entrant du fond avec une volaille sur un plat.

J'ai pincé un dindon!

ACTE TROISIÈME.

Un chalet à la Handeck. — A droite, premier et deuxième plan, portes — Troisième plan, un couloir. — Même distribution à gauche. — Au fond, à droite, la porte d'entrée. — Au fond, à gauche, une fenêtre. — A gauche, premier plan, une table avec des cartes. — Chaises, etc.

SCÈNE PREMIÈRE.

UNE BONNE, costume de Suissesse. — PIONCEUX.

PIONCEUX, au public.

Eh bien, je ne m'amuse pas ici... Mon maître m'a fait partir hier pour le chalet de la Handeck, afin de lui retenir des chambres... et il n'arrive pas... (La bonne entre.) Je n'ai pour toute compagnie que cette jeune Suissesse (A la bonne.) Comment vous appelez-vous ?

LA BONNE.

Moi ? je m'appelle Groosback.

PIONCEUX.

Nom d'un nom ! une femme qui s'appelle Groosback... oh ! la Suisse ! (A la bonne.) Au moins savez-vous jouer au bésigue ?...

LA BONNE.

Le bésigue? connais pas.

PIONCEUX.

Et au piquet?

LA BONNE.

Connais pas.

PIONCEUX.

Alors, nous allons jouer à la bataille

LA BONNE.

Mais...

PIONCEUX.

Votre devoir est de distraire les voyageurs. (La faisant asseoir à la table de jeu.) Tenez, mettez-vous là.

LA BONNE.

Mais je ne connais pas la bataille.

PIONCEUX.

Je vais vous l'apprendre... ce n'est pas difficile... Jetez une carte. (Elle jette une carte.) Qu'est-ce que c'est que votre carte?

LA BONNE.

Je n'en sais rien...

PIONCEUX.

Oh! la Suisse!... c'est un huit de pique. A mon tour, je jette une carte, c'est un neuf de carreau... il n'y a pas bataille... voilà le jeu... vous savez le jeu maintenant Jetez une autre carte. (Elle jette une carte.) Dame de cœur A mon tour, dame de trèfle... il y a bataille, bataille de dames. Alors je vous embrasse.

Il se lève pour l'embrasser.

LA BONNE.

Je ne veux pas.

PIONCEUX.

Votre devoir est de distraire les voyageurs... et puis c'est la règle... faut jouer la règle. (Se rasseyant après l'avoir embrassée.) Continuons... (Jetant une carte.) Valet de pique... à vous. (Elle jette une carte.) Valet de carreau... Encore bataille... bataille d'hommes cette fois... alors c'est à vous de m'embrasser.

LA BONNE.

Ah! mais non!

PIONCEUX.

Faut jouer la règle! Allons! allons! (Elle l'embrasse.) Continuons.

LA BONNE.

Ah! je ne joue plus... c'est trop échauffant.

PIONCEUX.

Paresseuse! (Humant l'air.) Tiens! quelle drôle d'odeur... Sentez-vous par là?

LA BONNE.

C'est mon dîner qui brûle.

PIONCEUX, se levant.

Vous avez un dîner qui brûle et vous ne le dites pas!

Il remonte.

LA BONNE.

Où allez-vous?

PIONCEUX.

Je vais l'empêcher de brûler, ne vous occupez pas de moi.

Il sort par le couloir de droite.

SCÈNE II.

LA BONNE, EDMOND, BATHILDE

LA BONNE.

Il est bon garçon, mais il aime trop les cartes

VOIX D'EDMOND, au dehors.

Holà! du monde!

LA BONNE, remontant.

Ah! des voyageurs... enfin!

Edmond entre avec Bathilde. Ils sont en costume de voyage.

EDMOND.

Avez-vous une chambre?

LA BONNE.

Oui, monsieur.

EDMOND.

Avec un grand lit et deux oreillers?

BATHILDE.

Et un piano?

LA BONNE.

Ah! c'est que...

EDMOND.

Quoi?

LA BONNE.

Nous n'avons que des petits lits en fer... pour un.

BATHILDE.

Ah!

LA BONNE.

Monsieur et madame désirent-ils un guide pour visiter la sublime horreur?...

BATHILDE.

La sublime horreur?

LA BONNE.

Oui... la chute de l'Aar...

EDMOND.

Non... plus tard.

LA BONNE, après avoir consulté une ardoise suspendue à droite.

Je puis vous donner la chambre numéro 4... deux lits jumeaux, séparés par une simple table de nuit en bois de sapin...

EDMOND, à Bathilde.

Ils sont jumeaux. (A la bonne.) C'est bien... Nous prenons le numéro 4.

LA BONNE.

Il sera prêt dans une minute.

Elle sort à droite.

SCÈNE III.

EDMOND, BATHILDE.

A peine la bonne est-elle sortie que Bathilde se met à pleurer.

BATHILDE, pleurant.

Ah! mon Dieu! mon Dieu!

Elle va s'asseoir près de la table.

EDMOND.

Eh bien, qu'est-ce que tu as?... tu souffres?

BATHILDE.

Non!... (Pleurant.) La Suisse m'ennuie!

EDMOND.

Allons, bien! Voyons, un peu de courage!... puisque nous y sommes... Depuis deux jours, je ne te reconnais plus... Tu es triste... presque maussade.

BATHILDE, pleurant.

Je n'ai pas de lettre de maman!

EDMOND, la relevant, après l'avoir embrassée.

Il en viendra, des lettres de maman... calme-toi... Ce n'est pas une raison pour faire des impolitesses aux étrangers... Tout à l'heure encore, tu as brusquement quitté la famille Martin, en mettant ton cheval au trot...

BATHILDE.

Tiens! si tu crois que c'est amusant de voyager avec ces gens-là! Depuis Chamounix, ils ne nous quittent pas une minute, nous ne sommes jamais seuls... Moi, je ne comprends pas la Suisse comme ça!

EDMOND.

Ma chère, il y a des relations du monde qu'il faut savoir cultiver.

BATHILDE.

Je ne suis pas venue en Suisse pour cultiver des relations... Je suis venue pour me promener avec mon mari. sans personne... Du reste, le pays n'est pas joli par ici.

EDMOND.

Par exemple! des montagnes, des cascades, des torrents!

BATHILDE.

Et M. et madame Martin!... et leur sauvage!... et le petit vieux qui a toujours peur de se refroidir! (Câline.) Si tu veux, nous retournerons à Genève, où il y a de si bons hôtels!

EDMOND.

Et la chute de l'Aar?...

BATHILDE.

Oh! la chute de l'Aar!... Est-ce que tu y tiens?

EDMOND.

Non... mais il faut pouvoir dire qu'on l'a vue... Sans cela, à Paris, tout le monde s'écrierait : « Comment! vous n'avez pas vu la chute de l'Aar! Ah! ils n'ont pas vu la chute de l'Aar!... » Ce serait un voyage raté...

BATHILDE.

Eh bien, nous y jetterons un coup d'œil demain, en nous en allant.

EDMOND.

C'est ça!... il faut être consciencieux.

SCÈNE IV

Les Mêmes, LOISA, HERNANDEZ, puis LA BONNE

Loïsa porte un costume de montagne et un bâton ferré. Hernandez tient à la main un énorme sapin en guise de bâton.

HERNANDEZ, à Loïsa.

Entrez, madame, Dieu vous garde!

LOÏSA, entrant et apercevant Bathilde.

Enfin, vous voilà! mais comme vous avez couru!...

ACTE TROISIÈME.

BATHILDE.

C'est mon cheval qui s'est emporté...

LOÏSA.

Il nous a été impossible de vous suivre... comme monsieur était à pied...

HERNANDEZ.

Oui, la marche développe le muscle.

EDMOND, examinant le bâton d'Hernandez.

Ah!... qu'est-ce que c'est que ça?

HERNANDEZ.

C'est une canne que j'ai herborisée sur la route.

LOÏSA, à part, avec admiration.

Quel homme! il est prodigieux!

BATHILDE.

Mais je ne vois pas monsieur votre mari et M. Montgommier?

LOÏSA.

Ils vont arriver. Ils ont voulu pousser tout de suite jusqu'à la chute de l'Aar.

EDMOND.

Sans même s'arrêter à l'hôtel? Quelle impatience!

LOÏSA.

Mon mari rêve de ce spectacle depuis que nous sommes en route.

HERNANDEZ, à part.

Je l'ai remonté... il veut en finir.

LA BONNE, venant de droite, à Edmond.

Monsieur, votre chambre est prête.

BATHILDE, bas, à Edmond.

Allons-nous-en vite! (Saluant.) Madame... Monsieur...

(Bas, à Edmond, en sortant.) Non! je ne comprends pas la Suisse comme ça!

EDMOND, la suivant.

Mais puisqu'ils sont jumeaux!

Edmond et Bathilde sortent par la droite.

LA BONNE, à Hernandez.

Monsieur et madame désirent-ils un guide pour visiter la sublime horreur?

HERNANDEZ.

Quoi?

LA BONNE.

La chute de l'Aar.

HERNANDEZ.

Plus tard... Quand nous serons casés... Couche-t-on dans ta bicoque?

LA BONNE.

Parfaitement!... je puis vous offrir le numéro 7. Deux lits jumeaux séparés par une simple table de nuit.

LOÏSA, pudiquement.

Deux lits jumeaux!...

LA BONNE.

Dame! nous n'avons pas de lit de ménage...

HERNANDEZ, posant son arbre sur le pied de la bonne. — Bas.

Tentatrice!

LA BONNE.

Aïe! (A part.) Qu'est-ce qu'il a?

LOÏSA.

C'est quatre chambres qu'il nous faut.

ACTE TROISIÈME.

LA BONNE, étonnée.

Quatre chambres!... (A part.) Pour deux!

HERNANDEZ.

Va! dépêche-toi.

Il va déposer son arbre à gauche.

LA BONNE, sortant, à part.

Ils se dédoublent alors.

Elle sort à gauche,

SCÈNE V.

HERNANDEZ, LOISA.

HERNANDEZ.

Cette fille me prend pour votre mari... Que ne le suis-je en effet!

LOÏSA.

Je vous en supplie, Hernandez... n'embarrassez pas ma reconnaissance par des propos... que je ne puis entendre.

HERNANDEZ.

Votre reconnaissance, cruelle?

LOÏSA.

Sans vous, n'étais-je pas foulée aux pieds par ce taureau furieux qui fondait sur nous?

HERNANDEZ, à part.

C'était une vache!

LOÏSA.

J'en suis encore tout émue. (Lui tendant la main avec effusion.) Merci, Hernandez!

HERNANDEZ, lui serrant la main.

De rien!

LOÏSA, poussant un petit cri.

Ah! vous serrez trop!

HERNANDEZ.

Pardon... c'est le muscle.

LOÏSA.

Mais je suis indignée de la conduite de M. Montgommier... A la vue de l'animal, il me cria : « Prenez garde! » et il se jeta devant mon mari en lui faisant un rempart de son corps.

HERNANDEZ.

Oui... c'est le rempart des maris!

LOÏSA.

Mais vous étiez là!... Vous avez saisi le monstre par les deux cornes, et vous l'avez forcé à se mettre à genoux devant moi.

HERNANDEZ.

J'y voudrais mettre le monde entier!

LOÏSA.

Tant de courage, de sang-froid, de vigueur!

HERNANDEZ.

De rien, vous dis-je... C'est un jeu de mon pays.

LOÏSA, regardant Hernandez.

Quel pays! quels jeux! quels hommes! Ah! quand je vous compare à mon pauvre mari... Il était blanc comme un linge.

HERNANDEZ.

C'est la peur... Mais M. Agénor n'était pas plus foncé en couleur.

ACTE TROISIÈME.

LOÏSA.

Oh! lui... il relève de maladie... (Souriant.) Une indisposition très-débilitante.

HERNANDEZ.

Le fromage à la crème.

SCÈNE VI.

LES MÊMES, MARTIN.

Martin entre; il est dans la plus vive agitation. Sa cravate est dénouée.
Il ferme vivement la porte.

MARTIN.

Me voilà!...

HERNANDEZ, LOÏSA.

Qu'as-tu donc?

MARTIN, s'asseyant près de la table.

J'ai soif... c'est le soleil...

HERNANDEZ, bas, à Martin.

Tout est consommé?

MARTIN, de même.

Tout! Il est dans le trou!

LOÏSA.

Eh bien? Et M. Montgommier, qu'en avez-vous fait?

MARTIN.

Il est dans le tr... (Se reprenant.) Il croque un point de vue... (Se levant.) Partons pour Meyringen!

LOÏSA.

Comment, partons! Et la Handeck?

MARTIN.

C'est vu! c'est vu!

HERNANDEZ.

C'est vu! c'est vu!

Ils remontent.

LOÏSA.

Mais je ne l'ai pas vue, moi... C'est pour cela que nous sommes partis de Paris.

MARTIN.

Eh bien, s'il faut tout dire... j'ai oublié mon portefeuille à Meyringen... dans la commode qui ne ferme pas... Filons!...

HERNANDEZ.

Elle ne ferme pas... Filons!

LOÏSA.

Comment, sans même attendre M. Agénor?

MARTIN.

Il nous rejoindra.

HERNANDEZ.

Vite, nos sacs, nos valises.

Agenor paraît au fond.

SCÈNE VII.

Les Mêmes, AGÉNOR.

AGÉNOR, entrant.

Ah! quel pays!

HERNANDEZ, stupéfait.

Lui!

MARTIN, à part.

Voilà ce que je craignais! Il revient trop tôt

HERNANDEZ, bas, à Martin.

C'est comme ça que tu l'as jeté dans le trou,

MARTIN, bas.

Il se sera sauvé à la nage!...

HERNANDEZ.

Oui, il a nagé...

AGÉNOR.

Est-ce qu'on ne va pas dîner?

LOÏSA.

Ah! bien oui... nous repartons.

AGÉNOR.

Comment?

MARTIN, découragé.

Oh! ce n'est plus la peine.

LOÏSA.

N'avez-vous pas oublié votre portefeuille?

MARTIN.

Oui... mais il n'y avait rien dedans.

LOÏSA.

Eh bien, alors, qu'est-ce que vous nous chantez! Nous restons, nous irons voir demain matin la chute de l'Aar.

AGÉNOR.

C'est superbe! mais c'est épouvantable... Si j'étais poète, je me permettrais de dire que c'est une sublime horreur!

HERNANDEZ.

La bonne l'a déjà dit.

AGÉNOR.

Ah!... je ne le savais pas... Il y a là un petit pont qui tremble au-dessus du gouffre... J'ai eu le vertige... et sans Ferdinand qui m'a retenu...

HERNANDEZ.

Ah! il vous a retenu?

MARTIN.

Moi? pas du tout.

AGÉNOR.

Tu m'as dit : « Prends garde ! »

MARTIN.

Non, je ne t'ai pas dit : « Prends garde! » Je t'ai dit : « Fais attention... » Il ne faut pas exagérer!...

LA BONNE, entrant de gauche.

Les chambres sont prêtes.

MARTIN.

Ah! c'est très-bien! Rentrons chacun chez nous... je suis fatigué...

HERNANDEZ, bas, en lui posant la main sur l'épaule.

Reste !

ACTE TROISIÈME.

MARTIN, à part.

L'explication! (Haut.) Allez, je vous rejoins.

AGÉNOR, à part.

Pas un mot de la réponse!... pas un signe... si je pouvais en être quitte!...

Agénor sort par le couloir de droite et Loïsa sort à gauche

SCÈNE VIII.

HERNANDEZ, MARTIN.

HERNANDEZ, se croisant les bras.

Eh bien, il est gentil, il est bien combiné ton petit stratagème.

MARTIN.

Je vais te dire : il y avait là un photographe qui m'aurait pris en flagrant délit... alors...

HERNANDEZ.

Me prends-tu pour un idiot?

MARTIN.

Je t'assure...

HERNANDEZ.

Silence! je vois clair dans ton jeu! Il s'agissait de te débarrasser de moi, de me faire croire que notre honneur est satisfait, de me cacher ta lâcheté.

MARTIN, offusqué.

Don Hernandez!

HERNANDEZ.

Je suis à tes ordres.

MARTIN, se calmant.

Non... continue...

HERNANDEZ.

Alors tu t'es dit: « J'irai seul avec Agénor, je le laisserai en route; je dirai à ce bon Hernandez qu'il est dans le trou et nous repartirons dare dare pour Meyringen. » Est-ce vrai?

MARTIN, passant à gauche.

Eh bien, oui, la!... fiche-moi la paix! Je ne suis pas né pour le crime, moi! je ne suis pas une nature d'assassin... tout le monde n'est pas doué...

HERNANDEZ.

C'est bien... n'en parlons plus!

MARTIN, respirant.

Ah!

HERNANDEZ, d'une voix sombre.

Serais-tu un homme à venir faire avec moi, et sans témoins, un tour à la cascade?

MARTIN.

Sans témoins?... pour quoi faire?

HERNANDEZ, sombre.

Mais pour causer de choses et d'autres.

MARTIN, effrayé.

Nous pouvons causer de ça ici.

HERNANDEZ, d'une voix sinistre.

M'est avis que nous serions mieux sur le petit pont qui tremble. (Lui prenant le bras.) Qu'en penses-tu?

MARTIN, reculant.

Ne me touchez pas! je suis fatigué, je n'ai pas envie de me promener.

ACTE TROISIÈME.

HERNANDEZ.

Nature microscopique ! Et tu crois que tu m'auras fait venir jusqu'ici pour assister à ta réconciliation avec le larron de notre honneur ?

MARTIN, vivement.

Ma réconciliation ?... Ah ! bien oui !... tu ne me connais pas ! Je prétends au contraire lui infliger un châtiment plus impitoyable... et en tout cas plus digne d'une nation civilisée !

HERNANDEZ.

Que veux-tu faire ?

MARTIN.

Je veux lui plonger dans le cœur un fer rouge !...

HERNANDEZ.

A la bonne heure !

MARTIN.

Un fer rouge qui s'appellera le remords.

HERNANDEZ.

Le remords... Oui.

MARTIN, s'exaltant.

Un fer rouge qui le poursuivra partout, qui lui rongera le foie... comme un vautour... et dont le miroir implacable lui représentera son crime en lui criant : « Misérable ! tu as trompé ton ami !... » Voilà de la vengeance ! de la vraie !

HERNANDEZ.

Eh bien, c'est ça... fais-lui ça tout de suite.

MARTIN.

Va me le chercher... je ne te dis que ça !

HERNANDEZ, sortant.

C'est ça... un fer rouge... qui lui rongera le foie... avec un miroir... Ah ! nous allons rire !

Il sort par le couloir de gauche.

SCÈNE IX

MARTIN, puis AGÉNOR.

MARTIN, seul.

Voilà un Espagnol qui m'ennuie! Mais, s'il n'est pas content de moi cette fois-ci, il sera bien difficile. (Apercevant Agénor.) Voilà la victime.

AGÉNOR, entrant par le fond; il tient un rond de serviette en bois sculpté; à Martin.

Vois donc comme on travaille bien le bois dans ce pays-ci... Permets-moi de t'offrir...?

MARTIN.

Qu'est-ce?

AGÉNOR.

Un rond de serviette avec le mot: *Amitié*.

MARTIN, avec amertume.

Amitié!... Asseyez-vous, monsieur, écoutez-moi, et vous me direz ensuite si je puis accepter votre rond. Asseyez-vous!

AGÉNOR, à part, s'asseyant pendant que Martin s'assoit près de la table.

Qu'est-ce qu'il y a?

MARTIN.

Ah! ils ont raison, les hommes qui ne s'endorment pas sur la foi punique de l'amitié.

AGÉNOR étonné.

Pourquoi?

MARTIN.

Ils ont raison, ceux qui se méfient... ceux qui ne confient pas leur honneur à cette barque fragile et capricieuse qu'on appelle la femme.

AGÉNOR.

Que veux-tu dire?

MARTIN, éclatant.

Je veux dire que vous m'avez indignement trompé!

AGÉNOR, se levant.

Moi? c'est faux, je te jure!

MARTIN, se levant et allant à lui.

Vous avez trahi ma confiance! en un mot, vous m'avez fait... (Baissant la voix.) vous m'avez fait une raie dans le dos!

AGÉNOR.

Qui est-ce qui t'a dit ça?

MARTIN.

Don Hernandez Martinez, mon cousin, qui m'a ouvert les yeux. Dieu le garde!

AGÉNOR, à part.

Oh! il me le payera, celui-là.

MARTIN.

Ainsi c'est vous... vous à qui j'ouvrais tous les jours mon foyer, ma table à manger... ma table de jeu! vous n'avez pas craint de...

AGÉNOR.

Oh! si tu savais le chagrin que ça me faisait, ce que j'ai souffert!

MARTIN.

Ta ta ta! répondez... Que feriez-vous à ma place?

x. 6.

AGÉNOR.

A ta place, je dirais : « Agénor, c'est mal, ce que tu as fait là... mais je sais que tu m'aimes bien... jure-moi que tu ne recommenceras pas... jure-le moi!... et je te pardonne! »

MARTIN.

Tu tu tu!... ça ne peut pas se passer comme ça... je pourrais vous tuer, monsieur!

AGÉNOR.

Ah!

MARTIN.

Je l'ai même essayé...

AGÉNOR.

Oh!

MARTIN.

Mais vous avez jugé à propos de prendre un bouillon... Le jury est très-bienveillant pour ce genre de représailles... mais assez de sang répandu!

AGÉNOR.

Oui!... qu'exiges-tu de moi?... je me soumets à tout.

MARTIN.

J'y compte bien... Je vous donne d'abord l'ordre de ne plus me tutoyer... un mur de glace nous sépare.

AGÉNOR.

Comme tu voudras.

MARTIN.

A la bonne heure! Maintenant voici ce que j'ai décidé... et pas de prières, pas de supplications... je suis inflexible!

AGÉNOR.

Parle.

MARTIN.

Je veux perpétuer par un monument plus durable que le marbre et l'airain... le souvenir de votre trahison.

AGÉNOR.

Tu veux faire bâtir quelque chose?

MARTIN.

Je vous ai défendu de me tutoyer, monsieur.

AGÉNOR.

Pardon, monsieur.

MARTIN.

Je continue. Vous fonderez à vos frais... et sous mon nom, un prix à l'Académie.

AGÉNOR.

Le prix Martin?

MARTIN.

Un prix pour l'auteur du meilleur mémoire sur l'infamie qu'il y a à détourner la femme de son meilleur ami.. vous pourrez concourir.

AGÉNOR.

Vous êtes bien dur!...

MARTIN.

Ce n'est pas tout : ce prix... annuel... sera de vingt-deux mille cinq cents francs.

AGÉNOR, se récriant

Toute ma fortune!

MARTIN.

Pas un sou de moins!

AGÉNOR.

Après moi alors?...

MARTIN.

Bien entendu.

AGÉNOR.

J'accepte!

MARTIN, à part.

Si tous les maris trompés agissaient avec cette rigueur on verrait moins de scandales dans les familles.

AGÉNOR.

Mais, à cette condition... vous me pardonnez, monsieur?

MARTIN.

Peut-être, monsieur. (Ému.) Mais nous ne devons plus nous revoir...

Il se dirige vers sa chambre, — à droite, premier plan.

AGÉNOR.

Oh!... jamais?

MARTIN.

Jamais!... les préjugés du monde nous séparent! Adieu, monsieur, nous nous sommes vus pour la dernière fois.

AGÉNOR, suppliant.

Ferdinand!

MARTIN.

Pour la dernière fois!

SCÈNE X.

Les Mêmes, HERNANDEZ.

AGÉNOR, apercevant Hernandez qui entre par le fond.

Ah! sacredienne! vous arrivez bien, vous! je cherchais quelqu'un sur qui tomber.

HERNANDEZ.

Qu'est-ce que c'est?

MARTIN, passant au milieu.

Monsieur Montgommier, je vous prie de respecter ma famille.

AGÉNOR.

C'est lui qui est cause de tout!

MARTIN.

Il n'a fait que son devoir.

AGÉNOR, à Hernandez.

Faux sauvage!

HERNANDEZ, bondissant.

Faux sauvage!... Retirez le mot!

AGÉNOR.

Je le double! je le triple!

HERNANDEZ, furieux.

Valgas me Dios!

AGÉNOR, exaspéré.

Ah! si tu crois me faire peur avec ton espagnol!... Fandango! Olla podrida! Castagnette!

MARTIN.

Du calme, messieurs! (A Hernandez.) Ne fais pas attention, c'est la fureur du condamné qui insulte le tribunal... Je viens de rendre un arrêt terrible.

HERNANDEZ.

Alors qu'il me fasse des excuses, *caramba!*

AGÉNOR, exaspéré.

Des excuses! (A Hernandez.) Va te *promenados tra los montes!*

MARTIN, à Hernandez.

La colère égare sa langue, ne fais pas attention.

HERNANDEZ.

Tu as raison... Je vous méprise, mon petit ami!

AGÉNOR.

Sais-tu bien, mon grand ami, que je suis un homme à te manger le nez?

HERNANDEZ.

Le nez! Pas un mot de plus.... je le tiens pour mangé.

MARTIN, cherchant à les calmer.

Ah! il est mangé! il n'y en a plus! C'est fini, maintenant.

HERNANDEZ.

J'ai le choix des armes comme insulté...

MARTIN.

Hernandez!... Agénor!...

HERNANDEZ.

Laisse-nous tranquilles, toi... C'est une affaire entre hommes... tu n'en es pas... (Il le fait pirouetter à droite.) Je choisis la carabine...

AGÉNOR.

Je m'y attendais... le duel à l'américaine... à l'affût... comme pour les lapins... J'accepte!

MARTIN, à part.

Ah! le malheureux! il est mort!

HERNANDEZ.

Le bois est à deux pas... Le duel commence dès maintnant. Garde-toi, je me garde!

AGÉNOR.

Et Dieu pour tous!

MARTIN, à part.

Ça va être horrible!

HERNANDEZ.

Je vais chercher mon outil... cherchez le vôtre. (Sortant.) Faux sauvage! Attends un peu, roquet!

Il sort vivement par le fond.

SCÈNE XI.

MARTIN, AGÉNOR.

AGÉNOR, bondissant.

Il a dit roquet! (Courant à la porte.) Espagnol de carton!
Il va pour sortir à gauche.

MARTIN.

Monsieur Montgommier, un mot : J'ai été trop lié avec vous pour assister de sang-froid à la boucherie qui se prépare. Le châtiment que je vous ai infligé me suffit; je ne veux pas votre mort.

AGÉNOR.

Si tu savais à quel point je me fiche de ton Incas...

MARTIN.

Je vous ai déjà prié de ne pas me tutoyer.

AGÉNOR.

Ça m'est échappé.

MARTIN.

Au nom de notre défunte amitié, écoutez un dernier conseil... Pendant qu'il vous cherche dans la forêt, filez sur Paris!

AGÉNOR, froissé

Ah! monsieur, vous oubliez que j'ai porté l'épaulette!

MARTIN.

Je ne peux pas m'expliquer, mais c'est fait de vous si vous acceptez ce duel formidable!

AGÉNOR.

Eh bien, après? Que m'importe l'existence maintenant... je n'ai plus d'ami!

MARTIN, ému.

Vous êtes d'âge à faire de nouvelles connaissances.

AGÉNOR, ému.

Non, Ferdinand!

MARTIN.

Ne m'appelez pas Ferdinand... Nous sommes en froid... Au surplus, je vous ai donné cet avertissement... Maintenant, le reste vous regarde, monsieur.

Il remonte.

AGÉNOR, s'inclinant.

Je vous remercie, monsieur.

MARTIN, revenant tout à coup.

Mais, malheureux, ce n'est pas à un combat loyal que vous marchez, c'est à un guet-apens! Don Hernandez a un truc!

AGÉNOR.

Lequel?

MARTIN.

Non, j'en ai déjà trop dit... Vous n'espérez pas que je trahirai pour vous un parent, le chef de la famille, le champion de notre honneur!... Jamais, monsieur, jamais! (Changeant de ton.) L'animal se cache derrière un buisson; il met son chapeau et son paletot au bout de sa carabine, bien en vue! Vous tirez; il vous crie : « Je suis mort! » Vous vous avancez... et il vous escofie... C'est épouvantable!

AGÉNOR.

Très-canaille, son truc! je le prends!

MARTIN, vivement.

Je vous le défends, monsieur!

AGÉNOR.

Mais cependant...

MARTIN.

Je vous le défends!... vous n'avez pas le droit d'abuser d'un secret qui m'est échappé... donnez-moi votre parole...

AGÉNOR.

C'est bien, monsieur mon adversaire est votre parent... sa vie me sera sacrée!...

MARTIN, inquiet.

Hein?... qu'est-ce que vous entendez par là?

AGÉNOR.

Je saurai m'immoler!

MARTIN.

Mais je ne vous demande pas ça! défendez-vous, au contraire... tâchez de le... (Se reprenant.) de l'éviter ... mais ne vous servez pas de son truc, c'est à lui ce truc, c'est le truc de la famille... cherchez-en un autre... un bon! un meilleur! (Avec émotion.) Adieu... et bonne chance!

AGÉNOR.

Nous ne nous reverrons probablement jamais..

MARTIN, très-ému, sur la porte de sa chambre.

Après tout, je ne le connais que depuis quinze jours, cet Espagnol!... prenez son truc si vous voulez!

AGÉNOR.

Ah! tu as beau dire, tu m'aimes toujours!

MARTIN.

Non, monsieur... là où il n'y a plus d'estime, il ne saurait y avoir d'amitié.

Il rentre dans sa chambre.

SCÈNE XII.

AGÉNOR, puis LOISA.

AGÉNOR, seul.

Plus d'estime!... il me couvre de son mépris! ah! je suis maudit! (Il s'arrache les cheveux, regarde sa main noircie et l'essuie avec son mouchoir.) Ces coiffeurs de Genève ont de bien mauvaise pommade. (Apercevant Loïsa, qui entre de gauche.) Vous, madame?

LOÏSA, à part

Ah! monsieur Agénor!

ACTE TROISIÈME.

AGÉNOR

Vous arrivez bien !

LOÏSA.

Quoi ?

AGÉNOR.

Vous venez chercher ma réponse ? vous venez savoir si je suis prêt à vous enlever ?

LOÏSA.

Mais, monsieur...

AGÉNOR.

Eh bien, la voici, ma réponse : « Jamais ! jamais ! » (A part.) Je vais louer une carabine. (Haut, sur la porte.) Jamais ! jamais !

Il sort par le fond, à gauche.

LOÏSA.

Et qui vous dit que je vous aime encore, mon petit monsieur ?... (Allant à la fenêtre.) Est-il assez ridicule, ce bout d'homme, avec ses cheveux jaunes ?... Et j'ai pu aimer ça ! tandis que l'autre !...

Elle continue à regarder par la fenêtre.

SCÈNE XIII.

LOÏSA, HERNANDEZ.

HERNANDEZ, *entrant par le fond, sans voir Loïsa. Il est tout habillé de vert et porte du feuillage à son chapeau. Il a une carabine à la main.*

Je viens chercher ma gourde... j'ai changé mon truc... Martin est capable de l'avoir indiqué à son copain... je me suis méfié... et alors, je me suis habillé en feuillage... le roquet doit être déjà sous bois ; cherche, mon bonhomme, cherche, je te retrouverai tout à l'heure.

LOÏSA, se retournant.

Qu'est-ce que c'est que ça? don Hernandez?...

HERNANDEZ.

Loïsa !

LOÏSA, riant.

Pourquoi ce costume? vous avez l'air d'un buisson.

HERNANDEZ, déposant sa carabine et son chapeau à droite.

Le buisson qui marche. C'est ce qu'il faut.

LOÏSA.

Et cette carabine? vous allez à la chasse?

HERNANDEZ.

A la chasse à l'homme! votre mari sait tout...

LOÏSA, étonnée.

Tout... quoi?

HERNANDEZ.

Eh bien... Agénor!

LOÏSA.

C'est faux!... c'est une calomnie!

HERNANDEZ.

Pas de marivaudage! il a des preuves!

LOÏSA.

Certaines?

HERNANDEZ.

Certaines!

ACTE TROISIÈME.

LOÏSA, effrayée, passant à droite.

Mais alors, je suis perdue!

HERNANDEZ.

Ça m'en a l'air... Il est furieux... il rumine une vengeance dans la manière des Borgia.

LOÏSA.

Ah! mon Dieu!

HERNANDEZ, à part.

Ça prend! (Haut.) Si vous m'en croyez, vous ne mangerez rien tant que vous serez en Europe.

LOÏSA.

Merci bien!

HERNANDEZ.

Excepté des œufs à la coque, parce qu'on ne peut rien fourrer dedans.

LOÏSA, éperdue, passant à gauche.

Mais que faire? que devenir? Je ne peux pas rester ici!

Elle s'assied près de la table.

HERNANDEZ.

Je vous offre un asile! venez dans mes États.

LOÏSA.

Ah! non, c'est trop loin!

HERNANDEZ, s'approchant d'elle.

Une promenade... toujours sur l'eau... Vous ne connaissez pas mon pays... quelle nature! le ciel est bleu, la mer est bleue, la terre est bleue... Vous serez continuellement en palanquin... et, la nuit, je vous donnerai quatre Indiens dans leur costume national, pour écarter les mouches de votre gracieux visage... Quant à la nourriture...

LOÏSA.

Oh! ne parlons pas de ça!

HERNANDEZ, se jetant à genoux.

Dites un mot, señora, et je dépose mon trône à vos pieds.

LOÏSA.

Ah! Hernandez... ne me tentez pas! (Languissamment.) Vous êtes donc veuf?

HERNANDEZ, se relevant.

Hélas! non!

LOÏSA, se levant.

Vous m'offrez votre trône... et votre femme?

HERNANDEZ.

La reine? J'ai pensé à elle... je lui donnerai une place dans ma lingerie... rien à faire!... Abandonnez-vous à moi, c'est le ciel que je vous ouvre.

LOÏSA.

Et mes devoirs?

HERNANDEZ.

Lesquels?

LOÏSA.

Je ne sais pas ce que je dis... vous me grisez, vous me charmez... et puisque mon mari a oublié sa mission, qui est de me protéger... don Hernandez, ramenez-moi chez ma mère!

HERNANDEZ, la serrant dans ses bras et l'embrassant.

Ta mère! c'est moi qui serai ta mère! c'est moi qui serai ta mère!

SCÈNE XIV.

Les Mêmes, MARTIN, puis AGÉNOR.

MARTIN, entrant de droite.

Hein?... que vois-je?

LOÏSA.

Mon mari!

Elle se sauve par le fond à gauche.

MARTIN, sautant sur la carabine déposée par Hernandez et le couchant en joue.

Ah! toi aussi!...

HERNANDEZ.

Ne tirez pas!

AGÉNOR, entrant de l'autre côté avec une carabine et couchant en joue Hernandez.

Garde-toi!

HERNANDEZ.

Ne tirez pas! je me rends!

AGÉNOR.

Trop tard!

MARTIN, à Agénor.

Bas les armes!

AGÉNOR.

Mais notre duel?...

MARTIN.

Assez de sang répandu! Moi seul ai le droit de donner

des ordres ici! (A part.) Il me vient une idée de vengeance raffinée... (Haut.) Votre vie est entre nos mains, don Hernandez : vous soumettez-vous d'avance à ce que je décide de vous?

HERNANDEZ.

Parbleu! je n'ai pas d'arme, et vous êtes deux.

MARTIN.

Voici mon arrêt... et pas de prières, pas de supplications... je suis inflexible!

AGÉNOR, à part.

Il va lui faire fonder un second prix.

MARTIN, à Hernandez.

Vous allez emmener celle qui fut madame Martin dans vos pampas du nouveau monde, de manière que l'ancien ne soit plus troublé par cette Hélène moderne.

AGÉNOR.

Ah! voilà une bonne idée!

HERNANDEZ.

J'accepte. (A part.) Est-il bête!

MARTIN, à part.

Je crois que, si tous les maris agissaient avec la même rigueur, on verrait moins de scandales dans les familles!

HERNANDEZ.

Et quand veux-tu que nous partions?

MARTIN.

Je vous prie de ne plus me tutoyer... un mur de glace nous sépare... Vous partirez sur-le-champ.

HERNANDEZ.

On y va! (A Agénor.) Quant à vous, monsieur, dans

votre intérêt, je vous interdis toutes les forêts d'Amérique!

AGÉNOR, fièrement.

Et moi celles d'Europe... y compris le Vésinet!

MARTIN, à part.

Ah! que c'est beau le courage!

HERNANDEZ, à Martin.

Me donnes-tu la main?

MARTIN.

Jamais!

HERNANDEZ.

Boudeur! (Il remonte un peu, puis, se retournant.) Je vous méprise! Dieu vous garde!

Il sort par le fond à gauche.

SCÈNE XV.

AGÉNOR, MARTIN.

Martin et Agénor restent en face l'un de l'autre, leur carabine à la main. — Moment de silence. — Puis ils vont déposer leurs carabines, se saluent très-froidement. Agénor s'assoit près de la table, la tête dans ses mains; Martin remonte comme pour sortir.

MARTIN, au fond, se retournant.

Eh bien, monsieur, voilà la femme à qui vous avez sacrifié notre amitié.

AGÉNOR, assis.

Quelle leçon!... j'étais jeune, j'étais beau, j'appartenais à l'état-major...

MARTIN.

L'état-major n'est pas une excuse... Enfin nous voilà veufs !

AGÉNOR.

Ça, c'est un petit malheur !

MARTIN.

Je dis : *nous*... parce que vous êtes logé à la meme enseigne que moi... et j'en suis bien aise... ce que j'étais, vous l'êtes.

AGÉNOR, timidement.

Je le suis même plus que vous... c'est plus frais.

MARTIN, souriant et à part.

C'est juste, c'est plus... il a de l'esprit ! (Haut, sérieux.) Nous n'avons plus rien à nous dire... Adieu, monsieur !

Il remonte.

AGÉNOR, se levant.

Inexorable ?

MARTIN.

L'honneur l'exige.

AGÉNOR, gagnant la droite en le suivant.

Cependant, si un jour le ciel voulait que vous fussiez malade...

MARTIN, se retournant.

Eh bien ?

AGÉNOR.

Me permettriez-vous de venir m'asseoir à votre chevet ?

ACTE TROISIÈME.

MARTIN.

J'ai Pionceux...

AGÉNOR.

Un mercenaire !... je n'oublierai jamais avec quel dévouement vous m'avez soigné à Chamounix.

MARTIN, vivement.

Ne parlons pas de ça ! (A part.) Le laudanum...

Il est descendu à gauche, près de la table.

AGÉNOR.

Avant de nous séparer, accordez-moi une dernière faveur.

MARTIN.

Laquelle ?

AGÉNOR, tirant le rond de serviette de sa poche et le posant sur la table.

Acceptez mon rond.

MARTIN, après une courte lutte, tirant une tabatière de sa poche et prenant une prise.

Soit... mais, comme il ne me convient pas d'être en reste avec vous... voici ma tabatière.

Il la pose sur la table.

AGÉNOR.

Oh ! merci ! (Il la couvre de baisers.) Elle ne me quittera plus !

MARTIN.

Abrégeons cette scène déchirante... Adieu pour jamais !

AGÉNOR, s'éloignant.

Pour jamais!... pourrons-nous nous écrire?

MARTIN.

Bien entendu

AGÉNOR.

Fatal honneur!

MARTIN.

Fatal honneur! (Il s'assoit devant la table et prend machinalement un jeu de cartes.) Quand je pense qu'un jour, cet homme s'est battu pour moi... qu'il a exposé son sang!...

AGÉNOR, s'approchant de la table.

Vous m'avez bien sauvé de la déconfiture.

Il s'assied en face de Martin.

MARTIN.

Ne parlons pas de ça! (Par habitude.) Coupe donc.

AGÉNOR, coupant.

Ah! je ne l'oublierai jamais! j'ai pu être étourdi, léger même... mais je ne suis pas un ingrat. On ne m'a jamais accusé d'être un ingrat.

MARTIN, qui a donné les cartes.

C'est vrai... vous avez d'autres défauts.

AGÉNOR, annonçant son jeu.

Soixante de dames!

MARTIN, bondissant.

Encore!

ACTE TROISIÈME.

AGÉNOR, vivement.

Non! non! je ne les marque pas!

MARTIN, à part.

Son repentir commence! La leçon a porté!

FIN DU PRIX MARTIN.

J'AI
COMPROMIS MA FEMME

COMÉDIE-VAUDEVILLE EN UN ACTE

Représentée pour la première fois, à Paris, sur le théâtre du Gymnase, le 13 février 1861.

PERSONNAGES

	ACTEURS qui ont créé les rôles
VERDINET, agent de change.	MM. GEOFFROY.
GALINOIS, ancien notaire.	LESUEUR.
ERNEST DE MONNERVILLE.	GILBERT.
HECTOR DE MARBEUF.	TOUSÉ.
JEAN.	LEFORT.
MADAME DÉSAUBRAIS.	Mmes GEORGINA.
HENRIETTE VERDINET.	ALBRECHT

La scène se passe à Bagnères de Bigorre, dans un hôtel.

J'AI
COMPROMIS MA FEMME

Le théâtre représente un salon commun de l'hôtel; deux portes au fond; portes à droite et à gauche; piano à droite, deuxième plan; fauteuils, chaises, canapé, table, etc.

SCÈNE PREMIÈRE.

MADAME DÉSAUBRAIS, HENRIETTE, GALINOIS, HECTOR, puis JEAN.

Au lever du rideau, madame Désaubrais et Henriette sont assises à gauche, près d'une table. Madame Désaubrais fait de la tapisserie, et Henriette attache des rubans à son chapeau de paille. Hector est debout près du piano et feuillette un album; Galinois, assis, lit le journal.

MADAME DÉSAUBRAIS, à Galinois.

Est-ce tout, monsieur?

GALINOIS.

Absolument tout, madame... Ah! non, il y a encore la dernière page, la liste des voyageurs arrivés cette semaine à Bagnères.

HENRIETTE.

Y sommes-nous, monsieur?

GALINOIS.

En tête, mademoiselle.

HENRIETTE, bas, à madame Désaubrais

Mademoiselle!... Si mon mari l'entendait!

HECTOR, à part, regardant Henriette.

Comme elle est jolie sans chapeau!

GALINOIS, lisant.

« Madame Désaubrais et sa nièce, de Paris... »

MADAME DÉSAUBRAIS.

C'est bien cela.

HECTOR.

Et moi, monsieur?

GALINOIS.

Vous y êtes aussi, jeune homme. (Lisant.) « Monsieur Hector Marbeuf... de Paris. »

HECTOR.

Comment, Marbeuf? Ils n'ont pas mis *de?*

GALINOIS.

Si, ils ont mis : « de Paris. »

HECTOR.

Non; ils n'ont pas mis : « de Marbeuf? »

GALINOIS.

Non, ils ont économisé la particule.

HECTOR.

Ça ne m'étonne pas... j'ai des ennemis dans la presse. mais je réclamerai.

SCÈNE PREMIÈRE.

GALINOIS.

Tiens! ils m'ont estropié aussi. (Lisant.) « Monsieur Gatinois, ancien notaire. » (Parlé.) Je m'appelle Galinois... mais je ne réclamerai pas.

HENRIETTE, se levant et mettant son chapeau, dont elle noue les rubans.

La!... Maintenant je puis défier le vent.

HECTOR, à part.

Elle est encore plus jolie avec son chapeau.

MADAME DÉSAUBRAIS, se levant, et à Henriette.

Il est bientôt midi... Si nous allions à la poste?

HENRIETTE.

Volontiers! (Bas, à sa tante.) Nous y trouverons sans doute une lettre de mon mari.

HECTOR, à part.

Toute réflexion faite, j'ai envie de risquer ma demande en mariage.

JEAN, entrant par la porte du fond à gauche. A Galinois.

Monsieur, on envoie dire de l'établissement que votre bain est prêt.

GALINOIS.

C'est bien... J'y vais.

JEAN.

Je vous engage à vous dépêcher, parce que, vu l'affluence, on n'accorde qu'une demi-heure à chaque baigneur.

GALINOIS, se levant.

Je le sais parbleu bien!... La demi heure expirée, crac! on ouvre la soupape et vous êtes à sec!

JEAN.

C'est le règlement.

GALINOIS.

Hier, j'ai échoué dans ma baignoire.

MADAME DÉSAUBRAIS, saluant.

Messieurs...

HECTOR.

Mesdames, voulez-vous me permettre de vous accompagner?

MADAME DÉSAUBRAIS.

Avec plaisir.

HECTOR, à part.

Je prends le bras de la tante... et, en route, je lui fais ma demande.

ENSEMBLE.

AIR de Mangeant (*Monsieur va au Cercle*).

GALINOIS.

Du temps il faut qu'on profite,
Chaque moment est compté;
Au bain, rendons-nous bien vite,
Car le bain, c'est la santé.

JEAN.

Du temps il faut qu'on profite,
Chaque moment est compté;
Au bain rendez-vous bien vite,
Car le bain, c'est la santé !

HECTOR, à part.

Lorsque la tante m'invite
Par un regard de bonté;
Sachons profiter bien vite
Du bonheur d'être écouté.

SCÈNE DEUXIÈME.

HENRIETTE et MADAME DÉSAUBRAIS.

A la poste allons bien vite ;
De ce Paris regretté,
Une lettre a le mérite
De nous rendre la gaieté.

Hector sort par le fond, à gauche, en donnant le bras à madame Désaubrais ; Henriette les suit ; Galinois sort du même côté.

SCÈNE II.

JEAN, puis MONNERVILLE, puis VERDINET.

JEAN, seul.

Midi !... la diligence de Tarbes doit être arrivée.

Monnerville entre par le fond à droite, suivi d'un commissionnaire qui porte sa malle et son sac de nuit.

MONNERVILLE.

Garçon !

JEAN.

Un baigneur !... Monsieur désire une chambre ?

MONNERVILLE.

Mieux que cela, mon ami... un appartement.

JEAN, désignant une porte à droite.

Nous avons le numéro 7... Il communique avec le 8 et le 9... Deux chambres et un salon.

MONNERVILLE.

Très-bien.

JEAN.

Un salon superbe, avec un portrait du patron peint par M. Jules... lui-même

MONNERVILLE.

M. Jules?... Qu'est-ce que c'est que ça?

JEAN.

C'est un peintre de Bagnères, qui nous devait cinquante francs.

MONNERVILLE, riant.

Ah! je comprends! (Au commissionnaire, lui indiquant la droite.) Par ici!

Il entre à la suite du commissionnaire.

VERDINET, paraît au fond à gauche, portant un sac de nuit et un paquet enveloppé dans du papier, qu'il tient soigneusement du bout des doigts.

Garçon!

JEAN.

Monsieur! (A part.) Encore un baigneur?

VERDINET.

Où est ma femme?

JEAN.

Votre femme, monsieur?... Je ne la connais pas... Comment est-elle?

VERDINET.

Elle est... très-jolie!

JEAN.

Dans notre établissement, ces dames le sont toutes.

VERDINET.

Je te demande madame Verdinet.. Henriette Verdinet!

JEAN.

Nous n'avons personne de ce nom-là.

SCÈNE DEUXIÈME.

VERDINET.

Ah!... Au fait, c'est juste... Alors, où est ma tante?

JEAN.

Quelle tante?

VERDINET.

Madame Désaubrais!

JEAN.

Madame Désaubrais!... Ah! oui, monsieur... elle est ici... avec sa nièce... une charmante demoiselle.

VERDINET.

Eh bien, cette demoiselle-là, c'est ma femme!

JEAN.

Ah bah!... Alors, vous êtes son mari?

VERDINET.

Naturellement... Où sont ces dames?

JEAN.

Elles viennent de sortir pour aller à la poste. (Indiquant la gauche.) Voici leur appartement.

VERDINET.

C'est bien; je les attendrai... Ont-elles déjeuné?

JEAN.

Non, monsieur, pas encore.

VERDINET.

Tu mettras un couvert de plus.

JEAN.

Si monsieur veut me donner son sac de nuit.

Il le prend, et veut s'emparer de l'autre paquet.

VERDINET.

Non, pas ça, c'est sacré!

Jean entre à gauche avec le sac de nuit.

SCÈNE III.

VERDINET, puis HECTOR.

VERDINET, montrant le petit paquet.

Des meringues à la pistache que j'apporte à ma femme... C'est sa passion... Les meringues et moi, voilà tout ce qu'elle aime. Aussi, tous les jours, en sortant de la Bourse, j'entre chez Julien... le pâtissier du Vaudeville... et l'on peut me voir, entre quatre et cinq, avec ma ficelle au bout du doigt... Par exemple, c'est la première fois que je voyage avec cette frêle pâtisserie... ce n'est pas précisément commode... Je tiens cela à la main depuis Paris... je n'ai pas fermé l'œil... Cependant, à Mont-de-Marsan, je crois que je me suis oublié un moment... j'ai bien peur de m'être endormi dessus... Voyons un peu...

Il ouvre avec précaution un coin de papier pour s'assurer du dégât.

HECTOR, entrant par le fond à droite, et à part.

Mariée!... elle est mariée! Au moment où je me disposais à faire ma demande, j'ai appris que nous allions à la poste chercher une lettre de son mari.

VERDINET, à part.

J'ai positivement dormi... Il y en a une douteuse. (Il pose ses meringues sur la table. Apercevant Hector.) Eh! mais... je ne me trompe pas... M. Hector de Marbeuf, mon client!...

HECTOR.

M. Verdinet, mon agent de change!.

Ils se serrent la main.

SCÈNE TROISIÈME.

VERDINET.

Ah! si je m'attendais à vous rencontrer dans les Pyrénées..

HECTOR.

Et moi donc! (Il pose son chapeau sur les meringues.) Comme on se retrouve!... Qu'est-ce qu'on fait à Paris?

VERDINET.

On fait 69 70.

HECTOR.

Toujours agent de change?

VERDINET.

Toujours!... Parlez, j'ai mon carnet.

Il le tire de sa poche.

HECTOR.

Comment! d'ici?

VERDINET.

Par le télégraphe... Nous disons deux cents Saragosse; on lutine beaucoup les Saragosse, en ce moment.

HECTOR.

Oh! merci: je n'ai pas le cœur aux affaires: je suis amoureux.

VERDINET.

Amoureux! (Remettant son carnet dans sa poche.) Rien à faire!

HECTOR.

Je n'ai pas de chance!... celle que j'aime est mariée...

VERDINET.

Eh bien, ça vous arrête?

HECTOR.

Dame!

VERDINET.

Moi, ça ne m'arrêtait pas... au contraire!... J'avais spécialité des femmes mariées... quand j'étais garçon.

HECTOR, riant.

Vraiment?

VERDINET.

Ah! j'étais un fier bandit, allez!... le bandit Verdinet!... Mais, maintenant, j'ai engraissé, je suis au parquet, je ne marivaude plus... qu'avec les Saragosse! Vous n'y mordez pas? Bonsoir!

Fausse sortie.

HECTOR, le retenant et lui offrant une chaise.

Un instant, que diable!... Peut-on demander à monsieur Verdinet... au bandit Verdinet, quelle arme il employait pour dévaliser les maris?

VERDINET.

Eh! je ne sais pas si je dois...

HECTOR.

Pourquoi?

VERDINET.

A fait... un client... (Ils s'asseyent.) D'abord, mon cher ami, quand vous voulez vous faufiler dans un ménage, ne vous présentez jamais comme garçon!

HECTOR.

Vraiment!... Pourquoi ça?

VERDINET.

Voyez-vous... les maris ne connaissent qu'un ennemi... le célibataire... l'affreux célibataire! Dès qu'il paraît, on ferme les portes, on lève la herse et l'on crie sur toute la ligne : « Sentinelles, prenez garde à vous !... » Tandis qu'un homme marié... c'est un confrère, un allié; moi, j'étais toujours marié depuis six mois.

HECTOR.

C'est très-joli... Mais, quand on demandait à voir madame Verdinet...

VERDINET.

Ah! c'est là que mon triomphe commençait! Je m'élevais véritablement à la hauteur de Machiavel! Je rougissais... je balbutiais... et je finissais par avouer, en demandant le secret, que ma femme, la malheureuse... oubliant ses devoirs et ses serments...

HECTOR.

Hein?

VERDINET.

Avait déserté le toit conjugal par un jour d'orage!...

HECTOR.

Comment! vous vous donniez pour un mari?...

VERDINET.

Complétement! Ah! dame, il faut du courage. Alors, il se passait dans le ménage que j'attaquais deux phénomènes très-curieux... le mari devenait très-gai, il pouffait de rire en me regardant... les maris sont étonnants pour rire de cela!

HECTOR.

Et la femme?

VERDINET.

La femme prenait des teintes sérieuses... elle me regardait d'un air singulier qui voulait dire : « Pauvre garçon! si jeune! le voilà seul, abandonné, son avenir est brisé... » Moi, je poussais d'énormes soupirs ; il ne faut pas oublier ça ! Pour l'un, j'étais comique ; pour l'autre, intéressant. J'avais besoin d'être consolé... et, comme les femmes ont par-dessus tout l'instinct de la consolation...

HECTOR.

Mais c'est très-fort, cela !

VERDINET.

Tiens ! si vous croyez que les agents de change sont des imbéciles ! (Riant.) Je me souviens encore de ma dernière expérience... je l'ai pratiquée sur un notaire...

HECTOR, riant.

Oh ! un notaire !... vous ne respectez rien !

VERDINET.

J'étais à Plombières... il y a trois ans... juste un an avant mon mariage... Je m'ennuyais à boire de l'eau... lorsqu'un jour, je rencontrai au bras dudit notaire une petite femme... très-gentille, ma foi !... une brunette avec des yeux bleus et des mains rouges... Ah ! par exemple, les mains rouges... me taquinaient !... Mais, en voyage... Le mari était jaloux, ombrageux... à ce point que, pour rompre la glace, je fus obligé de corser mon petit mélodrame conjugal... Je lui avouai que je m'étais appliqué cinq coups de couteau et treize gouttes de laudanum pour ne pas survivre à mon infortune !... Il ne tarda pas à me prendre en amitié .. et, quinze jours après, il m'appelait Edmond... et sa femme aussi ! Il m'obligea à venir habiter le même hôtel que lui, nous mangions ensemble, nous nous promenions ensemble... et sa femme aussi !... Il organisait des parties de plaisir pour me distraire... car il était bon, cet homme !... mais il ne savait pas monter à cheval... il nous suivait de loin... sur un âne... en portant les châles et les ombrelles...

SCÈNE TROISIÈME.

HECTOR, riant.

C'était le tiers porteur!

VERDINET.

Ah! très-joli!... Au bout de deux mois, je voulus partir... impossible! Il trouvait que je n'étais pas assez consolé... et sa femme aussi! Il voulait m'emmener chez lui, à sa campagne.

HECTOR.

Qu'avez-vous fait?

VERDINET, se levant, ainsi qu'Hector.

Je m'en suis débarrassé en lui donnant mon adresse... une fausse adresse... et je n'en ai plus entendu parler!

HECTOR.

Ma foi! j'ai bien envie d'essayer de votre recette... qu'est-ce que je risque?

VERDINET.

Marié et trompé! tout est là!

HECTOR.

Adieu!

VERDINET.

Vous sortez?

HECTOR.

Je vais boire mon second verre d'eau. (A part) Je cours rattraper ces dames!

Il prend son chapeau, qu'il avait posé sur les meringues, et sort vivement par le fond à gauche.

SCÈNE IV.

VERDINET, puis GALINOIS.

VERDINET, seul.

Sac-à-papier! il a mis son chapeau sur les meringues!
(Il prend le paquet et soulève un coin du papier avec précaution.)
Ça y est!... Il y en a deux douteuses maintenant! Posons-
les là!

Il place le paquet sur le piano.

GALINOIS, entrant furieux du fond à droite.

A sec!... ils m'ont encore laissé à sec! je n'ai pas eu ma
demi-heure!

Il pose sa canne avec colère sur le piano, et touche aux meringues.

VERDINET, se retournant.

Sapristi! fais donc attention!

GALINOIS, le reconnaissant.

Tiens, vous, Edmond?

VERDINET, à part.

Oh! aïe! mon notaire de Plombières!

GALINOIS, lui serrant les mains, avec effusion.

Mon ami... mon bon ami!...

VERDINET.

Ce cher Galinois! si je m'attendait à le rencontrer...

GALINOIS.

Qu'êtes-vous devenu depuis trois ans?

SCÈNE QUATRIÈME.

VERDINET.

Depuis trois ans...

GALINOIS.

Je suis allé pour vous voir... rue des Petites-Écuries...

VERDINET.

Vous ne m'avez pas trouvé? J'ai déménagé!

GALINOIS.

Verdinet... je vous en veux de ne pas m'avoir écrit!

VERDINET.

Que voulez-vous!... j'ai voyagé...

GALINOIS.

Ah! oui!... pour oublier... toujours vos chagrins domestiques... (Avec intérêt.) Voyons, êtes-vous plus heureux?

VERDINET.

Oui... oui... le temps... les distractions...

GALINOIS.

Pauvre ami!... Et ce misérable, qu'est-il devenu?

VERDINET.

Quel misérable?

GALINOIS.

Ernest...

VERDINET.

Qui ça, Ernest?

GALINOIS.

Eh bien, Monnerville... celui qui a séduit votre femme

VERDINET.

Chut! plus bas! (A part.) Un nom de station... ligne d'Orléans!... quatre kilomètres d'Étampes!

GALINOIS.

Qu'en avez-vous fait?... Vous vouliez le tuer?...

VERDINET.

Je m'en suis débarrassé...

GALINOIS

Ah! et comment?

VERDINET.

Comment? (A part.) Il m'ennuie, ce notaire! (Haut.) C'était un soir... sur le boulevard... devant Tortoni... le temps était couvert... de gros nuages blafards grimaçaient à l'horizon...

GALINOIS.

Ah! c'est horrible!

VERDINET.

Il achetait *la Patrie*, le misérable! D'un bond, je fus près de lui, et, d'un geste...

GALINOIS.

Hein?

VERDINET.

Je lui coupai la figure avec mon gant! Vlan! vlan!

GALINOIS.

Une provocation! un duel!

VERDINET.

Rassurez-vous!... il a refusé de se battre!

GALINOIS.

Le lâche!... Et depuis?...

VERDINET.

Je n'en ai plus entendu parler...

SCÈNE QUATRIÈME.

GALINOIS.

Il est parti?

VERDINET.

Et il a bien fait... car si je le rencontrais!...

GALINOIS.

Je vous comprends...

VERDINET.

Mais ces détails m'attristent... et, si vous voulez me faire plaisir, Galinois, nous ne parlerons plus de ça!... plus jamais! (Changeant de ton.) Êtes-vous pour longtemps à Bagnères?

GALINOIS.

J'allais partir... ils ont une manière de baigner si désagréable... Mais vous voilà... je reste!

VERDINET, vivement.

Ne vous gênez pas pour moi... je vous en prie...

GALINOIS.

Du tout! du tout! je sais ce qu'on doit à l'amitié... je ne vous quitte plus!

VERDINET.

Excellent ami! (A part.) Que le diable l'emporte! (Haut, avec hésitation.) Et madame? madame est-elle avec vous?

GALINOIS.

Non... cette année, je voyage seul.

VERDINET, à part.

Je respire... c'est bien assez du mari!

SCÈNE V.

Les Mêmes, HENRIETTE, MADAME DÉSAUBRAIS.

HENRIETTE, paraissant au fond, et à la cantonade.

Ma tante! ma tante! le voici!

VERDINET.

Henriette!

HENRIETTE.

Edmond!

Ils se jettent dans les bras l'un de l'autre et s'embrassent.

GALINOIS, à part.

Tiens! ils se connaissent!

MADAME DÉSAUBRAIS, entrant.

Mon neveu...

VERDINET, l'embrassant.

Chère tante!

HENRIETTE.

Mais que c'est donc gentil à toi d'être venu nous surprendre... Nous ne t'attendions que la semaine prochaine.

VERDINET.

Vous n'avez donc pas reçu ma lettre?

MADAME DÉSAUBRAIS.

Elle nous arrive à l'instant.

HENRIETTE.

C'est égal... j'étais bien sûre que tu ne resterais pas huit jours encore loin de ta femme...

SCENE CINQUIÈME.

GALINOIS, surpris.

Hein! sa femme! (Bas, à Verdinet.) C'est votre femme?

VERDINET, bas.

Oui... Plus bas!

GALINOIS, bas, à Verdinet.

Elle est donc revenue?... Vous l'avez donc reprise?

VERDINET.

Oui... Plus bas!... Je vous expliquerai cela... (Haut, se retournant vers Henriette.) Ma bonne Henriette!

HENRIETTE.

Avez-vous bien pensé à moi, à Paris?

VERDINET.

Oh! ça!

GALINOIS, à part.

La petite gaillarde! Je lui aurais donné le prix Montyon!

MADAME DÉSAUBRAIS

Mon neveu... permettez-moi de vous présenter M. Galinois...

GALINOIS.

Ah! c'est inutile! nous nous connaissons depuis longtemps.

HENRIETTE.

Ah bah!...

GALINOIS.

J'ai été son confident à une époque...

VERDINET, bas.

Taisez-vous donc!

GALINOIS.

Enfin, je l'ai consolé dans ses malheurs.

HENRIETTE, à Verdinet.

Tu as eu des malheurs, mon ami?

GALINOIS.

C'est vous qui le demandez!...

VERDINET, bas.

Mais taisez-vous donc! (A part.) Il est fatigant, ce notaire-là! (Prenant le paquet aux meringues, et le présentant à sa femme.) Tiens, chère amie, regarde...

HENRIETTE.

Qu'est-ce que c'est que ça?

VERDINET.

Tu ne reconnais pas la ficelle?

HENRIETTE.

Des meringues à la pistache!

VERDINET.

Que je t'ai apportées de chez Julien.

HENRIETTE.

Oh! que tu es gentil!

GALINOIS.

Et il lui apporte des meringues à la pistache! (Avec conviction.) Il est excellent, cet homme!

JEAN, entrant par la droite, le livre des voyageurs à la main, à Verdinet.

Monsieur, votre déjeuner est servi...

VERDINET.

Allons!

SCÈNE SIXIEME.

JEAN.

Si monsieur veut inscrire son nom sur le livre des voyageurs...

VERDINET.

Plus tard! après déjeuner!

ENSEMBLE.

Air de Mangeant (des *Vestes*).

VERDINET et HENRIETTE.

Pour moi quel heureux jour!
J'oublie tout par ta présence;
Les ennuis de l'absence
Font place aux plaisirs du retour.

GALINOIS, MADAME DÉSAUBRAIS, JEAN.

Pour eux quel heureux jour!
Tout s'oublie par sa présence;
Les ennuis de l'absence
Font place aux plaisirs du retour.

Henriette, madame Désaubrais et Verdinet entrent par la gauche.

SCÈNE VI.

GALINOIS, JEAN.

GALINOIS, à part.

Il paraît qu'il a pardonné, ce brave garçon!...

JEAN, tenant le livre des voyageurs à Galinois.

Monsieur... il vient de nous arriver un grand personnage... un monsieur qui prend pour lui tout seul deux chambres et un salon...

GALINOIS.

Ah!... Comment s'appelle-t-il?

x.

JEAN.

Attendez... il vient d'écrire son nom. (Lisant.) « Ernest de Monnerville. »

GALINOIS.

Hein? Monnerville? (Il arrache le livre des mains de Jean.) C'est bien cela!... Lui! dans le même hôtel que Verdinet!

JEAN.

C'est un beau jeune homme... il m'a déjà donné cinq francs...

GALINOIS.

Pourquoi?

JEAN.

Pour ma conversation... Il m'a demandé des renseignements sur toutes les personnes qui habitent l'hôtel... sur les dames surtout...

GALINOIS.

Ah! il s'est informé des dames?

JEAN.

Oui, il m'a l'air d'un amateur.

GALINOIS, à part, très-exalté.

Plus de doute!... il a suivi madame Verdinet... il veut se rapprocher d'elle... Oh! mais je ne dois pas souffrir cela! Edmond est mon ami... Ce monsieur partira... à l'instant! (Haut.) Jean!

JEAN.

Monsieur?

GALINOIS.

Prie M. Monnerville de venir me parler.

SCÈNE SEPTIÈME.

JEAN.

A vous ?... Oui, monsieur. (Voyant entrer Monnerville.) Le voici !

GALINOIS.

Laisse-nous.

Jean sort.

SCÈNE VII.

GALINOIS, MONNERVILLE.

GALINOIS, à part, après un échange de saluts muets.

Il est beaucoup mieux que Verdinet. (Haut.) C'est à M. de Monnerville que j'ai l'honneur de parler ?

MONNERVILLE, étonné.

Oui, monsieur.

GALINOIS, appuyant.

Ernest de Monnerville ?

MONNERVILLE.

Oui, monsieur... Mais je n'ai pas l'honneur...

GALINOIS, à part.

C'est bien lui ! (Haut, d'un ton solennel.) Monsieur, comme ami... comme confident... et j'oserai même ajouter, comme ancien notaire... il est de mon devoir de vous dire...

VOIX DE VERDINET, dans la coulisse.

Garçon ! garçon !

GALINOIS, effrayé, à part.

Ciel ! Verdinet... S'ils se rencontraient !...

MONNERVILLE.

Eh bien, monsieur?

GALINOIS, troublé.

Il est de mon devoir de vous dire... qu'une personne, arrivée de Paris, vous attend sous le vestibule... à l'instant.

MONNERVILLE, étonné.

Comment! déjà?... je n'attendais que demain... Merci, monsieur!

Ils se saluent; Monnerville sort vivement par le fond.

SCÈNE VIII.

VERDINET, GALINOIS.

VERDINET, paraissant par la gauche.

Garçon, du feu!

GALINOIS, à part.

Il était temps!

VERDINET.

Pendant que ma femme grignote ses meringues, je vais fumer un cigare.

GALINOIS, à part.

Pourvu que l'autre ne revienne pas!

VERDINET.

Ah! le livre des voyageurs... Il faut que j'inscrive mon nom.

Il prend le registre.

GALINOIS, le lui arrachant vivement.

Non, non!... c'est inutile!

SCÈNE HUITIÈME.

VERDINET.

Quoi donc?

GALINOIS.

Rien... Je viens de l'inscrire moi-même!... (A part.) S'il voyait le nom de Monnerville!...

VERDINET.

Quel air tragique!

GALINOIS.

C'est le soleil... J'ai attrapé un coup de soleil.

VERDINET, prenant le journal resté sur la table.

Le journal de la localité. (Lisant.) « Liste des voyageurs... »

GALINOIS, le lui arrachant.

Non, non!

VERDINET.

Ah çà! mais...

GALINOIS.

Je l'ai retenu avant vous!

VERDINET.

Oh! je ne suis pas pressé!... Quelle figure féroce!

GALINOIS.

C'est le soleil!

VOIX DE MONNERVILLE, dans la coulisse.

C'est une mauvaise plaisanterie!

GALINOIS, à part, effrayé.

L'autre! (A Verdinet.) Votre femme vous appelle.

VERDINET.

Moi?... Je n'ai rien entendu.

GALINOIS.

Si, on vous demande... (Le poussant.) Allez! allez!...
Verdinet entre à gauche, et Monnerville paraît au fond, à droite.

SCÈNE IX.

GALINOIS, MONNERVILLE.

GALINOIS, à part.

Il était temps!

MONNERVILLE.

Ah çà, monsieur... c'est une mystification... personne ne me demande...

GALINOIS.

Chut!... Moins haut!... Je voulais vous éloigner.

MONNERVILLE.

Moi?... Pourquoi?

GALINOIS.

Il est ici.

MONNERVILLE.

Qui?

GALINOIS.

Edmond!

MONNERVILLE.

Quel Edmond?

GALINOIS.

Le mari... Verdinet!

SCÈNE NEUVIÈME.

MONNERVILLE.

Verdinet?... Je ne connais pas!

GALINOIS.

Bien! jeune homme!... C'est très-bien, d'être discret... mais je sais tout... tout!

MONNERVILLE.

Tout... quoi? (A part.) Il m'ennuie, ce monsieur!

GALINOIS.

L'histoire de vos amours avec madame Verdinet!

MONNERVILLE, étonné.

Ah! vous savez?...

GALINOIS.

Qu'elle a quitté son mari pour vous.

MONNERVILLE.

Madame Verdinet?

GALINOIS.

Il a bu du laudanum, lui, le malheureux!... Mais il l'a reprise... sa femme!... il a pardonné!

MONNERVILLE.

Oui.

GALINOIS.

Seulement, dès qu'il entend prononcer votre nom, il bondit!... Le passé lui remonte au cerveau, et, s'il vous rencontrait...

MONNERVILLE.

Eh bien?

GALINOIS.

Vous ne voudriez pas voir se renouveler ici la scène de Tortoni?

MONNERVILLE.

Quelle scène?

GALINOIS.

Vous savez bien... pendant que vous achetiez *la Patrie*.. le gant...

MONNERVILLE.

Le gant?

GALINOIS.

Avec lequel il vous a coupé la figure...

MONNERVILLE.

Hein?

GALINOIS.

Vous avez même refusé de vous battre... Je connais toute l'histoire.

MONNERVILLE.

Pardon, monsieur... De qui tenez-vous ces détails?

GALINOIS.

Du mari lui-même... de Verdinet.

MONNERVILLE.

Ah! c'est lui qui vous a dit que j'avais séduit sa femme?

GALINOIS.

Oui.

MONNERVILLE.

Qu'il m'avait souffleté?

GALINOIS.

Parfaitement.

MONNERVILLE.

Et que j'avais refusé de me battre?

SCÈNE NEUVIÈME.

GALINOIS.

Naturellement.

MONNERVILLE.

Moi, Monnerville?...

GALINOIS.

Oui, Ernest de Monnerville.

MONNERVILLE, à part.

Voilà qui devient curieux!

GALINOIS.

Monnerville, j'ai une prière à vous adresser... comme ami, comme confident... j'oserai même ajouter, comme ancien notaire... Ernest, soyez généreux!... Ne portez pas de nouveau le trouble dans un ménage que vous avez déjà... saccagé.

MONNERVILLE.

Soyez tranquille.

GALINOIS.

Je vous demande plus encore... Il faut vous éloigner.

MONNERVILLE.

Moi?

GALINOIS.

Air: *Partez, madame.*

Par amitié, rendez-moi ce service,
Pour assurer mon repos, mon bonheur,
Accomplissez ce dernier sacrifice...
Il coûtera sans doute à votre cœur;
Mais rendez-vous à la voix de l'honneur.
Obéissez... Dieu, qui nous récompense,
Dans vos douleurs sera votre soutien,
Et vous aurez... là... votre conscience,
Qui vous dira : « Monnerville, très-bien! »

(Parlé.) C'est convenu... vous allez partir?

MONNERVILLE.

Un instant!

GALINOIS.

Il le faut!... La chambre de Verdinet est là... (Il indique la gauche.) Évitez surtout de le rencontrer... La diligence part à quatre heures... rentrez... faites vos paquets... je vais retenir votre place.

MONNERVILLE.

Mais, permettez...

GALINOIS.

Allons, Ernest, du courage... du courage!... Je vais retenir votre place.

Il sort vivement par le fond à droite.

SCÈNE X.

MONNERVILLE, puis VERDINET.

MONNERVILLE, seul.

Parbleu! je suis curieux de connaître ce mari... qui m'a souffleté... Voici sa chambre. (Il se dirige vers la porte de gauche; Verdinet paraît.) C'est lui, sans doute!

VERDINET, à part.

Ma femme ne m'appelait pas du tout.

MONNERVILLE, à part.

Je ne l'ai jamais vu. (Haut.) C'est à M. Verdinet que j'ai l'honneur de parler?

VERDINET.

Oui, monsieur... Oserai-je vous demander à mon tour...?

SCÈNE DIXIÈME.

MONNERVILLE.

Ernest de Monnerville !

VERDINET, à part.

Tiens ! ma station existe... (Haut.) Enchanté, monsieur !...
Monsieur vient prendre les eaux ?

MONNERVILLE.

Il paraît, monsieur, que j'ai séduit votre femme ?

VERDINET, étonné.

Comment ?

MONNERVILLE.

Ah ! ce n'est pas tout !... Il paraît que vous m'avez
souffleté... et il paraît que j'ai refusé de me battre...

VERDINET.

Qui a pu vous dire... ?

MONNERVILLE.

Un de vos amis... un ancien notaire, qui me quitte à
l'instant.

VERDINET, à part.

Il ne fait que des sottises, ce vieil animal-là !

MONNERVILLE.

Vous comprenez, monsieur, que tout cela demande une
explication.

VERDINET.

Oh ! mon Dieu, monsieur... c'est bien simple... vous
allez rire...

MONNERVILLE, froidement.

Je ne crois pas, monsieur.

VERDINET.

J'étais jeune... j'étais garçon... comme vous, peut-être...

Je courais un peu les femmes... les femmes mariées surtout... comme vous, peut-être.

MONNERVILLE, froidement.

Veuillez continuer.

VERDINET, à part.

Il ne rit pas! (Haut.) J'avais imaginé une ruse charmante... que je vais vous donner... vous pourrez en faire votre profit contre les maris... (Riant.) Ah! ah! les maris!

MONNERVILLE, froidement.

Après?

VERDINET, à part.

Il n'est pas gai!... c'est un gandin... triste!... (Haut.) Je me faisais passer pour un mari trompé... cela inspirait de la confiance; on s'intéressait à moi, on me plaignait... on me consolait... et vous savez... de la pitié à l'amour, il n'y a qu'un pas... (S'efforçant de rire.) un tout petit pas.

MONNERVILLE, sérieusement.

Pardon, monsieur... mais je ne vois pas ce que mon nom avait à faire dans tout cela.

VERDINET.

Voilà... Pour que ma femme fût séduite... il me fallait un séducteur... Alors, j'ai pris un nom en l'air, un nom de station... Monnerville... ligne d'Orléans... quatre kilomètres d'Étampes... Je me disais, « Cela n'existe pas... » Vous voyez, c'est bien simple! bien innocent... Touchez là, monsieur!

Il lui tend la main.

MONNERVILLE, froidement.

Je n'ai pas à apprécier, monsieur, le plus ou moins de bon goût de vos ruses galantes... mais il n'en résulte pas moins que M. Ernest de Monnerville a reçu un soufflet et à refusé de se battre.

SCÈNE DIXIÈME.

VERDINET.

Oh! ça...

MONNERVILLE.

Et comme je suis seul à porter ce nom...

VERDINET, s'efforçant de rire.

Et la station?... nous avons aussi la station!

MONNERVILLE, très-sérieux.

Excusez-moi... mais je ne goûte pas cette plaisanterie...

VERDINET, à part.

Il ne rit pas!

MONNERVILLE.

Je n'ai pas besoin de vous dire qu'il m'est impossible d'accepter la position que vous m'avez faite... Je vous prie donc de reconnaître publiquement que la scène de Tortoni est de pure invention...

VERDINET.

Publiquement?... et ma femme!... Je ne peux pas aller lui raconter...

MONNERVILLE.

C'est juste... mais je vous prie alors de la démentir auprès de monsieur votre ami.

VERDINET.

Galinois?... Parfaitement! (Se ravisant.) Ah! c'est-à-dire... non! c'est impossible!

MONNERVILLE.

Pourquoi?

VERDINET.

Je ne peux pas aller raconter... (A part.) Le mari!

MONNERVILLE.

C'est votre dernier mot?

VERDINET.

Oui.. Si vous saviez... Vous allez rire...

MONNERVILLE.

N'en parlons plus... (Changeant de ton.) Il y a, je crois, grand concert ce soir au salon?

VERDINET.

Oui.

MONNERVILLE.

Vous aimez la musique?

VERDINET.

Beaucoup!... nous y serons tous... la Borghi chante..

MONNERVILLE.

Je compte y aller faire un tour... vers huit heures...

VERDINET, à part.

Il s'adoucit!... (Haut.) Enchanté!... j'aurai le plaisir de..

MONNERVILLE.

J'aurai l'honneur de vous marcher sur le pied... à huit heures un quart.

VERDINET.

Hein?

MONNERVILLE.

Vous me ferez l'honneur de vous fâcher...

VERDINET.

Moi?

MONNERVILLE.

Et j'aurai l'honneur de vous donner un soufflet...

VERDINET.

Un soufflet!...

SCÈNE ONZIÈME.

MONNERVILLE.

Oh! un soufflet... de bonne compagnie... avec le gant!...

VERDINET, à part.

Il m'offre ça comme une partie de dominos... (Haut.) Mais, monsieur...

MONNERVILLE, le saluant.

A ce soir, monsieur... huit heures un quart.

Il se dirige vers la porte.

VERDINET, à part.

Plus souvent que j'irai!

SCÈNE XI.

Les Mêmes, HENRIETTE, MADAME DÉSAUBRAIS.

HENRIETTE, entrant.

Mon ami, une bonne nouvelle!

VERDINET.

Quoi?

HENRIETTE.

Nous allons au concert ce soir... voici les billets!

VERDINET, à part.

Allons, bien!

MONNERVILLE, à part.

Ah! c'est là sa femme?... Mais elle est charmante.

MADAME DÉSAUBRAIS, à Verdinet.

Quant à vos meringues, elle n'en a pas laissé une seule.

HENRIETTE.

C'est vrai... j'ai tout mangé... même les...

VERDINET.

Douteuses!

MONNERVILLE, à part.

Quelle ravissante petite femme! (Il s'approche de Verdinet, Dites donc, j'ai changé d'avis... je ne vous marcherai sur le pied.

VERDINET, avec joie.

Hein? vous renoncez au gant?

MONNERVILLE.

J'y renonce.

VERDINET.

Ah! cher ami!... Je disais aussi...

MONNERVILLE.

Savez-vous que vous avez une femme charmante?

VERDINET.

N'est-ce pas? Et en toilette!... vous la verrez ce soir...

MONNERVILLE.

Je l'espère bien!... ce soir... demain... **tous les jours**...

VERDINET, inquiet.

Comment, tous les jours!

MONNERVILLE.

Dame!... vous m'avez fait passer pour son séducteur...

SCÈNE ONZIÈME.

VERDINET.

Chut!..

MONNERVILLE.

Et comme j'ai horreur du mensonge... je ferai tous mes efforts pour que vous n'ayez pas menti...

VERDINET.

Plait-il?

MONNERVILLE.

Présentez-moi...

VERDINET.

Ah! mais non! permettez!...

MONNERVILLE, avec menace.

Ah! présentez-moi!

VERDINET, intimidé.

Oui... certainement... (Aux dames.) Mesdames, permettez-moi de vous présenter M. de Monnerville... une station... une connaissance...

MONNERVILLE.

Comment, une connaissance! dites donc un ami... (Passant devant Verdinet.) et un bon ami... (A Henriette.) Vous me le devez, madame...

MADAME DÉSAUBRAIS.

Comment?

HENRIETTE.

Je vous dois mon mari, monsieur?

MONNERVILLE.

Oui, madame. Il y a trois ans, j'ai été assez heureux pour lui sauver la vie.

VERDINET, à part.

Hein?... qu'est-ce qu'il chante?...

MONNERVILLE.

Il pêchait à la ligne... au bord de la Marne.

MADAME DÉSAUBRAIS, riant.

Vous pêchez à la ligne?

VERDINET.

Moi?

HENRIETTE.

Tu ne m'avais jamais parlé de ce talent-là! Oh! que je voudrais donc te voir avec un grand bâton!

Elle rit.

VERDINET, à part.

Il me rend ridicule, à présent. (Haut.) Je pêche... c'est-à-dire...

MONNERVILLE, lui coupant la parole.

Il était sur un train de bois... comme ça... occupé à ne rien prendre... Tout à coup, le pied lui glisse, il disparaît...

HENRIETTE et MADAME DÉSAUBRAIS.

Ah! mon Dieu!

VERDINET.

Mais non.

MONNERVILLE.

Hein?... Vous aviez disparu!... Moi, rêveur au pied d'un

saule, je regardais couler l'eau. A la vue de ce malheureux qui se débattait dans l'abîme, je me précipite, je plonge, je le ramène!

MADAME DÉSAUBRAIS et HENRIETTE.

Ah!

MONNERVILLE.

Il m'échappe!

HENRIETTE et MADAME DÉSAUBRAIS.

Ah! mon Dieu!

MONNERVILLE.

Et redisparaît sous le train de bois... Il était perdu!..

VERDINET.

Mais...

MONNERVILLE.

Vous étiez perdu! Je replonge, je le ressaisis par un bras, je le ramène encore... Sa main crispée m'entrait dans les chairs... mais qu'importe! je nage, je redouble d'efforts, j'arrive, enfin... il était sauvé!

VERDINET, à part.

Ah çà, quelle histoire leur fait-il là?

HENRIETTE, à Monnerville.

Tant de courage! tant d'abnégation! (Lui tendant la main.) Permettez-moi de serrer la main d'un ami...

MONNERVILLE.

Ah! madame!

Il lui embrasse la main.

VERDINET, s'interposant.

Mais, monsieur...

MONNERVILLE, bas, à Verdinet.

Charmante! charmante!

MADAME DÉSAUBRAIS, à Verdinet.

Vous ne nous aviez jamais parlé de cette aventure.

HENRIETTE.

C'est vrai. Est-ce que vous seriez ingrat, mon ami?

VERDINET.

Moi? Mais...

MONNERVILLE.

Oh! non, Verdinet n'est pas ingrat! Si vous aviez été témoin de sa joie tout à l'heure, en me retrouvant... ce cher ami!...

Il lui serre la main.

VERDINET, bas et vivement.

Monsieur, je ne vous connais pas, je vous défends de me serrer la main!

MONNERVILLE.

Nous venions d'arranger une partie de cheval, en attendant le diner.

VERDINET.

Une partie de cheval?..

MONNERVILLE, à Henriette.

Si madame voulait nous faire l'honneur de se joindre à nous?

HENRIETTE.

Oh! bien volontiers!

VERDINET.

Non, c'est impossible!

HENRIETTE.

Pourquoi?

VERDINET.

Parce que... le temps n'est pas sûr!

MADAME DÉSAUBRAIS.

Un soleil magnifique!

MONNERVILLE.

C'est convenu. Je vais commander les chevaux. (Bas, à Verdinet.) Charmante! charmante!

Monnerville sort par le fond, à droite.

SCÈNE XII.

HENRIETTE, VERDINET, MADAME DÉSAUBRAÏS, puis GALINOIS.

VERDINET, avec humeur.

C'est ridicule! On n'accepte pas ainsi une promenade avec un inconnu!...

HENRIETTE.

Comment, un inconnu?

MADAME DÉSAUBRAIS.

Un homme qui s'est jeté dans la Marne!

HENRIETTE.

Un jeune homme distingué!

MADAME DÉSAUBRAIS.

Courageux!

HENRIETTE.

Dévoué!

VERDINET.

C'est cela!... montez-vous la tête! Vous ne savez donc pas...

GALINOIS, entrant vivement par le fond à gauche, un papier à la main.

Voilà votre billet! La diligence part à quatre heures...

VERDINET, remontant.

Quoi? quel billet?

GALINOIS, surpris.

Non... rien... un billet de concert. (A part.) Monnerville, est rentré chez lui... je respire.

HENRIETTE, à Verdinet.

Mon ami, as-tu apporté tes éperons pour monter à cheval?

VERDINET.

Oui, j'ai tout ce qu'il me faut. (A part.) Nous ne sommes pas encore partis!

GALINOIS.

Vous allez faire une promenade à cheval?

HENRIETTE.

Un temps de galop, avant dîner.

GALINOIS, à part.

Bravo! Pendant ce temps-là, j'embarquerai l'autre.

MADAME DÉSAUBRAIS.

Mais, j'y pense, nous aurons un cavalier de plus...

VERDINET, descendant.

Encore!... Qui cela?

MADAME DÉSAUBRAIS.

Un pauvre jeune homme qui est bien triste... Tout à

SCÈNE DOUZIÈME.

l'heure, en revenant de la poste, il nous a raconté ses malheurs...

HENRIETTE.

Il a tenté de se suicider avec du laudanum.

VERDINET, étonné.

Tiens!

MADAME DÉSAUBRAIS.

Parce qu'au bout de six mois de mariage, il a été trompé par sa femme.

VERDINET, étonné.

Tiens!

GALINOIS, bas, à Verdinet.

C'est comme vous.

VERDINET, bas.

Taisez-vous donc!

Il remonte

GALINOIS, à part.

Ils se sont donc tous donné rendez-vous ici?

MADAME DÉSAUBRAIS.

Comprend-on qu'une femme soit assez oublieuse de ses devoirs pour quitter le foyer conjugal!

GALINOIS, bas, à madame Désaubrais.

Vous avez tort de leur dire ça...

MADAME DÉSAUBRAIS.

Pourquoi?

GALINOIS.

C'est maladroit!... On ne rappelle pas ces choses-là!

HENRIETTE, à Verdinet.

Nous allons te le présenter... Il devait venir ici à deux heures, pour faire de la musique.

GALINOIS.

Nous tâcherons de le distraire. (Bas, à Verdinet qui est descendu.) Un collègue!

VERDINET, à part.

Oh!... qu'il m'agace!...

SCÈNE XIII.

Les Mêmes, HECTOR DE MARBEUF.

Hector entre par le fond avec des cahiers de musique sous le bras.

HENRIETTE, l'apercevant.

Venez, monsieur, que je vous présente à mon mari.

VERDINET, saluant.

Monsieur... (Le reconnaissant.) Oh!

HECTOR, laissant tomber ses cahiers de musique.

Oh!

HENRIETTE.

Vous vous connaissez?

VERDINET.

Beaucoup... ce cher Hector... un client! (Bas.) Comment! je vous prête mon fusil... et vous tirez sur moi!

HECTOR.

Je ne savais pas, je vous jure!

SCÈNE TREIZIÈME

GALINOIS, à part.

Du reste, il a bien une tête à ça, le petit!

VERDINET, à part.

Ah! tu fais la cour à ma femme, toi!... Je m'en vais te couler. (Haut.) Il m'a bien souvent raconté ses malheurs... ce pauvre ami! mais, il faut être juste, Hector... tous les torts ne sont pas du côté de madame de Marbeuf.

TOUS.

Comment?

VERDINET, à Hector.

Vous étiez vif, et parfois votre main s'oubliait jusqu'à...

HENRIETTE et MADAME DÉSAUBRAIS.

Oh!...

GALINOIS.

Frapper une femme!

HECTOR, protestant.

Mais, monsieur...

VERDINET.

Vous n'étiez pas non plus un mari très-exemplaire... la chronique parle d'une certaine danseuse...

HENRIETTE et MADAME DÉSAUBRAIS.

Oh!

GALINOIS.

Une sauteuse!...

HECTOR.

Permettez...

VERDINET, l'interrompant.

Avec laquelle vous fîtes un souper... célèbre!... Vous ne

rentrâtes que le matin... encore fût-on obligé de vous rapporter... et dans quel état!...

HENRIETTE et MADAME DÉSAUBRAIS.

Oh!

GALINOIS.

Des amours alcooliques!

HECTOR.

Monsieur... mesdames... je vous jure...

MADAME DÉSAUBRAIS.

Assez!... Ma nièce, allons nous habiller!

HECTOR.

Mais...

HENRIETTE.

Assez!

Elle rentre à gauche avec madame Désaubrais.

VERDINET, à part.

En voilà un de blessé à mort... A l'autre, maintenant...

HECTOR, à Verdinet.

Ah çà! monsieur, m'expliquerez-vous...

VERDINET.

Assez! assez!

Il entre à gauche.

HECTOR, à part.

Ah! c'est comme cela! Eh bien, je me vengerai!...

Il veut sortir, Galinois le retient.

GALINOIS, avec une indignation contenue.

Monsieur, je suis un homme calme... je suis un ancien notaire... Je ne veux pas excuser madame votre épouse... mais je déclare qu'elle a parfaitement fait!

SCÈNE QUATORZIÈME

HECTOR.

Eh! vous m'ennuyez!... (A part.) Verdinet me le payera!
Il sort furieux.

SCÈNE XIV.

GALINOIS, puis JEAN, puis HENRIETTE.

GALINOIS.

Voilà la jeunesse dorée! des danseuses et de l'alcool!... Monnerville doit avoir fermé ses malles... Je crains toujours une rencontre! (Appelant.) Jean! Jean! (A Jean qui entre par la droite.) M. de Monnerville est dans sa chambre?

JEAN.

Non, monsieur; je l'ai aperçu tout à l'heure qui traversait le jardin.

GALINOIS, à part.

Entre chez lui et prends sa malle.

JEAN.

Comment, monsieur!...

GALINOIS.

Allons, dépêche-toi! C'est convenu avec lui.

JEAN.

Ah!
Il entre à droite.

GALINOIS, seul.

Ses bagages une fois enregistrés, je ne le quitte pas jusqu'à l'heure du départ... (Regardant à sa montre.) Encore trois quarts d'heure...

JEAN, reparaissant avec les bagages

Voilà, monsieur.

GALINOIS.

Porte tout cela à la diligence.

JEAN.

Comment! ce monsieur part?...

GALINOIS.

Va... Il m'a chargé de payer sa note.

JEAN.

Ah! il part!

Il sort par le fond, à gauche, au moment où Henriette entre par la gauche.

HENRIETTE, voyant sortir Jean.

Tiens! qui est-ce qui part donc? C'est vous, monsieur Galinois?

GALINOIS.

Non... (Avec mystère.) C'est lui!... lui!

HENRIETTE.

Qui, lui?

GALINOIS.

Ernest?

HENRIETTE, étonnée.

Ernest.

GALINOIS, lui prenant la main.

Du courage!... plus tard, vous me remercierez!... bien plus, vous me bénirez!

Il l'embrasse.

HENRIETTE, se défendant.

Moi!.. et pourquoi?

GALINOIS.

Je vais le faire enregistrer. Adieu! (Revenant sur ses pas avec émotion.) Du courage! du courage!...

Il sort par le fond, après l'avoir encore embrassée.

SCÈNE XV.

HENRIETTE, puis MONNERVILLE, puis VERDINET et MADAME DÉSAUBRAIS, puis GALINOIS.

HENRIETTE.

Mais qu'a-t-il donc? Depuis ce matin, on dirait qu'il devient fou... Au reste, tout est bouleversé aujourd'hui : notre promenade à cheval, dont je me faisais une fête, mon mari a persuadé à ma tante qu'il n'était pas convenable de la faire avec un jeune homme que nous voyions pour la première fois... Quel ennui!...

MONNERVILLE, entrant par le fond.

Madame, tout est disposé, les chevaux nous attendent.

HENRIETTE.

Mon Dieu, monsieur, je suis désolée, mais il me faut renoncer à cette partie.

MONNERVILLE.

Comment?

HENRIETTE.

Une migraine subite... Oh! je souffre horriblement.

MONNERVILLE.

Ah! (A part.) Il y a du mari dans cette migraine-là. Haut.) Pauvre dame, je vous plains bien sincèrement.. c'est un si vilain mal..

HENRIETTE, portant la main à sa tête.

Oh! oui.

MONNERVILLE.

Mais, si j'osais vous prier...

HENRIETTE.

De quoi donc?

MONNERVILLE.

De me confier votre main, je guéris les migraines... (Il lui prend la main.) en quelques minutes... par le magnétisme.

HENRIETTE, riant.

Ah bah! vraiment?

MONNERVILLE.

Vous riez, cela va déjà mieux.

HENRIETTE.

Oh! non.

MONNERVILLE.

Permettez!

Il lui tient une main et fait de l'autre des passes. — Verdinet et madame Désaubrais entrent.

VERDINET.

Hein? que faites-vous donc?

HENRIETTE, retirant vivement sa main et allant à Verdinet.

C'est... c'est monsieur qui prétend guérir les migraines par le magnétisme.

VERDINET, à part.

Est-ce qu'il voudrait endormir ma femme?

MADAME DÉSAUBRAIS, à Monnerville.

Ah! monsieur... j'aurai recours à vous, car j'ai aussi des migraines horribles.

SCÈNE QUINZIÈME.

VERDINET, vivement.

C'est ça, magnétisez ma tante. (Bas, à madame Désaubrais.) C'est un bon tour à lui jouer.

MADAME DÉSAUBRAIS, piquée.

Qu'appelez-vous un bon tour?

VERDINET.

Non... ce n'est pas cela que je voulais dire.

MONNERVILLE.

Que viens-je d'apprendre, mesdames, il nous faut renoncer à notre partie?

VERDINET.

Complétement. (Avec ironie.) Vous m'en voyez désespéré.

MONNERVILLE.

C'est une heure de plaisir dont vous me privez. (A madame Désaubrais.) Et je demande la permission de la passer auprès de vous.

MADAME DÉSAUBRAIS.

Mais, bien volontiers, monsieur. (Bas, à Verdinet.) Il est parfaitement élevé, ce jeune homme.

VERDINET, à Monnerville.

C'est ça, tenez compagnie à ma tante. Henriette et moi, nous allons faire un tour de jardin.

MADAME DÉSAUBRAIS, bas, à Verdinet.

Vous n'y pensez pas!

VERDINET, bas.

Quoi donc?

MADAME DÉSAUBRAIS.

Me laisser seule avec ce jeune homme!

VERDINET, à part.

Ah! sapristi! si je m'attendais à celle-là?..

Henriette touche quelques notes.

MONNERVILLE, allant à elle.

Ah! madame est musicienne?

HENRIETTE.

Oh! comme tout le monde... Et vous, monsieur?

MONNERVILLE.

Oh! très-peu, madame.

VERDINET, à part.

C'est-à-dire pas du tout. (Tout à coup.) Tiens! si je le faisais chanter... un moyen de le couler. (Haut.) Ernest, chantez-nous donc quelque chose pour ces dames.

HENRIETTE et MADAME DÉSAUBRAIS.

Ah! oui.

MONNERVILLE.

Moi?... J'en suis incapable!

VERDINET.

Allons donc! vous avez une voix charmante et une méthode...

MONNERVILLE.

C'est une plaisanterie!

VERDINET.

Vous nous avez ravis toute une soirée.

MONNERVILLE, étonné.

Quand donc?

VERDINET.

Vous savez bien... le soir où vous m'avez repêché... le soir du train de bois!

SCÈNE QUINZIÈME.

MONNERVILLE.

Ah! oui... c'est vrai... je m'en souviens maintenant.

MADAME DÉSAUBRAIS.

Oh! monsieur, je vous en prie...

HENRIETTE.

Voyons, ne vous faites pas prier.

VERDINET, insistant.

Oh! Monnerville, Monnerville!

MONNERVILLE.

Allons, mesdames... puisque vous le voulez... mais je plains vos oreilles.

VERDINET, à part.

Nous allons assister à quelque chose d'atroce (Haut.) Henriette, ton duo... ton nocturne... ton petit duo de *l'Étoile*... (A part.) hérissé de difficultés!

Il s'assied près de la table, et madame Désaubrais sur le canapé.

HENRIETTE, à Monnerville.

Le connaissez-vous?

MONNERVILLE.

Je dois le connaître... Je suis à vos ordres veuillez commencer.

VERDINET, à part.

Je m'attends à un déluge de couacs!

DUO de Couder.

HENRIETTE, chantant.

Le ciel est pur, la nuit est belle,
L'ombre se fait autour de nous;
Là-bas, une étoile étincelle
Fixant sur nous son œil jaloux.

####### VERDINET, applaudissant.

L'œil jaloux d'une étoile ! Très-bien, très-bien ! (A part.) A lui, maintenant... nous allons rire !

####### MONNERVILLE, chantant.

Calme tes craintes, tes alarmes...

####### VERDINET, étonné.

Tiens !

####### MONNERVILLE, chantant.

Elle brillait, je m'en souvien,
Le soir, où, tout baigné de larmes,
Mon regard rencontra le tien.

####### VERDINET.

Brava ! brava ! (A part.) C'est-à-dire, non !... Il a une voix charmante, l'animal.

####### MONNERVILLE

Douce étoile de nos amours,
Brille longtemps, brille toujours !

####### MADAME DÉSAUBRAIS.

Oh ! très-bien... très-bien !

####### VERDINET, à part.

Sapristi ! je suis vexé de l'avoir fait chanter.

####### HENRIETTE et MONNERVILLE, ensemble.

Douce étoile de nos amours,
Brille longtemps, brille toujours !

####### GALINOIS, entrant.

Il est quatre heures. (S'arrêtant.) Hein ?... lui, avec elle ?

####### MADAME DÉSAUBRAIS.

Chut ! Taisez-vous donc !

Il fait signe à Galinois de s'asseoir

SCÈNE QUINZIÈME.

Ah! ah! ah! ah!
Brille toujours,
Étoile de nos amours!

GALINOIS, bas, à Verdinet.

Mais c'est lui... Monnerville!

VERDINET.

Je le sais bien!

GALINOIS, à part, étonné.

Il lui a donc pardonné aussi?

Le duo finit.

MADAME DÉSAUBRAIS, applaudissant.

Oh! bravo! charmant!

Elle va au piano; Verdinet descend avec Galinois

HENRIETTE, qui s'est levée.

Mais vous avez une voix remarquable... n'est-ce pas, mon ami?

VERDINET.

Oh! oh!

GALINOIS, l'imitant.

Oh! oh!

VERDINET.

Ténor léger

GALINOIS.

Trop léger!

MADAME DÉSAUBRAIS, à Monnerville.

J'ai entendu cet hiver une romance dont je raffole... et qui est tout à fait dans votre voix : *les Adieux à Venise.*

HENRIETTE.

Je l'ai malheureusement laissée à Paris.

MONNERVILLE.

Je crois l'avoir apportée... et, si vous voulez me permettre...?

MADAME DÉSAUBRAIS.

Oh! je vous en prie... allez la chercher.

GALINOIS, à part.

La tante prête les mains à un commerce de romance oh!

MONNERVILLE, bas, à Verdinet, au fond.

Charmante! charmante!

Il entre à droite.

SCÈNE XVI.

MADAME DÉSAUBRAIS, VERDINET, HENRIETTE, GALINOIS.

VERDINET, à part.

Il me faut prendre un parti... ça ne peut pas durer comme ça! (Haut.) Vite, mesdames, vos malles, vos paquets!... Nous partons!

GALINOIS.

C'est ça, partez!

MADAME DÉSAUBRAIS.

Comment! nous partons?

HENRIETTE.

Et où allons-nous?

VERDINET.

En Suisse... Non, en Italie!

HENRIETTE.

Comme cela... tout de suite?

SCÈNE SEIZIÈME.

MADAME DÉSAUBRAIS.

Mais qu est-ce qui vous prend ?

VERDINET.

C'est cette romance dont vous avez parlé... Venise !...
Je veux voir Venise !

GALINOIS.

Venezia la Bella!

HENRIETTE.

Mais nous connaissons l'Italie.

VERDINET.

L'ancienne !... pas la nouvelle !

GALINOIS.

Ça ne se ressemble pas.

VERDINET.

Allons !... vite, vite !

MADAME DÉSAUBRAIS.

Mais, mon neveu...

HENRIETTE.

Mais, mon ami...

VERDINET.

Vos malles ! vos paquets !

Elles sortent.

SCÈNE XVII.

VERDINET, GALINOIS, puis JEAN.

VERDINET, avec animation.

Il marche, mon ami, il avance, il fait des progrès !

GALINOIS.

Mais il ne peut pas en faire plus qu'il n'en a fait.

VERDINET, étonné.

Hein ? Ah ! oui... c'est juste !

JEAN, entrant, un bouquet à la main, à Galinois.

Madame Verdinet n'est pas là ?

VERDINET.

Qu'est-ce que tu lui veux ? (Voyant le bouquet.) Un bouquet !... pour ma femme !

Il le prend.

JEAN.

Mais, monsieur...

VERDINET.

Laissez-nous... Sortez ! (Jean sort. Verdinet trouve un papier dans le bouquet.) Un billet !

GALINOIS.

Ce Monnerville est cynique... rien ne l'arrête.

VERDINET, ouvrant le bouquet.

Tiens ! ce n'est pas de lui !

GALINOIS.

Il y en a un autre ?

SCÈNE DIX-SEPTIÈME.

VERDINET, voyant la signature.

Hector de Marbeuf.

GALINOIS.

Le petit !

VERDINET, lisant.

« Madame, je vous aime trop pour vous tromper... (Parlé.) Ah ! le drôle, il payera pour tout le monde... Tenez, lisez !

Il remet le billet à Galinois.

GALINOIS, mettant son binocle et lisant.

« Madame, je vous aime trop pour vous tromper... je pars, mais je tiens à ne pas vous laisser de moi une opinion que je ne mérite pas... M. Verdinet m'a calomnié... »

VERDINET, très-exalté.

Paltoquet !

GALINOIS, lisant.

« Je n'ai jamais été marié... ni trompé... »

VERDINET.

Ça, c'est vrai !

GALINOIS, lisant.

« C'était une ruse qui m'avait été suggérée par monsieur votre mari. »

VERDINET.

Exact !

GALINOIS, lisant.

« Et qui lui avait parfaitement réussi à Plombières... il y a trois ans. »

VERDINET.

Parfaitement !... Figurez-vous... (S'arrêtant en voyant Galinois.) Oh !

GALINOIS.

« Pour séduire la femme d'un imbécile de notaire... »

VERDINET, reprenant le billet.

Assez !... Donnez !

GALINOIS, cherchant.

Voyons donc ?... Un imbécile de notaire, à Plombières il y a trois ans : mais il n'y avait que moi d'imb... de notaire à Plombières

VERDINET, à part.

Patatras !

SCÈNE XVIII.

Les Mêmes, MONNERVILLE.

MONNERVILLE, sortant de sa chambre.

Garçon !... où diable sont mes malles ?

GALINOIS.

Sur l'impériale de la diligence !

MONNERVILLE.

Comment ?

GALINOIS.

Mais vous voilà, tout va s'éclaircir... Monsieur Monnerville, soyez franc : vous n'avez jamais connu madame Verdinet... vous n'avez jamais reçu de Tortoni sur la figure... c'est-à-dire, enfin... je sais tout.

MONNERVILLE.

C'est vrai !

SCÈNE DIX-NEUVIÈME.

GALINOIS.

Ainsi, cette comédie était inventée pour tromper un imbécile de notaire.

MONNERVILLE.

Ah bah !

GALINOIS.

Oui, monsieur, et c'était moi l'imb... le notaire.

MONNERVILLE, riant.

Comment ?

GALINOIS, à Verdinet, d'un air sombre.

Mais tout n'est pas fini, monsieur.

VERDINET, à Galinois

Pas d'éclat !... Je suis à vos ordres !

GALINOIS, voyant entrer Henriette et madame Désaubrais

Chut ! ces dames !

SCÈNE XIX.

Les Mêmes, HENRIETTE, MADAME DESAUBRAIS.

MADAME DÉSAUBRAIS.

Nous voilà prêtes !

HENRIETTE.

Eh bien, partons-nous ?

VERDINET.

Plus tard !... Auparavant, j'ai une affaire à régler avec M. Galinois.

HENRIETTE et MADAME DÉSAUBRAIS, étonnées.

Tiens !

MONNERVILLE.

Puisque vous restez, mesdames, je vous demanderai la permission de vous présenter ma femme, qui arrive demain, avec sa mère.

VERDINET, HENRIETTE, MADAME DÉSAUBRAIS.

Vous êtes marié?

MONNERVILLE.

Depuis quinze jours... et je suis venu pour retenir l'appartement de ces dames.

VERDINET, à part.

Ah! si je l'avais su!

MONNERVILLE, bas, à Verdinet.

Vous êtes bienheureux que je sois marié.... sans cela...

VERDINET, lui serrant la main.

Cher ami, je vous comprends! (A part.) Voilà une affaire réglée. A l'autre. (A Galinois.) Votre heure, monsieur?

GALINOIS, bas.

Ah! vous êtes bien heureux que je ne sois pas marié... sans cela...

VERDINET.

Comment, cette dame aux mains colorées....

GALINOIS, à l'écart.

Chut! une faiblesse!

VERDINET, joyeux.

Ah bah! c'était...?

GALINOIS.

Une dame de compagnie... qui daignait, de temps à autre, me faire des petits plats sucrés.

SCÈNE DIX-NEUVIÈME.

VERDINET, à part.

Hein ?... sa cuisinière ?...

ENSEMBLE.

AIR de Couder.

La douce, l'heureuse existence,
Chaque jour nous amène ici
Une nouvelle connaissance,
Qui, plus tard, devient un ami.

VERDINET, au public.

AIR d'*Yelva*.

J'ai fait ce soir un acte téméraire ;
J'ai dévoilé mes ruses d'autrefois.
Pour s'en servir, plus d'un célibataire
Applaudira du geste et de la voix.
Mais les maris vont me trouver infâme ;
Pas de fureur ! c'est assez, je le sais,
D'avoir osé compromettre ma femme
Sans compromettre encore le succès.
Je me dirai : « J'ai compromis ma femme ;
Mais je n'ai pas compromis le succès. »

FIN DE J'AI COMPROMIS MA FEMME

LA CIGALE CHEZ LES FOURMIS

COMÉDIE EN UN ACTE

Représentée pour la première fois, à Paris, au Théâtre-Français, le 23 mai 1876.

COLLABORATEUR : M. ERNEST LEGOUVÉ

PERSONNAGES.

ACTEURS
qui ont créé les rôles

PAUL DE VINEUIL.   MM. Delaunay.
CHAMEROY, industriel retiré.   Barré.
MADAME CHAMEROY, sa femme.   Mmes Jouassain
HENRIETTE, leur fille.   Tholer.
UN DOMESTIQUE.   M. Roger.

La scène se passe de nos jours, à Paris.

LA CIGALE CHEZ LES FOURMIS

Un salon chez Chameroy, ameublement sans élégance. — Un bureau à gauche, à droite un canapé.

SCÈNE PREMIÈRE.

CHAMEROY, MADAME CHAMEROY

MADAME CHAMEROY, faisant de la tapisserie.

Mon Dieu, monsieur Chameroy, comme tu es nerveux aujourd'hui! Reste donc tranquille!

CHAMEROY.

Cela vous est bien facile, à vous autres femmes! vous avez un calmant toujours prêt : votre tapisserie... Mais nous, pauvres hommes, quand quelque chose nous agite...

MADAME CHAMEROY

Pourquoi t'agites-tu?

CHAMEROY.

Pourquoi ! Le jour où je marie ma fille !

MADAME CHAMEROY.

D'abord, tu ne la maries pas encore... c'est aujourd'hui la première entrevue sérieuse.

CHAMEROY, allant à elle.

Oui !... Mais comment cette entrevue va-t-elle se passer ? Voyons, recordons-nous. Dis-moi bien ce qui est convenu.

MADAME CHAMEROY.

Quand tu te seras assis.

CHAMEROY, s'asseyant.

Voilà... Eh bien ?

MADAME CHAMEROY.

Eh bien, rien de plus simple. M. le comte de Vérac a dit hier soir à la sortie de l'Opéra à madame de Torcy, sa cousine, qu'il viendrait aujourd'hui à quatre heures.

CHAMEROY.

Sous quel prétexte ? Car, avant tout, il ne faut pas qu'Henriette se doute...

MADAME CHAMEROY.

Rapporte-t'en donc à moi. Il viendra sous prétexte de louer le rez-de-chaussée de notre maison du boulevard Haussmann.

CHAMEROY.

Parfait ! Un sujet de conversation excellent... Où un homme montre son caractère, ses goûts, ses habitudes, et qui n'apprendra rien à Henriette... car, avant tout, il ne faut pas qu'elle se doute...

SCÈNE PREMIÈRE.

MADAME CHAMEROY.

Sois donc tranquille!...

CHAMEROY.

Mais M. de Vérac a donc été content de la visite qu'il nous a faite dans notre loge? Henriette lui a donc plu, puisqu'il revient aujourd'hui?

MADAME CHAMEROY.

Probablement!

CHAMEROY.

J'étais si troublé, que je n'ai rien vu! C'est à quatre heures qu'il doit venir. Qu'est-ce que je vais faire, d'ici à quatre heures, pour ne pas m'agiter? Ah! quelle idée! C'est demain le 15, je vais faire mes quittances de loyer. (Il se met à une table.) J'aime ce travail... il me délasse. (Écrivant.) « Je soussigné reconnais avoir reçu de monsieur... »

MADAME CHAMEROY.

A propos, as-tu loué ton second?

CHAMEROY.

Oui... ne m'interromps pas... (Écrivant.) «Sans préjudice du terme courant et sous la réserve de tous mes droits... » C'est étonnant comme cela me calme!

MADAME CHAMEROY.

Par exemple, voilà une chose que je ne comprends pas... s'amuser à écrire ses quittances depuis le premier mot jusqu'au dernier, quand on en vend de tout imprimées.

CHAMEROY.

Je le sais... mais on n'a pas le plaisir de les écrire. (Écrivant.) «Trois mille. » (Parlant.) on dit que l'argent est immoral!... Celui qu'on ne vous rend pas, oui!... il vous aigrit... vous irrite... mais celui qu'on encaisse... (Écrivant.)

« Trois mille deux cents... plus les portes et fenêtres. » (Parlant.) Rien qu'en faisant cette addition, je me sens meilleur !

MADAME CHAMEROY.

Tu en as pour longtemps avec tes trois maisons ?

CHAMEROY.

Tu peux dire nos trois maisons ; car nous les avons honorablement acquises ensemble, par notre travail, notre économie, notre intelligence...

MADAME CHAMEROY.

Quand je pense que tout le monde à Saint-Quentin blâmait mon père de donner sa fille à un petit commis sans fortune.

CHAMEROY, se levant.

J'avais mieux que la fortune... j'avais des aptitudes commerciales... Ton père me devina... c'était un homme sans grande éducation, sans littérature...

MADAME CHAMEROY.

Ah !

CHAMEROY.

Mais qui avait le coup d'œil juste... Un grainetier de Saint-Quentin qui laisse quinze mille livres de rente à sa fille n'est pas un imbécile !

MADAME CHAMEROY.

Il t'aimait beaucoup.

CHAMEROY.

Je crois avoir toujours honoré sa mémoire. Avec les soixante mille francs que je reçus de ta dot, je pris un intérêt dans une fabrique de Roubai... Bientôt mes capacités exceptionnelles, j'ose le dire... me firent remarquer, les commandites s'offrirent à moi, et je devins le chef d'une des manufactures les plus importantes de la ville de Roubaix.

MADAME CHAMEROY

Pauvre homme! As-tu travaillé !

CHAMEROY.

Jour et nuit!... mais je ne le regrette pas, car, après vingt-trois ans de labeur, j'ai pu me retirer avec une fortune de cent cinquante mille livres de rente... c'est-à-dire trois millions.

MADAME CHAMEROY.

Chut! plus bas !

CHAMEROY.

Pourquoi?

MADAME CHAMEROY.

Si les domestiques t'entendaient, ils croiraient que nous sommes riches... et ils gaspilleraient tout.

CHAMEROY.

C'est juste. A propos! Où est donc Alphonse, notre fils?

MADAME CHAMEROY.

A la Sorbonne... il suit des cours.

CHAMEROY.

Des cours!... un garçon de vingt-deux ans... qui pourrait fabriquer! J'espérais lui céder la maison Chameroy... C'était mon rêve!

MADAME CHAMEROY

Qu'est-ce que tu veux! Tout le monde n'a pas les idées tournées au commerce; il aime à suivre des cours, cet enfant!

CHAMEROY.

Tranchons le mot... c'est un pilier de Sorbonne

MADAME CHAMEROY.

Que veux-tu, mon ami, chacun a ses défauts.

CHAMEROY.

C'est vrai! Il faut bien que jeunesse se passe! Chut! Henriette.

SCÈNE II.

Les Mêmes, HENRIETTE.

Elle va à son père et l'embrasse.

CHAMEROY.

Eh! pourquoi m'embrasses-tu à cette heure-ci?

HENRIETTE.

J'avais oublié de t'embrasser ce matin! je paye mes dettes.

CHAMEROY.

Déjà l'esprit des affaires!

HENRIETTE, à sa mère.

Mère, veux-tu me conduire à mon cours à quatre heures?

CHAMEROY, vivement.

A quatre heures?... C'est impossible!...

HENRIETTE.

Pourquoi donc?

MADAME CHAMEROY.

Nous attendons ici une visite!

SCÈNE DEUXIÈME.

CHAMEROY, vivement.

Un locataire.

HENRIETTE.

Eh bien, je demanderai à la femme de chambre de me conduire.

CHAMEROY, vivement.

Impossible! Il faut que tu sois ici.

HENRIETTE, riant.

Moi, pour faire le bail ?

MADAME CHAMEROY.

Non! Ton père veut dire... qu'il vaut mieux que tu m'attendes... Tu entreras ici dans le salon, pour me prendre, à quatre heures un quart. A propos, mets ton chapeau bleu.

HENRIETTE.

Mon chapeau bleu! Ce locataire, c'est donc un prétendu?

CHAMEROY et MADAME CHAMEROY, stupéfaits.

Un prétendu!

HENRIETTE.

Est-ce le jeune homme qui est venu nous voir hier dans notre loge à l'Opéra?

CHAMEROY, éperdu.

Dans notre loge... le jeune homme... qui... Comment as-tu pu deviner?

HENRIETTE.

Ah! ce n'est pas bien difficile! Hier papa entre en disant : « Je vous mène ce soir à l'Opéra!... » Papa à l'Opéra Cela me donne des soupçons. Je regarde le spectacle *le Prophète*... Mes soupçons augmentent! Nous arrivons..

nous entendons le premier acte... le second acte... papa ne dort pas! Mes soupçons se changent en certitude. Au troisième acte, papa s'assombrit, il regarde à droite et à gauche comme s'il attendait quelqu'un qui ne vient pas! Puis, tout à coup, sa figure s'illumine... il sourit à une loge voisine et il me donne un grand coup de coude... croyant te le donner à toi, maman!... Cinq minutes après, entre dans notre loge un jeune homme avec madame de Torcy... Voilà papa qui devient rouge, qui s'essuie le front, et qui se met à parler de Meyerbeer! Ce monsieur se retourne vers moi en me disant : « Quelle grande œuvre que *le Prophète*, mademoiselle! » Et enfin, maman me dit tout à l'heure : « Mets ton chapeau bleu! » Ah! pour le coup, c'était trop clair!

MADAME CHAMEROY.

Tiens! tu es bien ma fille! tu es d'une finesse.

CHAMEROY.

Qui m'épouvante!

HENRIETTE, riant et l'embrassant.

Cher petit papa! c'est que tu n'es pas très-fin, toi! Depuis un an, combien m'avez-vous montré de prétendus.. incognito?... quatorze!

CHAMEROY.

C'est vrai! quatorze! Je les ai inscrits sur mon carnet

HENRIETTE.

Eh bien, il n'y en a pas un que je n'aie deviné.

CHAMEROY

Qui te les a fait deviner?

HENRIETTE.

Toi!

SCÈNE DEUXIÈME.

MADAME CHAMEROY.

Cela ne m'étonne pas! Il est d'une maladresse!

HENRIETTE.

Et toi aussi, maman!

CHAMEROY.

Bravo!

MADAME CHAMEROY.

Comment?

HENRIETTE.

En fait d'indiscrétion, vous avez chacun votre genre.

CHAMEROY.

Et quel est donc mon genre, à moi, mademoiselle?

HENRIETTE.

Toi, c'est l'attendrissement! Quand il y a un gendre à l'horizon... tu viens à moi... tu me serres dans tes bras, en me disant : « Ah! je t'aime bien, va! »

CHAMEROY.

C'est que c'est vrai!... Et ta mère ?

MADAME CHAMEROY.

Oui, moi!

HENRIETTE.

Oh! toi! c'est la toilette d'abord! « Ma fille, mets ton chapeau bleu! » Et puis le mystère! Tu entres dans le salon une lettre à la main, et, d'un air sérieux : « Mon ami, je viens de recevoir une lettre importante, une lettre de Saint-Quentin. » Je regarde, il y a le timbre de Paris... Alors, moi, je m'y prête, je prends un livre... et vous voilà tous deux dans l'embrasure de la croisée... chuchotant.. marmottant...

CHAMEROY.

Mais c'est donc un monstre... que cette petite fille-là. voyant tout?... et ne disant rien...

HENRIETTE.

C'est justement parce que je ne dis rien que je vois tout. Toutes les jeunes filles sont pareilles... Et à qui la faute? à vous, parents... Vous ne nous mettez jamais au courant de rien; il faut bien que nous devinions! Aussi, si vous m'en croyez... cette fois-ci... vous changerez de système... et, puisque cela nous regarde tous trois... car enfin... (Riant.) cela me regarde bien aussi un peu... nous nous y mettrons tous trois!

MADAME CHAMEROY.

Elle a raison! (S'asseyant tous trois sur le canapé.) Eh bien, voyons, comment trouves-tu M. de Vérac?

HENRIETTE.

Je le trouve très-bien.

CHAMEROY.

Ainsi tu donneras ton consentement?

HENRIETTE.

Je crois que oui... Mais je crains que lui ne donne pas le sien.

MADAME CHAMEROY.

Pourquoi?

HENRIETTE.

D'abord, il est comte, il est noble.

CHAMEROY.

Nous sommes de la grande bourgeoisie... Il n'y a pas mésalliance... D'ailleurs, je ne connais qu'une noblesse: celle du cœur... nous avons cent cinquante mille livres de rente.

MADAME CHAMEROY.

Chut! plus bas!

HENRIETTE.

Oui, mais lui! Hier, je me suis sentie un peu embarrassée quand il était là... J'ai senti que nous étions d'un autre monde que lui...

CHAMEROY.

Comment, d'un autre monde!...

MADAME CHAMEROY.

Enfin, nous verrons bien, puisqu'il vient aujourd'hui.

HENRIETTE.

En êtes-vous sûrs!... viendra-t-il?

CHAMEROY.

Madame de Torcy, sa cousine et notre voisine de campagne, me l'a dit, et elle doit nous écrire ce matin, pour bien nous fixer l'heure.

SCÈNE III.

Les Mêmes, UN DOMESTIQUE

LE DOMESTIQUE.

Une lettre pour monsieur, de la part de madame de Torcy.

CHAMEROY, vivement.

Donnez! (Bas, à sa fille.) Ah! vois-tu qu'il viendra. (Le domestique sort. Ils se lèvent tous trois. Chameroy lisant.) « Mon cher ami... » (Avec joie.) Elle m'appelle son cher ami.

HENRIETTE.

C'est familier.

CHAMEROY.

C'est qu'elle se regarde déjà comme de la famille! (Lisant.) « Mon cher ami, avant que vous alliez à quatre heures chez les Chameroy... »

MADAME CHAMEROY.

« Que vous alliez! » Qu'est-ce que cela veut dire ? A qui adresse-t-elle donc ?

CHAMEROY, lisant.

« Je crois utile de vous envoyer quelques renseignements précis que j'ai recueillis sur la famille Chameroy... — » Est-ce que cette lettre n'est pas pour moi ? (Ramassant l'enveloppe de la lettre, il lit.) « Monsieur Chameroy. » (Parlé.) Ah ! je comprends ! la cousine s'est trompée, elle a envoyé la lettre qui était pour nous à M. de Vérac, et elle nous adresse la sienne. C'est une erreur.

HENRIETTE.

Alors, papa, il ne faut pas la lire.

CHAMEROY.

Sans doute... Cependant j'aurais été curieux de connaître les renseignements qu'elle donne sur nous.

HENRIETTE.

A quoi bon ?

CHAMEROY.

Ils ne peuvent qu'être flatteurs... Je ne lirai que le commencement. (Lisant.) « Les Chameroy sont les plus honnêtes gens de la terre... »

HENRIETTE.

Très-bien... J'en resterais là.

CHAMEROY, lisant.

« La mère entend superlativement les confitures... »

SCÈNE TROISIÈME.

MADAME CHAMEROY.

Hein!

CHAMEROY, lisant.

« Le père moule lui-même ses quittances. »

HENRIETTE, riant.

Ça! c'est vrai!

CHAMEROY, lisant.

« Le fils est un bon petit jeune homme qui prend l'omnibus pour aller au cours... »

MADAME CHAMEROY.

On dirait qu'elle se moque de nous.

CHAMEROY, lisant.

« Ces Chameroy... » (Parlé.) Ces Chameroy! (Lisant.) « Ces Chameroy ont trois millions de fortune; mais ils semblent avoir été créés et mis au monde pour justifier cet aphorisme : à savoir qu'il est plus difficile pour certaines personnes de dépenser l'argent que de le gagner. » (Parlé.) Qu'est-ce qu'elle veut dire?

HENRIETTE.

Je ne comprends pas.

CHAMEROY, lisant.

« Leur appartement est leur portrait... leurs meubles leur ressemblent : c'est solide, bien conditionné, bon teint et affreux! »

MADAME CHAMEROY.

Comment! Et c'est notre portrait?

CHAMEROY, lisant.

« Les jours de gala, le diner Chameroy se compose invariablement d'un fort filet aux champignons et d'une dinde rôtie aux marrons. »

HENRIETTE.

Mais où a-t-elle su tout ça?

MADAME CHAMEROY, prenant la lettre à son mari, et lisant.

« Ces Chameroy ont une écurie qui se compose de deux gros percherons... »

CHAMEROY.

Elle connaît toute la famille!

MADAME CHAMEROY, continuant.

« Agés, l'un de douze ans, l'autre de quatorze... »

HENRIETTE.

Jusqu'à l'âge de nos chevaux.

MADAME CHAMEROY, lisant.

« Ces animaux, stupéfaits de ne pas labourer... »

CHAMEROY.

Labourer! nos chevaux!

MADAME CHAMEROY.

« Ne sortent jamais les jours de pluie, ni les jours de verglas, ni par le grand soleil. »

CHAMEROY.

Mais c'est de l'espionnage.

MADAME CHAMEROY.

Ah! elle commence à me porter sur les nerfs, la cousine! (Lisant.) « Enfin, et pour me résumer, je ne puis comparer cette industrieuse famille qu'à un nid de fourmis. »

HENRIETTE.

Des fourmis!

CHAMEROY, reprenant la lettre à sa femme.

Des fourmis!... (Lisant.) « Qui toujours amassent, entassent, et ne connaissent ni la dépense, ni le repos, ni le plaisir... Je tiens ces détails intimes d'un domestique qu'ils ont renvoyé et qui s'est présenté chez moi. »

MADAME CHAMEROY.

Ce paresseux de Baptiste! Tout s'explique.

CHAMEROY, lisant.

« C'est à vous de voir, mon cher cousin, s'il vous convient d'entrer dans cette fourmilière. »

MADAME CHAMEROY.

Notre maison!... une fourmilière.

CHAMEROY.

Voilà une impertinente cousine!... Elle m'accuse de ne pas savoir dépenser! elle me traite de fourmi! moi! Mais d'un mot je pourrais la confondre... J'ai justement fait mon inventaire de l'année ce matin... je n'ai rien de caché pour toi! (Ouvrant un livre sur la table.) Voici mon grand livre... tu vas voir...

HENRIETTE, riant.

Ah! papa, je n'y entends rien!

CHAMEROY, à son bureau.

Si! si! Je le veux. Recettes : 152,527 francs, dépenses 149,814 francs. Ce sont des chiffres.

HENRIETTE.

Comment, papa, nous avons dépensé 149,000 francs?

CHAMEROY.

814 francs! Pas un sou de moins. Écoute le détail... Tiens! Du 16 janvier, acheté trente actions du Nord 37,500 francs. — Du 16 avril (le lendemain du terme), soixante Midi, 44,700 francs. — Du 16 juillet (toujours le lendemain du terme), soixante obligations de l'Ouest 38,220 francs. » On ne se figure pas comme l'argent file!

HENRIETTE.

Mais, papa... ce n'est pas de la dépense, cela... ce sont des placements.

CHAMEROY.

Cela sort toujours de la caisse.

HENRIETTE.

Mais...

CHAMEROY, se levant et passant à droite.

Tu ne connais pas la comptabilité... Oh! je suis d'une colère! « Fourmi! » Pour un rien, j'enverrais promener M. de Vérac et sa cousine.

HENRIETTE.

Pas si vite.

CHAMEROY.

« Fourmi! » Moi! Heureusement mon livre est là!..

HENRIETTE, assise devant le bureau.

Je ne suis pas bien forte en calcul, mon petit papa... (Prenant le livre.) mais, si j'additionne votre livre, je vois que vous avez dépensé 29,394 francs et que vous en avez placé 120,420...

CHAMEROY.

Ce n'est pas possible!

HENRIETTE.

Vérifiez.

CHAMEROY, examinant son livre.

Voyons!... Nord... Midi... obligations de l'Ouest... garanties! C'est pourtant vrai!

HENRIETTE.

Donc, la cousine a raison, nous ne savons pas dépenser.

CHAMEROY.

Autrement dit, nous sommes des fourmis! Merci.

MADAME CHAMEROY.

Je voudrais bien trouver une riposte à la lettre insolente de madame de Torcy.

CHAMEROY.

Je donnerais... cent mille francs!... pour lui rabattre son caquet.

HENRIETTE.

Il y aurait bien un moyen... Mais nous ne pourrons pas...

CHAMEROY.

Lequel? parle.

HENRIETTE, allant à lui.

Il faudrait... rompre avec nos habitude modestes... changer le train de notre maison.

CHAMEROY.

Nous le changerons... « Fourmi! »

HENRIETTE.

Ainsi notre vieille calèche jaune...

CHAMEROY.

Je la ferai repeindre! Veux-tu que je te dise?... c'est ta mère qui est la cause de tout! Elle voit petit... elle est mesquine! C'est une fourmi!... Mais, à partir d'aujourd'hui, je prends le gouvernement de la maison, et...

HENRIETTE.

Et... que ferez-vous?

MADAME CHAMEROY.

Oui, que feras-tu?

CHAMEROY.

Je ne sais pas... mais si les loyers rentrent bien...

HENRIETTE.

Vous achèterez encore des obligations! Voyez-vous, l'art de dépenser, c'est comme le talent sur le piano... il faut commencer très-jeune.

CHAMEROY.

Mais alors que faire?

SCÈNE IV.

Les Mêmes, LE DOMESTIQUE.

LE DOMESTIQUE, entrant.

Un monsieur demande à voir monsieur.

CHAMEROY.

Son nom?

LE DOMESTIQUE.

Voici sa carte.

CHAMEROY.

Paul de Vineuil... Où donc ai-je vu ce nom-là? Faites entrer.

HENRIETTE, à sa mère.

Et mon cours!... et mon livre?... Ah! le voici!

> Le domestique sort. Henriette et M. Chameroy s'assoient sur le canapé.

SCÈNE V.

Les Mêmes, PAUL.

PAUL.

M. Chameroy?

CHAMEROY.

C'est moi, monsieur; qu'y a-t-il pour votre service?

PAUL.

Monsieur, vous avez entre les mains un effet signé : « Paul de Vineuil. »

CHAMEROY, à part.

Ah! c'est cela! (Haut.) Payable dans trois mois.

PAUL.

Précisément. Je viens vous demander...

CHAMEROY.

De le reculer, monsieur? très-volontiers !

PAUL.

De me permettre d'en avancer le payement. Je pars pour la Picardie, j'y resterai peut-être quelque temps, et je serais désireux de m'acquitter auparavant.

CHAMEROY.

Je vais chercher le billet.

Il sort.

MADAME CHAMEROY.

Veuillez donc prendre la peine de vous asseoir, monsieur...

PAUL, s'asseyant.

Madame...

MADAME CHAMEROY.

Monsieur, oserai-je vous demander dans quelle partie de la Picardie vous allez? je suis picarde et...

PAUL.

Près de Saint-Quentin, madame

MADAME CHAMEROY.

Ma ville natale!

PAUL.

Dans la terre de Vérac.

MADAME CHAMEROY.

Qui appartient à la famille de M. de Vérac attaché aux affaires étrangères?

PAUL.

Précisément, madame.

MADAME CHAMEROY.

Vous le connaissez, monsieur?

PAUL.

C'est mon meilleur ami. Mais vous-même, madame?

MADAME CHAMEROY.

Je connais sa famille. (Avec hésitation.) On dit qu'il se marie?

PAUL.

Vous le savez, madame. Eh bien! vous pouvez me tirer d'une grande inquiétude.

MADAME CHAMEROY.

Comment?

PAUL.

M. de Vérac n'a pas voulu me dire le nom de la famille à laquelle il s'allie... et quelques bruits de monde me font craindre que cette famille...

MADAME CHAMEROY.

Que cette famille?

PAUL.

Ne convienne qu'à demi à un homme d'une élégance et d'une distinction aussi rares que celles de M. de Vérac... on dit le père un peu commun... la mère un peu avare, et la fille un peu gauche.

MADAME CHAMEROY.

Ah!...

SCENE VI.

Les Mêmes, CHAMEROY.

CHAMEROY.

Voici le billet, monsieur.

PAUL.

Monsieur, voici l'argent.

CHAMEROY.

Très bien!... Ah! pardon, monsieur, il y a erreur... les intérêts...

PAUL.

Les intérêts étaient, je crois, de cinq pour cent...

CHAMEROY.

Par an!... Or, vous me payez trois mois plus tôt... c'est

donc deux cents francs de moins que vous me devez et que je vous rends...

PAUL.

Mais, monsieur, c'est ma faute, si...

CHAMEROY.

Pardon, monsieur, je ne suis pas un usurier...

PAUL.

Au fait... j'agirais comme vous, monsieur, (A demi riant.) si j'avais des effets à recevoir au lieu d'en payer!... J'accepte donc simplement ce que vous m'avez offert simplement et je vous prie seulement de me permettre de vous serrer la main.

CHAMEROY.

Très-volontiers... (A part.) Charmant jeune homme!

PAUL, à part.

Famille de braves gens! (Saluant.) Madame, mademoiselle!

Il va pour se retirer

MADAME CHAMEROY, l'arrêtant.

Un moment encore, monsieur, je vous prie! (A son mari.) Mon ami, monsieur connaît intimement M. de Vérac.

CHAMEROY, vivement.

Ah!

MADAME CHAMEROY.

On lui a beaucoup parlé de la famille à laquelle il s'allie!

CHAMEROY.

Ah!

MADAME CHAMEROY.

On lui a dit que le père était commun, la mère avare, et la fille gauche?

SCÈNE SIXIÈME.

CHAMEROY, vivement.

Qu'est-ce qui a dit que ma fille était gauche?

PAUL, tout confus.

Quoi! monsieur!... c'est vous... qui?... Je n'ai pas dû que... Ah! c'est une trahison!

CHAMEROY.

Du tout! du tout! c'est un service que vous nous rendez!

PAUL, vivement.

Ce n'est pas M. de Vérac qui m'a parlé ainsi... Il me suffit de voir... ce que je vois pour me montrer l'absurdité de ce reproche, et je serais désolé qu'un mot fît manquer un mariage aussi...

CHAMEROY.

Au contraire, c'est sur vous que je compte pour le faire réussir!

PAUL.

Expliquez-vous.

CHAMEROY.

Savez-vous pourquoi M. de Vérac hésite? Ce n'est pas parce que je suis commun, regardez-moi! ni parce que ma fille est gauche, vous la voyez... ni parce que ma femme est... car elle ne l'est pas!... Économe, oui! Serrée, peut-être!...

MADAME CHAMEROY.

Comment, serrée?

CHAMEROY.

Mais avare... non! Ce qu'on nous reproche, c'est de ressembler à des fourmis, d'avoir su amasser de l'argent, mais de ne pas savoir le dépenser. Je ne peux cependant pas le manger, mon argent! Voyons! je vous prends pour juge.

PAUL.

Moi?

CHAMEROY

Oui, vous! Vous êtes jeune! vous êtes l'ami de M. de Vérac... vous savez...

PAUL, riant.

Je me récuse! je me récuse! Ah! bon Dieu! mon cher monsieur, vous ne savez pas à qui vous vous adressez! C'est comme si la fourmi demandait conseil à la cigale!

CHAMEROY.

Mais...

PAUL, riant.

Mais je vous ferais frémir d'horreur... si je vous disais ce que je suis... ce que j'ai fait!

CHAMEROY.

Qu'avez-vous donc fait?

PAUL.

J'ai mangé cent mille livres de rente en six ans!

CHAMEROY.

Cent mille livres de rente, c'est-à-dire deux millions!

PAUL.

Juste!

MADAME CHAMEROY.

Et on ne vous a pas fait interdire?

PAUL.

Je n'avais pas de parents!

CHAMEROY.

Et vous parlez d'un tel malheur en riant?

SCÈNE SIXIÈME.

PAUL.

Pourquoi voulez-vous que je pleure ? Je me suis royalement amusé pendant six ans ! je ne me suis rien refusé ! je ne regrette rien !

CHAMEROY.

Mais comment avez-vous pu dépenser deux millions ?

PAUL.

Je pourrais vous dire que c'est à doter des rosières ; mais vous ne le croiriez peut-être pas !... Ce qui m'a perdu, c'est l'amour du beau !... C'est si cher, le beau !... le vrai beau !...

MADAME CHAMEROY, à sa fille.

Henriette, va me chercher ma tapisserie !...

PAUL.

Restez ! restez, mademoiselle. (A madame Chameroy.) Ce dont je parle, ce sont les beaux tableaux, les belles statues, les belles chasses, les belles fêtes ! Toujours table ouverte et bourse ouverte aussi ! J'ai beaucoup prêté... et un peu donné... Dieu me garde de me travestir à vos yeux en saint Vincent de Paul, mais je crois n'avoir jamais rencontré un brave homme dans l'embarras, sans lui tendre la main, et le tirer de peine.

CHAMEROY.

Vous voilà bien avancé ! vous êtes pauvre à votre tour !... c'est-à-dire dépendant de tout le monde...

PAUL, vivement.

Je ne dépends de personne !... je n'ai besoin de personne et je ne demande rien à personne !... Oh ! permettez, monsieur !... j'espère n'avoir jamais été fier, tant que j'ai été riche... mais, depuis que je ne le suis plus, c'est différent !... Je veux bien ressembler à la cigale, l'été, quand elle chante ; mais l'hiver, quand elle mendie... jamais !

MADAME CHAMEROY.

Mais comment faites-vous?

CHAMEROY, l'invitant à s'asseoir.

Oui, comment avez-vous fait?

PAUL, gaiement, s'asseyant.

Ça vous intéresse? — C'est bien simple : arrivé à mes derniers mille francs, je me suis arrêté net. J'ai fait une vente générale qui m'a rapporté deux cent vingt mille francs.

CHAMEROY.

Sans les frais...

PAUL.

Sans les frais !... Alors j'ai établi mon budget comme un livre de banquier. D'abord plus d'appartement!... je loge à mon cercle!... cinq francs par jour pour une chambre... Déjeûner, deux œufs et une tasse de thé, 2 francs ; dîner, 7 francs, soit 14 francs par jour, soit 420 francs, par mois, soit 5,040 francs par an... Plus, dépenses imprévues... faux frais...

CHAMEROY.

Soit 6,000 francs.

PAUL.

Soit 6,000 francs. Reste donc encore, 5,000 francs qui me suffisent pour tenir encore ma place, ma petite place dans le monde de l'élégance et du goût. Je ne fais plus faire qu'un habit par an, mais c'est toujours Arohnson qui me l'envoie. Je ne fume plus qu'un cigare par jour, mais c'est un pur habana ; je n'ai plus de chevaux, mais j'ai un parapluie...

SCÈNE SIXIÈME.

CHAMEROY.

Un objet d'art, sans doute.

PAUL.

Voyez !... Je ne peux plus donner, mais je fais donner. Je ne peux plus acheter, mais je regarde acheter. Oui! quand il y a quelque belle collection à l'hôtel des Ventes, j'y cours !... et, si un tableau me plaît... je le pousse... en dedans !... Enfin, car il faut avoir plus d'une corde à son arc !... je me suis décidé à embrasser une profession.

CHAMEROY, se levant et posant le parapluie près de la cheminée.

Une profession! à la bonne heure! laquelle?

PAUL.

J'ai pris un cabinet...

CHAMEROY.

D'affaires...

MADAME CHAMEROY.

D'affaires ?...

PAUL.

Oui... d'affaires gratuites! Mes flatteurs, quand j'avais des flatteurs, m'appelaient un artiste en dépenses! Or donc, je me suis fait dépensier... consultant! Dès que mes amis ont un hôtel à meubler, un parc à dessiner, une terre à acheter... comme on sait que j'ai un peu de goût, on m'appelle! On m'ouvre des crédits, je les dépasse !... Je me fais l'effet d'un ministre des finances!... C'est l'argent des autres que je remue, mais c'est toujours de l'argent !... Et quand j'ai dépensé cent mille francs à un ami dans ma journée... je suis comme Titus, je m'endors content!... Je suis millionnaire... *in partibus !*

CHAMEROY.

Parbleu!... C'est le ciel qui vous envoie! donnez-nous une consultation!

PAUL.

Comment?

CHAMEROY.

Nous ne savons pas dépenser, apprenez-nous-le?

MADAME CHAMEROY.

Oui, c'est dans l'intérêt de votre ami M. de Vérac.

PAUL.

Mais...

HENRIETTE.

Vous ne pouvez pas refuser, monsieur, c'est votre état!...

PAUL.

Au fait! c'est assez original!... mais d'abord, voyons!... (A Chameroy.) Tenez-vous beaucoup à ce mariage?

CHAMEROY.

Énormément!

MADAME CHAMEROY.

Énormément.

PAUL, à Henriette.

Et vous mademoiselle?

HENRIETTE.

Je n'ai vu M. de Vérac qu'une fois, au spectacle; mais il m'a paru distingué de manières, d'esprit et de cœur!

PAUL.

On ne peut pas mieux dire! Alors donc, à l'œuvre! (Il regarde autour de lui.) Il faut d'abord commencer par dépenser dans ce petit salon...

M. ET MADAME CHAMEROY.

Combien?

SCÈNE SIXIÈME.

PAUL.

Nous verrons tout à l'heure!... Qu'est-ce que cette pendule?

CHAMEROY.

Un bronze qui m'a coûté huit cents francs! Marius sur les ruines de Carthage!

PAUL.

A renvoyer à Carthage!

HENRIETTE.

Tant mieux! Je l'ai toujours trouvé affreux!

PAUL.

Un de mes amis a un modèle charmant dont il veut se défaire. Nous le mettrons à la place de Marius.

MADAME CHAMEROY.

Et le prix?

PAUL.

Oh! je ne sais pas! C'est un détail! (Il continue son inspection.) Qu'est-ce que je vois?... Des housses?... Enlevons les housses! (Il enlève une housse et la remet vivement.) Non, non! remettons-les! (Riant.) Oh! c'est admirable!... Vous avez usé vos housses et vos housses ont usé votre meuble! Il est vrai qu'il n'y a pas grand mal! Il était si laid! si vieux!

MADAME CHAMEROY.

Comment si vieux! Il vient de ma mère!

PAUL.

Précisément! Il serait plus joli et plus jeune s'il venait de votre grand'mère! J'ai vu hier un délicieux ameublement. Nous le mettrons là.

M. ET MADAME CHAMEROY.

Mais le prix? le prix?

PAUL.

Je ne sais pas! Vous le verrez bien en payant.

M. ET MADAME CHAMEROY.

Hein?

HENRIETTE.

Mais laissez donc parler monsieur.

PAUL, regardant.

Ah! l'affreux papier! nous le cacherons sous de belle tapisseries anciennes... Des verdures!

M. ET MADAME CHAMEROY.

Des verdures?...

PAUL.

A la place de cette table, un beau bureau de Riesnier.. sur ces consoles,—elles ne sont pas mal ces consoles,—de belles jardinières en faïence de Rouen avec des fleurs... C'est que vraiment il prête beaucoup ce petit salon.

MADAME CHAMEROY.

Il prête est charmant!

PAUL, regardant encore.

Ici peut-être un petit lustre... Nous ne mettrons pas de bleaux.

M. ET MADAME CHAMEROY.

Pas de tableaux, pas de tableaux!

PAUL.

Alors, dans ce panneau, une étagère, avec quelques bibelots... de belles porcelaines de Saxe... un petit antique...

SCÈNE SIXIÈME.

MADAME CHAMEROY.

Un petit antique...

CHAMEROY.

Mais le total?

PAUL, riant.

Le total! le total! On n'achèterait jamais rien, si on s'occupait avant de ce qu'il faudra payer après.

MADAME CHAMEROY.

Mais enfin?

PAUL.

Eh bien, entre vingt-cinq et soixante mille francs!

CHAMEROY, éclatant.

Ah! par exemple!

PAUL.

Peut-être moins; nous verrons?

MADAME CHAMEROY.

Oui, c'est cela!... nous verrons! nous chercherons!... nous examinerons!...

PAUL.

Comment!... Examiner? chercher?... (Tirant sa montre.) Il est midi!... il faut qu'à trois heures tout cela soit fait.

LES CHAMEROY.

Comment, à trois heures?

PAUL.

M. de Vérac est très-prenable par les yeux, le premier coup d'œil est beaucoup pour lui. Il faut qu'en entrant il soit séduit, charmé par le cadre (Regardant Henriette.) comme par le tableau!... Allons, allons, à la besogne!

CHAMEROY, éperdu.

Mais, monsieur...

PAUL.

Ah! j'en ai fait bien d'autres!... Donnez-moi de quoi écrire.

Il va s'asseoir au bureau.

CHAMEROY, le lui donnant.

Voici, monsieur!

SCÈNE VII.

Les Mêmes, LE DOMESTIQUE.

CHAMEROY, au domestique.

Qu'est-ce que c'est?

LE DOMESTIQUE.

On vient chercher une réponse à la demande d'hier soir.

MADAME CHAMEROY.

Quelle demande?

CHAMEROY.

Tu sais bien, de la part de cette société de prêt pour l'établissement des nouveaux colons en Algérie.

PAUL, écrivant

Je connais cette société!

MADAME CHAMEROY

Qu'est-ce qu'elle veut cette société?

CHAMEROY.

C'est une société de prêt, elle veut que je lui prête?

SCÈNE SEPTIÈME.

MADAME CHAMEROY, au domestique.

Il n'y a pas de réponse !

PAUL, tout en écrivant.

Comment ! vous refusez ! une si bonne œuvre

MADAME CHAMEROY.

Il y a toujours moitié gabegie dans ces bonnes œuvres-là !

PAUL, toujours écrivant.

Vous voulez apprendre à dépenser, soyez généreuse !

HENRIETTE.

Tu ne veux pas ressembler aux fourmis, sois prêteuse.

MADAME CHAMEROY.

Prêteuse ! prêteuse !

HENRIETTE.

Ah ! maman, toi qui es si bonne, qui donnes tant aux pauvres de Saint-Quentin !

MADAME CHAMEROY.

D'abord, c'est à Saint-Quentin ! puis prêter et donner sont deux ! un prêt est une affaire ! et il faut qu'une affaire soit bonne !... mais ces colons, sur quoi leur prêterai-je ?

PAUL, toujours écrivant.

Sur leur travail, sur leur probité.

MADAME CHAMEROY.

Mauvaise hypothèque, il n'y a que les jobards qui font des opérations pareilles !

PAUL, se levant.

Oui, madame Chameroy ! oui, les jobards, la sainte phalange des jobards ! Tâchez d'en être, mon cher monsieur Chameroy ! car les jobards, ce sont ceux qui croient à quelque chose! qui se sacrifient pour quelque chose! qui prêtent même en sachant qu'on ne leur rendra pas! qui donnent en sachant qu'on ne leur saura jamais gré! qui ont foi dans l'amitié, dans l'amour, dans la probité! qu'est-ce qui a fait les plus grandes choses de ce monde? des jobards! Les martyrs? jobards! Les héros? jobards! Et Dieu veuille qu'un jour, en face d'un service à rendre, d'une preuve de dévouement à donner, j'oublie assez toutes les lois de la prudence pour qu'on dise de moi : « Quel jobard! »

CHAMEROY.

Ah! ma foi, je veux être jobard aussi!

PAUL.

A la bonne heure! nous ferons quelque chose de vous!

CHAMEROY, à sa fille.

Va dire à la personne qui est là que la fourmi souscrit pour trois mille francs.

PAUL, à Henriette.

Mademoiselle, veuillez y joindre ces dix louis sur lesquels je ne comptais pas, l'obole du pauvre.

HENRIETTE.

De grand cœur, monsieur! (A Chameroy.) Tu es un amour de père!

Elle sort.

PAUL.

Maintenant, achevons notre ouvrage, nous n'avons que le temps.

HENRIETTE, rentrant.

Voilà! c'est entendu!

PAUL.

Sonnez tous vos gens!

CHAMEROY, prenant les lettres.

Donnez, donnez! Je me charge de tout! Fourmi.

Il sort.

SCÈNE VIII.

Les Mêmes, hors CHAMEROY.

PAUL.

Et moi, mesdames, ma tâche est terminée.

Il va pour sortir.

HENRIETTE.

Pas encore, monsieur!

PAUL.

Comment? Que voulez-vous dire?

HENRIETTE.

Je veux dire, monsieur, que tout ce que vous venez de faire est sans doute très-important... qu'il est très-utile d'embellir ce salon... de décorer cette cheminée... de mettre partout des fleurs et du goût; mais ce n'est pas ce salon que M. de Vérac compte épouser! c'est moi! Et à quoi servira de métamorphoser la maison, si celle qui l'habite reste toujours ce qu'elle est, c'est-à-dire gauche...

PAUL.

Oh! mademoiselle! mademoiselle!

HENRIETTE.

Oh! vous l'avez dit, monsieur! et je ne me fais pas illusions! je sais très-bien tout ce qui me manque!

MADAME CHAMEROY

Ce qui te manque?... je voudrais bien savoir quoi!

HENRIETTE.

Monsieur te le dira!

PAUL.

Mais, mademoiselle...

HENRIETTE.

Oh! il n'y a pas à refuser! M. de Vérac est-il votre ami? oui! avez-vous envie que je lui plaise? oui! Eh bien, aidez-moi à lui plaire!

PAUL, à part.

Quel singulier rôle elle me donne là!

HENRIETTE.

Voyons, regardez-moi... comme vous avez regardé ce salon tout à l'heure, et dites-moi tout!... tout!... (Elle se place devant lui.) Eh bien?

PAUL, après l'avoir regardée.

Eh bien, je vous avouerai que la coiffure...

MADAME CHAMEROY, éclatant de rire.

Ah! ah! admirable!... j'étais sûre qu'il allait s'embourber!... Sachez, monsieur, que j'ai fait venir, ce matin, un coiffeur tout exprès... un coiffeur que j'ai payé six francs.

PAUL.

Précisément! c'est une coiffure de coiffeur... On n'y sent pas une main de jeune fille!... Ces cheveux sur le front vous donnent une physionomie qui n'est pas la vôtre!... Cette boucle avancée...

HENRIETTE.

Oh! je comprends! je comprends! (Regardant dans la glace et se coiffant.) Tenez, comme cela?

PAUL.

A la bonne heur

SCÈNE HUITIÈME.

HENRIETTE.

Et comme cela?

PAUL.

A merveille !

HENRIETTE.

Eh bien, c'est juste ce que je fais tous les jours quand je me coiffe moi-même !... Après?

PAUL.

Comment, après?

MADAME CHAMEROY.

Oui, après?

HENRIETTE.

Il y a certes bien d'autres choses!

PAUL.

Il y a encore... la robe... Qui est-ce qui vous a fabriqué cette robe-là?

MADAME CHAMEROY.

C'est...

PAUL.

C'est un meurtre! Une taille pareille dans ce corsage! Je vous adresserai à une personne admirable qui a beaucoup travaillé pour moi.

HENRIETTE.

Une couturière?

PAUL.

Oui. la reine des couturières!

HENRIETTE, riant.

Et elle a travaillé pour vous?

PAUL, embarrassé.

Pour moi! pour moi! je veux dire pour une cousine... une jeune cousine qu'elle a métamorphosée...

HENRIETTE.

Nous verrons cela plus tard... Après?

PAUL.

Après?

HENRIETTE.

Cela ne fait que commencer! Vous ne m'avez donné jusqu'ici que des conseils de coquetterie!... et il ne suffit pas qu'une femme soit bien coiffée... bien habillée pour plaire à un honnête homme et le rendre heureux!... Or, je veux que mon mari soit très-heureux; je veux qu'il m'aime de toutes les façons... avec ses yeux, avec son cœur et avec son esprit.

MADAME CHAMEROY, attendrie.

Est-elle gentille!

PAUL.

Eh bien, mademoiselle, M. de Vérac a une affection très-profonde dans sa vie. Il adore sa mère, qui est un peu vieille, un peu infirme, et qui n'a plus guère que deux plaisirs dans ce monde : entendre chanter et entendre lire. Avez-vous une jolie voix?

MADAME CHAMEROY.

Une voix superbe!... juste la mienne quand j'étais jeune.

PAUL.

Maintenant, savez-vous lire?

MADAME CHAMEROY, avec indignation.

Comment! si elle sait lire? Pour qui nous prenez-vous?...

Apprenez, monsieur, que ma fille a été élevée dans la meilleure pension de Paris! et qu'elle suit encore maintenant un cours de littérature!

<small>Elle prend le livre qui est sur la table.</small>

HENRIETTE.

Monsieur demande comment je lis.

MADAME CHAMEROY.

Elle lit! elle lit!... comme elle parle!

PAUL.

Ah! si c'était vrai!... Nous allons bien voir!... (Apercevant le livre que tient madame Chameroy.) Qu'est-ce que ce livre-là? *Lettres choisies de madame de Sévigné!* Parfait! la passion de madame de Vérac. (Il ouvre le livre.) La lettre sur l'archevêque... tenez.

HENRIETTE.

Comment? lire tout haut?

PAUL.

Oui.

HENRIETTE.

Devant vous?... Oh! vous me feriez trop peur!

PAUL.

Il n'y a pas de quoi... Allez!

HENRIETTE.

Quoi! vous voulez?...

PAUL.

Allons, du courage!

<small>HENRIETTE; elle prend le volume et lit en écolière, en pensionnaire, sans nuance et d'un train de poste.</small>

« L'archevêque de Reims revenait hier fort vite de Saint-

Germain... c'était un tourbillon. Il croit bien être grand seigneur, mais ses gens le croient encore plus que lui. Ils passaient au travers de Nanterre, tra tra tra! Ils rencontrent un pauvre homme à cheval... Gare! gare! »

MADAME CHAMEROY, avec enthousiasme.

Charmant! charmant! (A Paul.) Qu'est-ce que vous dites de cela? parlez franchement...

HENRIETTE.

Oui, parlez... franchement.

PAUL, gaîment.

Franchement... Eh bien, je dis que ce n'est pas cela du tout

MADAME CHAMEROY.

Hein!

HENRIETTE

Comment?

PAUL.

Pourquoi chanter en parlant? pourquoi parler en galopant? pourquoi cesser d'être vous-même?

HENRIETTE.

Mais...

PAUL.

Est-ce que vous diriez en causant : (Prenant son ton de pensionnaire.) « L'archevêque de Reims revenait hier fort vite de Saint-Germain... c'était un tourbillon. »

HENRIETTE.

Oh! non!

PAUL, continuant toujours en l'imitant.

« Il croit être bien grand seigneur, mais ses gens le croient encore plus que lui! »

SCÈNE HUITIÈME.

HENRIETTE.

Comment! je suis si ridicule que cela?

PAUL, continuant à l'imiter.

« Ils passaient par Nanterre, tra tra tra!... Ils rencontrent un pauvre homme à cheval! gare! gare! gare! »

HENRIETTE.

Oh! assez! assez! c'est affreux! mais que faut-il donc faire pour bien lire?

PAUL.

Ah! ce n'est pas moi qui suis capable de vous l'apprendre!... mais je connais un habile homme...

HENRIETTE.

Je le prends!... après?...

PAUL.

Comment, après?

HENRIETTE.

Mais tout cela n'est encore que de l'agrément, il faut arriver au sérieux.

PAUL.

Au sérieux! mais nous y sommes... (Montrant le livre.) avec cette charmante créature que votre instinct vous a conduite à aimer! Elle vous montre qu'on peut être à la fois rieuse et sérieuse... Faite pour le monde et faite pour l'étude, car elle lisait tout, s'intéressait à tout, s'occupait de tout, de science sans être pédante, de poésie sans être bas-bleu, de métaphysique sans être ennuyeuse... Et, si vous ajoutez qu'en outre elle fut la plus honnête des femmes, la plus dévouée des amies, et la plus tendre des mères... tendre jusqu'à l'héroïsme, la pauvre femme!... car elle est morte en soignant sa fille, et d'avoir soigné sa fille! (Madame Chameroy essuye ses yeux.) Alors vous comprendrez que tous mes conseils se réduisent à un seul! Vous voulez être une bonne femme et une charmante femme? Eh bien, voilà le modèle!... Tâchez de lui ressembler!... Ah! bon Dieu! voilà que j'ai fait une conférence sur madame de Sévigné! Non, ma parole d'honneur! vous me faites faire des choses incroyables!

MADAME CHAMEROY, à part.

Il me plaît! il me plaît!

SCÈNE IX.

Les Mêmes, LE DOMESTIQUE

Madame! madame! monsieur appelle madame! Il est en bas avec tous les meubles, il ne sait où donner de la tête!

MADAME CHAMEROY.

Oh! je le crois! J'y vais.

Elle sort.

PAUL, s'apprêtant à la suivre.

Nous y allons tous.

HENRIETTE, l'arrêtant.

Un dernier conseil!

PAUL, gaiement.

Encore! c'est que j'ai dépensé tout ce que j'avais de raison! Je suis à sec!

HENRIETTE.

Ne riez pas! c'est très-important.

PAUL.

Eh bien, voyons, qu'est-ce que c'est?

SCÈNE NEUVIÈME.

HENRIETTE.

J'ai une grande peur...

PAUL.

Laquelle?

HENRIETTE.

Je crains... c'est étonnant, tout ce qui m'est venu à l'esprit depuis une demi-heure! je crains que le monde où je vais entrer ne soit bien nouveau pour moi!... Je crains que la famille de M. de Vérac et mes parents ne soient bien différents, de goûts, d'habitudes, de langage, et que... j'hésite à vous expliquer ce que je sens... Je crains que mes parents que j'aime tant ne soient pas heureux... que des malentendus... des froissements...

PAUL.

Eh bien, n'êtes-vous pas là?... à vous de tout prévenir! Avec votre finesse, car vous êtes très-fine tout en étant très-franche, soyez la voix qui concilie, le tact qui détourne les petits orages, le charme qui les dissipe, l'esprit qui les fait tourner en gaieté et qui réconcilie.

HENRIETTE.

Je tâcherai!... mais...

PAUL.

C'est bien facile! Tous ces braves gens, votre mère et votre belle-mère, votre père et votre mari vont vous adorer à qui mieux mieux! Eh bien, faites qu'ils s'aiment en vous... qu'ils s'unissent en vous!

HENRIETTE, émue.

Oh! oui, je comprends! que vous êtes bon de me parler ainsi! Mais il faudra m'aider toujours... me conseiller toujours? La tâche est si malaisée et je suis si novice! Il ne faut pas abandonner votre ouvrage! Il faudra venir nous voir souvent... très-souvent.

PAUL.

Tant que vous le voudrez!

HENRIETTE.

Vous me le promettez?

PAUL.

Je vous le promets.

HENRIETTE.

Merci!

SCÈNE X.

Les Mêmes, CHAMEROY, MADAME CHAMEROY.

CHAMEROY, dans la coulisse.

C'est bien! c'est bien! Laissez tout cela là!

MADAME CHAMEROY, dans la coulisse.

Et surtout ne cassez rien.

Ils entrent.

PAUL.

Eh bien, et les meubles?

CHAMEROY.

Il s'agit bien des meubles! mariage manqué

PAUL.

Comment?

CHAMEROY.

Je viens de recevoir une lettre.

HENRIETTE.

De qui?

SCÈNE DIXIÈME.

CHAMEROY.

De M. de Vérac.

HENRIETTE.

Eh bien ?

CHAMEROY.

Une lettre embarrassée... pleine de réticences et de regrets... mais qui se termine par une retraite ! Voyez !

PAUL.

Oh ! mais un instant ! Je n'entends pas cela !

Il court à la table.

CHAMEROY.

Que faites-vous donc ?

PAUL.

Je lui réponds.

CHAMEROY.

Quoi ?

PAUL.

Vous allez bien le voir.

CHAMEROY.

Mais...

PAUL.

Laissez-moi donc faire !

HENRIETTE.

Oui, laisse donc faire monsieur !

PAUL, écrivant.

Ah ! il croit que je lui permettrai...

CHAMEROY, le regardant.

Quelle main ! Il va comme le vent ! Quel commis cela aurait fait !

MADAME CHAMEROY.

Mais que lui dites-vous donc?

PAUL, se levant.

Voici!... (Lisant.) « Niais! imbécile! crétin! »

HENRIETTE.

Oh! c'est bien fort!

PAUL.

Entre amis! (Lisant.) « Comment! ton bonheur est dans ta main, et tu le rejettes! Le ciel t'envoie un beau-père comme il n'y en a pas! bon! droit! plein de cœur!... »

CHAMEROY.

Très-bien!

PAUL.

« La belle-mère est peut-être un peu... »

MADAME CHAMEROY.

Un peu, quoi?

PAUL.

Rien! rien! j'ai effacé! (Reprenant.) « Ta belle-mère est pleine de bon sens, de caractère... »

MADAME CHAMEROY.

Très-bien, très-bien!

PAUL.

« Quant à la jeune fille! c'est tout simplement un trésor! »

HENRIETTE.

Ah! monsieur!

CHAMEROY.

S'il le pense!

SCÈNE DIXIÈME.

PAUL, continuant.

« Et tu la refuses! Tu la refuses parce que tu crois que tu seras un peu embarrassé d'elle! Mais, misérable! sais-tu bien la chose que tu as à craindre? C'est que tous tes amis n'en deviennent amoureux... à commencer par moi! »

CHAMEROY

Bravo! bravo!

PAUL, lisant toujours.

« Ainsi, animal! arrive bien vite! Viens demander pardon à genoux de la lettre que tu as écrite, et qu'on veut bien te pardonner à ma prière! »

CHAMEROY.

C'est parfait! voilà une enveloppe!

HENRIETTE, l'arrêtant.

Pardon!

MADAME CHAMEROY.

Comment?

HENRIETTE, à Paul, prenant la lettre.

Monsieur, pensez-vous tout ce que vous avez écrit là?

PAUL.

Sans doute...

HENRIETTE.

Vrai?

PAUL.

Je vous le jure! (Henriette va pour déchirer la lettre.) Que veut dire... ?

HENRIETTE.

Cela veut dire, monsieur, que vous avez bien mal plaidé la cause de votre ami...

Elle va encore pour déchirer la lettre.

PAUL, avec conviction.

Arrêtez, mademoiselle! je vous en supplie!... C'est votre bonheur que vous détruisez là!... Le vôtre et le sien!.. Je ne sais pas de plus noble cœur, de plus charmant esprit que Vérac!... Et je ne sais personne de plus digne de lui que vous! Oh! ce ne sont pas là de vaines paroles de galanterie!... Je ne vous connais que depuis un moment, mais ce moment m'a suffi pour voir ce que vous êtes et ce que vous serez!... Je vous en supplie, mademoiselle! n'enlevez pas une telle femme à mon ami!

HENRIETTE.

Mon Dieu! quel mauvais avocat vous faites! (Elle déchire la lettre.) Dites à M. de Vérac que, si maintenant il revenait à moi, c'est moi qui le refuserais.

CHAMEROY.

Tu le refuserais?

PAUL.

Pourquoi?

HENRIETTE.

Pourquoi? Je vous le dirai un autre jour... peut-être jamais, peut-être demain! car nous nous reverrons, vous me l'avez promis!

PAUL, à M. et madame Chameroy.

Me le permettez-vous?

CHAMEROY.

Tant que vous voudrez!

HENRIETTE.

Eh bien, à demain!

PAUL.

A demain.

Il sort.

SCÈNE XI.

CHAMEROY, MADAME CHAMEROY, HENRIETTE.

MADAME CHAMEROY.

Ah çà ! nous expliqueras-tu un peu ce que tout cela signifie ?

HENRIETTE.

Cela signifie (Montrant la porte par où Paul est sorti.) que voilà celui que j'épouserai !

CHAMEROY.

Hein ?

HENRIETTE.

S'il veut de moi, et si je continue à le trouver de mon goût.

PAUL, rentrant.

Pardon !

HENRIETTE.

Vous, monsieur ?

PAUL.

Mais...

HENRIETTE.

Pourquoi êtes-vous rentré ?

PAUL.

Mais pour prendre mon parapluie, que j'ai oublié, auquel je tiens et que voici...

HENRIETTE.

Et vous n'avez rien entendu ?

PAUL.

Rien!

HENRIETTE.

Rien du tout?

PAUL

Un mot peut-être.

HENRIETTE.

Lequel?

PAUL.

Le dernier... si je continue... à demain!

Il sort.

FIN DE LA CIGALE CHEZ LES FOURMIS

SI JAMAIS JE TE PINCE...!

COMÉDIE

EN TROIS ACTES, MÊLÉE DE CHANT

Représentée pour la première fois, à Paris, sur le théâtre du PALAIS
le 9 mai 1856.

COLLABORATEUR : M. MARC-MICHEL

PERSONNAGES

	ACTEURS qui ont créé les rôles.
PROSPER FARIBOL, musicien.	MM. RAVEL.
LÉOPARDIN, flûte.	HYACINTHE
PAPAVERT, ancien officier de santé.	AMANT.
PAUL DE SAINT-GLUTEN.	L'ERICHE.
LUCIEN, garçon de café.	OCTAVE.
ALEXANDRA, femme de Faribol.	Mmes ALINE DUVAL
CORINNE, femme de Papavert.	CHAUVIÈRE.
FRANÇOISE, bonne d'Alexandra.	DÉSIRÉE.
PREMIER CLERC DE NOTAIRE.	MM. DUCHÊNE.
DEUXIÈME CLERC.	LACROIX.
TROISIÈME CLERC.	LUCIEN.
QUATRIÈME CLERC.	LEMONNIER.
UN HABITUÉ DU CAFÉ.	PAUL.

INVITÉS DES DEUX SEXES

La scène est à Paris.

SI JAMAIS JE TE PINCE...!

ACTE PREMIER.

Une place. — Un café avec une tente et des tables à gauche. — Une maison à droite, portant le numéro 7 et dont la porte est surmontée d'une enseigne de dentiste. — Au fond, perspective d'une rue s'éloignant vers la droite. — Une borne au fond, vers la gauche. — Rues praticables, à gauche, après le café, et à droite, avant et après la maison.

SCÈNE PREMIÈRE.

PAPAVERT, LUCIEN, puis LÉOPARDIN

LUCIEN, au fond, parlant à la cantonade.

Oui, mam'zelle Pichenette!... soyez tranquille, je lui remettrai votre clef... et je lui dirai de vous attendre. (Redescendant la scène.) Elle est gentille, cette jeunesse... C'est une élève du Conservatoire... classe de piano... mais elle se dérange... elle a des rendez-vous avec un petit musicien... Oh! les musiciens! c'est tous farceurs!... (Apercevant Papavert qui est assis à une table et cherche des papiers dans un portefeuille.) Voilà! voilà!

PAPAVERT, étonné.

Quoi?

LUCIEN, frottant la table avec sa serviette.

Grog? absinthe? vermouth?

PAPAVERT.

Tu m'ennuies!... je ne prends jamais rien!...

LUCIEN.

En voilà une pratique!...

Il rentre dans le café.

PAPAVERT, seul, se levant.

Je suis bien en train de prendre du vermouth!... un homme qui donne un bal ce soir!... Quel ennui! j'en perds la tête!... C'est ma femme, madame Papavert, qui l'a voulu... elle dit que pour marier notre nièce il faut la faire connaître... Moi, ce n'est pas mon avis... parce que Emérantine...

AIR : *Un homme pour faire un tableau.*

Elle a des talents d'agrément,
Elle dessine comme un ange...
Mais sur le dos de cette enfant
Se passe un phénomène étrange :
Une épaule grandit au mieux,
L'autre à la suivre perd courage ;
Et cependant toutes les deux
Ont exactement le même âge!
Toutes les deux ont le même âge!

Il me reste quelques lettres d'invitation. (Lisant.) « M. et madame Papavert vous prient de leur faire l'honneur de venir passer la soirée chez eux le jeudi 15 février. Il y aura un violon et une flûte. » (Parlé.) J'ai bien envie d'y ajouter ce *post-scriptum :* « M. Papavert, ancien officier de santé, continue à donner des consultations de midi à quatre heures... » Ça me fera connaître! (Il se rassied et appelle.) Garçon! garçon!

LUCIEN, sortant du café.

Voilà! voilà!.. Grog? absinthe? vermouth?...

Il frotte la table.

PAPAVERT.

Il est embêtant avec son vermouth!... donne-moi une plume et de l'encre.

LUCIEN, les prenant sur l'appui de la fenêtre.

Ah bah!... voilà! voilà!

Il s'assied à une table au troisième plan et lit le journal.

PAPAVERT, écrivant.

Je crois que c'est une très-bonne idée!

LÉOPARDIN, entrant par le fond, à droite.

Sapristi! que je souffre! (Il tient son mouchoir sur sa joue.) On m'a dit qu'il y avait un dentiste dans cette rue... Oh la! la!... (Appelant.) Garçon!

LUCIEN, se levant et accourant.

Voilà! voilà! Grog? absinthe? vermouth?

LÉOPARDIN.

Non, pas vermouth!... Oh la! la!... le dentiste, s'il vous plaît?

LUCIEN.

Le dentiste?... là!... en face!... Monsieur ne prend pas autre chose?

LÉOPARDIN.

Merci. (Le garçon revient s'asseoir.) Décidément, je vais me la faire arracher... parce que, quand on souffre, il n'y a pas à hésiter!... (Il pose la main sur le marteau de la porte et s'arrête tout à coup.) Tiens!... tiens!... c'est bien drôle!... je ne souffre plus!... c'est parti... tout à fait!... je serais bien bête de me faire arracher une dent qui me laisse tranquille!... Cinq francs de gagnés! (Appelant.) Garçon!

LUCIEN, se levant et accourant.

Monsieur?

LÉOPARDIN.

Ça va mieux! merci... (S'en allant.) ça va mieux.

LUCIEN, à part.

Eh bien, qu'est-ce que ça me fait?

Léopardin sort par la droite, troisième plan.

SCÈNE II.

PAPAVERT, LUCIEN.

PAPAVERT, achevant d'écrire.

La! voilà qui est terminé!... Mais des lettres d'invitation, ça ne suffit pas... il faut des invités... jeunes et célibataires... Il vient beaucoup de petits messieurs dans ce café... il faut que je questionne adroitement le garçon.

Il frappe sur la table.

LUCIEN, essuyant la table.

Grog? absinthe? vermouth?

PAPAVERT.

Vermouth!... si tu continues, je te retire ma pratique!

LUCIEN.

Vous ne prenez rien!

ACTE PREMIER.

PAPAVERT, se levant.

Je vais prendre des renseignements!... Qu'est-ce que c'est que ce M. Adolphe qui déjeune là-bas?

Il indique quelqu'un dans le café dont la porte est ouverte.

LUCIEN.

C'est un jeune homme.

PAPAVERT.

Qu'est-ce qu'il fait?

LUCIEN, regardant.

Il mange des œufs à la coque!

PAPAVERT.

Est-il marié?

LUCIEN.

Je ne sais pas.

PAPAVERT, indiquant comme ci-dessus.

Et M. Ernest?

LUCIEN.

Très-fort aux dominos.

PAPAVERT.

Est-il marié?

LUCIEN.

Il ne me l'a pas dit.

PAPAVERT, sans indiquer.

Et M. Arthur?

LUCIEN.

Ah! celui-là... il est garçon.

PAPAVERT.

Très-bien!... A quelle heure vient-il?

LUCIEN.

Il ne va pas tarder... c'est l'heure de la poule.

PAPAVERT.

Alors, je vais l'attendre... Ah! dis-moi, mon garçon...

LUCIEN.

Monsieur?

PAPAVERT.

Tu ne connaîtrais pas un jeune homme proprement mis, actif, intelligent, avec du linge et des gants?

LUCIEN.

Pour quoi faire?

PAPAVERT.

Pour faire passer des rafraîchissements... Je donne un bal ce soir... et, comme je n'ai pas de domestique mâle...

LUCIEN.

Dame!... monsieur, si vous voulez... j'ai ma soirée libre

PAPAVERT.

Toi?... as-tu des gants?

LUCIEN.

Oh! oui, monsieur! des noirs... et du linge aussi!...

PAPAVERT.

Eh bien, je compte sur toi à huit heures précises... Voici mon adresse.

Il lui remet sa carte.

SCÈNE III.

Les Mêmes, SAINT-GLUTEN, puis ARTHUR.

SAINT-GLUTEN, entrant par la gauche.

Garçon! une tasse de chocolat!...

LUCIEN.

Bien, monsieur!

Il entre dans le café.

PAPAVERT

Tiens! c'est monsieur de Saint-Gluten!...

SAINT-GLUTEN, à part.

M. Papavert! quel ennui! (Haut, lui serrant la main.) Pardon, je suis très-pressé... un rendez-vous avec mon architecte... à deux heures précises...

Il regarde à sa montre et descend à gauche.

PAPAVERT, à part, tirant son portefeuille.

Il est célibataire, il a un architecte!... il rentre dans mon programme. (Allant vivement à Saint-Gluten, qui remonte pour entrer au café.) Mon cher monsieur de Saint-Gluten, voulez-vous me faire l'honneur...?

SAINT-GLUTEN.

Qu'est-ce que c'est que ça?

PAPAVERT.

Une lettre d'invitation pour une petite soirée de famille... ma nièce Émerantine doit chanter...

SAINT-GLUTEN, à part.

Oye! oye! (Haut.) Merci... il m'est tout à fait impossible...

PAPAVERT.

Il y aura un souper...

SAINT-GLUTEN.

Ah!... il y aura...? avec plaisir! j'accepte!

Il entre dans le café.

PAPAVERT, à part.

Il n'y en aura pas... mais je lui dis ça pour l'amorcer!

Il s'assied à une table.

LUCIEN, voyant arriver un habitué.

Ah! voici M. Arthur!

Un monsieur arrivant de la droite, troisième plan, se dirige vers le café.

PAPAVERT, à part.

Il est célibataire... il a des moustaches! il rentre dans mon programme!... (Se levant et offrant un journal à Arthur.) Monsieur désire-t-il *le Constitutionnel?*

ARTHUR, grosse voix.

Non! les journaux m'embêtent! — Garçon! ma pipe!

Il entre dans le café, ainsi que Lucien.

PAPAVERT.

Il a l'air très comme il faut!... Je vais lui offrir une lettre d'invitation!

Il entre dans le café à la suite d'Arthur

SCÈNE IV.

ALEXANDRA, puis SAINT-GLUTEN.

ALEXANDRA, au fond, à la cantonade.

A droite?... en tournant?... Merci, monsieur. (Descendant la scène, elle regarde les numéros des maisons, et s'arrête en voyant le numéro 7.) Il faut avouer que les maris sont parfois de grands paltoquets!... je parle du mien!... M. Prosper Faribol... un être très-fort sur le violon... Hier soir, nous dormions... côte à côte... (c'est mon mari!...) tout à coup je suis réveillée par une voix qui prononçait très-distinctement cette phrase : « Pichenette, rue Papillon, numéro 7. » C'était la sienne!... sapristi!!! je lance un coup de pied dans la couverture, il se réveille, et... je lui offre un verre d'eau sucrée... qu'il accepte... le vampire!... Une heure après... même musique!... « Pichenette!... rue Papillon, numéro 7. » (Avec rage.) Ah! je suis douce!... je suis très-douce!... mais qu'il ne me fasse pas de farces!... Je passai le reste de la nuit à faire des rêves... mélangés d'arsenic!... Ce matin, monsieur me prévient qu'il ne rentrera pas pour déjeuner, parce qu'il doit organiser une matinée musicale cité Valladon, numéro 56... au Gros-Caillou... Je flaire une craque... je saute dans un omnibus, et j'arrive cité Valladon. — Où est le 56? pas de 56!... Savez-vous pourquoi?... Il n'y a que deux maisons cité Valladon!!! et encore, on est en train de démolir la première!... La craque était patente! alors, je ressaute dans un omnibus, je prends trois correspondances, et me voici! rue Papillon, numéro 7... (Indiquant la maison.) C'est donc là que demeure cette demoiselle Pichenette! Ah! nous allons rire!... De deux choses l'une : ou mon mari est arrivé, et il faut qu'il sorte!... ou il n'est pas arrivé, et il faut qu'il entre!... Je me campe ici, en faction, comme un voltigeur de la garde!... (Se promenant devant la maison.) Et nous allons rire!... mon bel ami! ah! oui, nous allons rire!!!

Saint-Gluten est sorti du café et lorgne Alexandra.

SAINT-GLUTEN, à part.

Charmante! charmante!

ALEXANDRA, à part.

Qu'est-ce qu'il a donc à me lorgner, celui-là?

Elle continue sa promenade.

SAINT-GLUTEN, à part, gaiement.

Quelle diable de promenade fait-elle donc là?

ALEXANDRA, à part, se promenant toujours

Ah çà! il n'a donc rien à faire?... il m'ennuie!

SAINT-GLUTEN.

J'ai envie de lui offrir mon bras. (Il s'avance et salue.) Madame...

ALEXANDRA.

Passez votre chemin... je n'ai pas de monnaie! (A part, sortant par le premier plan de droite.) Oh! je ne m'éloigne pas!

Elle disparaît un moment.

SAINT-GLUTEN, à lui-même.

Tournure ravissante!... Je suis fâché d'avoir rendez-vous avec mon architecte!...

Il entre au numéro 7.

SCÈNE V.

LUCIEN, FARIBOL.

FARIBOL, arrive du fond à droite; il tient un parapluie et porte un homard sous son bras. — Il entre en riant.

Je ris!... et j'ai des remords de rire!... mais c'est égal... je ris... en pensant que ma femme me croit cité Valladon, 56... tandis que... (Il flaire son homard et fait la grimace.) Sapristi!... (Reprenant.) tandis que je n'y suis pas du tout!... J'aime beaucoup ma femme... oh! Dieu! je me jetterais dans le feu pour elle!... mais j'ai bien de la peine à lui être fidèle... c'est difficile! c'est impossible! (Flairant son homard.) Sapristi! (Reprenant.) Dame! c'est ennuyeux pour un musicien de jouer toujours la même contredanse.. moi, j'aime la musique nouvelle!... Dans ce moment, j'essaye de déchiffrer une petite romance du Conservatoire, qui adore le homard. (Flairant son paquet.) Sapristi!... je crains d'avoir été mis dedans... je l'ai pourtant acheté chez Chabel et Potot... une maison de confiance!... mais c'est un garçon très-enrhumé qui me l'a vendu!.. il pique l'œil! (Gaiement.) Bah! avec beaucoup de moutarde, Pichenette le trouvera très-frais! (Apercevant le garçon.) Ah! Lucien... est-elle chez elle?

LUCIEN.

Non, monsieur... on est sorti.

FARIBOL.

Comment, sorti?

LUCIEN, lui donnant une clef.

Mais elle m'a laissé la clef... Elle vous prie de l'attendre là-haut.

VOIX DANS LE CAFÉ.

Garçon!

LUCIEN.

Voilà! voilà!

Il rentre.

SCÈNE VI.

FARIBOL, ALEXANDRA.

FARIBOL, seul.

En l'attendant, je vais préparer une forte sauce?

Il va pour frapper à la maison.

ALEXANDRA, reparaissant par le premier plan de droite; elle a baissé son voile et ne voit pas Faribol.

Enfin, il est parti!

Elle reprend sa faction.

FARIBOL, à part.

Mâtin! le joli cou-de-pied!... j'ai bien envie d'attendre Pichenette ici. (S'approchant.) Madame...

ALEXANDRA, à part.

C'est lui! oh! le gueux!

FARIBOL, faisant l'aimable.

Pardon, madame... vous êtes égarée, je crois, dans ces parages inconnus et... assez malpropres...

ALEXANDRA, déguisant sa voix.

Oui, monsieur... je cherche le théâtre de l'Odéon.

FARIBOL, à part.

Serait-ce une femme de lettres?... on dit qu'elles portent des bas bleus... je voudrais bien voir ça! (Haut.) L'Odéon! vous en êtes bien loin... il y a un tas de petites rues... voulez-vous me permettre de vous servir de pilote... jusqu'à ce mausolée de la tragédie?

ALEXANDRA, déguisant sa voix.

Si je ne craignais d'être indiscrète...

FARIBOL.

Indiscrète?... avec cette tournure, cette distinction, ce cou-de-pied. (A part.) Diable de voile!... elle est peut-être laide! (Haut.) Ce voile... qui me dérobe sans doute les traits les plus charmants... si vous vouliez seulement en soulever un petit coin?...

ALEXANDRA.

Flatteur!

Elle lève tout à fait son voile

FARIBOL, stupéfait, à part.

Ma femme!... oye! oye!

ALEXANDRA, croisant les bras et se campant devant lui.

Eh bien, monsieur!

FARIBOL, avec aplomb.

Je t'avais reconnue!

ALEXANDRA.

Ta ta ta!

FARIBOL.

Si! à ta robe bleue!... c'est moi qui te l'ai donnée... ta robe bleue!...

ALEXANDRA, apercevant le homard.

Qu'est-ce que c'est que ça?

FARIBOL.

C'est pour toi! (A part.) Oye! oye!

ALEXANDRA.

Vous savez bien que je n'aime pas le homard!

FARIBOL.

Comment! tu n'aimes pas...? (Voulant filer.) Je vais le reporter.

ALEXANDRA.

Un instant!... donnez!

Elle prend le homard et le pose sur un table du café.

FARIBOL, à part.

Confisqué!... ma sauce est faite!

ALEXANDRA, sérieusement.

Monsieur Faribol...

FARIBOL, un peu intimidé.

Alexandra?

ALEXANDRA.

Causons un peu, s'il vous plaît!

FARIBOL.

Volontiers. (A part.) Pourvu que Pichenette ne revienne pas!

ALEXANDRA.

Qu'est-ce que je vous ai dit le jour de notre mariage?

FARIBOL.

Dame!... tu m'as dit : « Finissez, monsieur! »

ALEXANDRA.

Je ne ris pas! — Je vous ai fait asseoir, et j'ai pris la parole en ces termes! « Monsieur, nous sommes unis... nous venons de nous jurer mutuellement fidélité entre les mains d'un gros homme... pas beau... »

FARIBOL.

M. le maire...

ALEXANDRA, continuant.

« C'est très-bien... mais je n'entends pas que ce serment soit une balançoire!... »

FARIBOL.

« Ni moi non plus! t'ai-je répondu avec la passion... qui convenait à la circonstance!... »

ALEXANDRA.

Je suis née à Bastia... dans l'île de Corse...

FARIBOL.

Le sang y est superbe...

ALEXANDRA.

C'est possible... mais les femmes y ont des idées très-carrées sur les droits et les devoirs respectifs des époux...

####### FARIBOL, à part.

Pourvu que Pichenette ne revienne pas!

####### ALEXANDRA, continuant.

Il y a des hommes qui considèrent leurs femmes comme de petites machines à raccommoder les chaussettes!...

####### FARIBOL, jouant l'indignation.

Oh!... les monstres!

####### ALEXANDRA.

Ils les prennent, les quittent, les trompent...

####### FARIBOL.

Que veux-tu!... ce sont des natures volcaniques... portées à la faridondaine!

####### ALEXANDRA.

Eh bien, et nous?... Volcaniques!... est-ce que vous croyez que nous sommes bâties en mastic ou en carton-pâte? — Je demande les mêmes droits pour la femme... le droit à la faridondaine!

####### FARIBOL, riant.

Ah! ah! ce serait du joli!

####### ALEXANDRA.

Et pourquoi pas?

####### FARIBOL.

Parce que les conséquences... les conséquences ne sont pas les mêmes...

####### ALEXANDRA, impétueusement.

Je ne donne pas dans cette rengaine!... Le mariage est une voiture... une charrette, si vous voulez!... c'est à vous de réfléchir avant de vous y atteler... mais, quand on y est... on y est!... et, si l'un des deux quitte le brancard, je soutiens que l'autre serait bien bête de ne pas dételer et de ne pas jeter son bonnet par-dessus les moulins! voilà ma théorie!

FARIBOL.

Elle est corse... c'est une théorie corse!

ALEXANDRA.

Œil pour œil! dent pour dent! coup de canif pour coup de canif!... est-ce convenu?...

FARIBOL.

Sans doute!... sans doute!...

ALEXANDRA, lui tendant la main.

Alors, touche là!...

FARIBOL.

Mais c'est que...

ALEXANDRA.

Tu hésites?... prends garde... je vais croire que tu me trompes.

FARIBOL.

Moi, par exemple!... Tiens? je tope!... je tope... des deux mains! (Il lui tape dans la main; à part.) Pourvu que Pichenette ne revienne pas!...

ALEXANDRA.

Foi d'honnête femme, je ne commencerai pas!...

FARIBOL

Je l'espère bien!...

ALEXANDRA.

Mais.. si jamais je te pince!... tu peux être sûr de ton affaire!...

FARIBOL, à part.

Oui, mais tu ne me pinceras pas!

ACTE PREMIER.

ALEXANDRA.

Où vas-tu maintenant?... reconduis-moi.

FARIBOL, feignant la plus grande contrariété.

Impossible!... impossible!...'l'heure de mon imbécile de concert approche...

ALEXANDRA.

Ah!... cité Valladon?...

FARIBOL.

Numéro 56... une maison superbe!

ALEXANDRA, à part.

Et il n'est pas permis de les étrangler!...

FARIBOL, tendrement.

Alexandra!... quand donc pourrons-nous passer une soirée à côté l'un de l'autre... au coin du feu!...

ALEXANDRA, de même.

Oh! oui!... le coin du feu!... (A part.) Au moins on a les pincettes!

Elle va prendre son homard.

ENSEMBLE.

AIR *Tu t'en vas (le Maçon).*

FARIBOL.

Adieu donc!

ALEXANDRA.

Adieu donc!

FARIBOL.

Ma biche!

ALEXANDRA.

Mon bichon!
Je vais à la maison!

FARIBOL.

Moi, cité Valladon.

Faribol et Alexandra se séparent et s'éloignent des deux côtés opposés.

FARIBOL, se retournant et lui envoyant un baiser.

Adieu!

ALEXANDRA, même jeu.

Adieu! (A part, en sortant à gauche.) Le galopin!...

FARIBOL, à part

Elle est parfaitement tranquille!... (En sortant par la droite, il se heurte contre Léopardin.) Prenez donc garde, imbécile!...

Il disparaît.

SCÈNE VII.

LÉOPARDIN, puis LUCIEN, puis FARIBOL.

LÉOPARDIN, à la cantonade, son mouchoir à la joue.

Imbécile vous-même!... (Descendant.) C'est encore moi.. ça m'a repris! — Garçon!

LUCIEN, accourant.

Monsieur?

LÉOPARDIN.

Ça m'a repris!

LUCIEN, avec humeur.

Eh bien, qu'est-ce que ça me fait?

Il s'assied à la table du troisième plan.

LÉOPARDIN.

Oh!... là! là!... décidément je vais me la faire arra-

ACTE PREMIER.

cher... parce que, quand on souffre... (Il met la main sur la porte du numéro 7 et s'arrête.) Tiens!... ça se passe!... Oh! non... non... ça me reprend! (Héroïquement.) Soyons homme!...

Il entre dans la maison.

FARIBOL, rentrant vivement par la rue du premier plan de droite.

Je viens de la voir tourner la rue!... elle ne se doute de rien... donc il n'y a rien!... c'est logique ça!

Il danse en fredonnant.

   La farira dondaine,
     Gué!
   La farira dondé!

  AIR nouveau de Mangeant.

  Ma femme sait-elle,
  Qu'époux infidèle,
  Je lui fais des traits?
  Non? — Son ignorance
  Alors me dispense
  D'avoir des regrets!
Si j'ignor' que j'ai la migraine,
C'est comme si je n' l'avais pas!
Elle ignor' ma faridondaine,
Donc je ne faridondain' pas!
Et si le r'mords m'emboît' le pas
Pour l' dépister j' lui dis tout bas:
  Ma femme sait-elle,
  Qu'époux infidèle,
  Je lui fais des traits?
  Non? — Son ignorance
  Alors me dispense
  D'avoir des regrets!

Voilà ma théorie, à moi!... Seulement, je suis fâché qu'elle ait emporté mon homard... par quoi pourrais-je bien le remp'acer?... Ah! Lucien! (Lucien se lève.) deux glaces... non! deux demi-glaces... je lui dirai qu'elles ont fondu... Tu les monteras là-haut!...

LUCIEN.

Bien, monsieur.

FARIBOL.

Est-on rentré ?

LUCIEN.

Pas encore !

FARIBOL, vexé.

Ah !... Alors ne monte rien. (A part.) Je les remplacerai par une scène !

Il entre dans la maison au moment où Alexandra paraît au fond, à gauche.

SCÈNE VIII.

ALEXANDRA, LUCIEN, puis PAPAVERT.

ALEXANDRA, le homard sous le bras et très-agitée, s'arrêtant au fond.

Il vient d'entrer !... (Descendant la scène.) Ah ! le brigand !... Il faut que je le fasse descendre. (Appelant.) Garçon !

LUCIEN, s'approchant.

Madame ?

ALEXANDRA, fouillant à sa poche. — A part.

Allons !... j'ai oublié ma bourse !... c'est égal !... (Arrachant une patte de homard et lui donnant.) Tenez !... voilà pour vous !...

LUCIEN, ébahi.

Une patte de homard ?

ALEXANDRA.

Allez me chercher dans cette maison... le monsieur qui vient de monter.

LUCIEN.

Oui, madame...

ALEXANDRA.

Vous lui direz que sa... que quelqu'un le demande.

LUCIEN.

Bien, madame... (A part.) Mais pourquoi une patte de homard?

Il la met dans sa poche et entre dans la maison.

ALEXANDRA *se dirige vers le café et s'assoit à une table sur le devant; un journal se trouve sous sa main, elle le déchire avec rage.*

Le scélérat!... mais, cette fois... oh! cette fois je le tiens!...

Elle continue à déchirer le journal.

PAPAVERT, *sortant du café.*

Où est donc le journal?... (A Alexandra.) Madame, après vous *le Constitutionnel*...s'il en reste!

ALEXANDRA.

J'ai fini!

Elle lui jette les morceaux dans son chapeau.

PAPAVERT.

Mille remercîments! (A part, rentrant dans le café.) Elle est nerveuse, cette dame.

SCÈNE IX.

ALEXANDRA, LUCIEN, LÉOPARDIN.

LÉOPARDIN, *sortant de la maison.*

C'est fait?... je l'ai dans ma poche!...

LUCIEN, qui est sorti de la maison avec Léopardin, le montrant à Alexandra.

Voici ce monsieur...

ALEXANDRA, s'élance au milieu du théâtre, tenant son homard sous son bras.

Ah!

Elle se trouve en face de Léopardin, qui tient son mouchoir sur sa bouche.

ALEXANDRA.

Ce n'est pas lui!

LÉOPARDIN.

Madame m'a fait l'honneur...

ALEXANDRA.

Quoi?... qu'est-ce que vous me voulez?

LÉOPARDIN.

Moi? rien!

ALEXANDRA, à Lucien.

Garçon!... ce n'est pas celui-là; faites-moi le plaisir de remonter. (Lui donnant une deuxième patte de homard.) Tenez, pour vous!

LUCIEN, stupéfait.

Encore une patte!

Il la met dans sa poche et entre.

LÉOPARDIN, à Alexandra.

Figurez-vous, madame, que je ne pouvais plus mâcher... et ça m'a donné une gastrite... car j'ai une gastrite!

ALEXANDRA.

Allez vous promener, vous et votre gastrite!

LÉOPARDIN, digne.

Je m'en vais, madame, je m'en vais!... si c'est pour ça

que vous m'avez fait l'honneur de me demander... (A part, en sortant.) Elle est bourrue cette dame.

Il sort par le fond à gauche.

SCÈNE X.

ALEXANDRA, LUCIEN, puis SAINT-GLUTEN.

ALEXANDRA se promène avec agitation en plumant toutes les petites pattes du homard.

Oh!... oh!!... oh!!!... je ne suis pourtant pas une femme à nerfs... mais en ce moment!...

LUCIEN, rentrant.

Madame, ce monsieur descend...

ALEXANDRA.

Bien!... (Lui donnant le homard.) Prenez ça!... j'ai besoin de mes ongles! de tous mes ongles!

LUCIEN, flairant le homard.

Dimanche prochain, j'en ferai cadeau à Célestine!
Il entre dans le café. — Saint-Gluten sort de la maison.

ALEXANDRA, lui sautant à la gorge.

Monstre!...

SAINT-GLUTEN.

Aïe!

ALEXANDRA.

Ce n'est pas lui!

SAINT-GLUTEN, à part.

La petite dame de tantôt! (Haut, avec empressement.) Madame, en quoi puis-je vous être utile? Disposez de moi

ALEXANDRA.

Pardon, monsieur... c'est une erreur...

SAINT-GLUTEN.

Vous attendez quelqu'un?

ALEXANDRA, lui tournant le dos.

Oui... quelqu'un qui ne vient pas... M. Faribol... mon mari... un animal!

SAINT-GLUTEN.

Ils sont tous les mêmes! Si mon bras pouvait remplacer...

Il lui offre son bras.

ALEXANDRA, lui tournant le dos.

Je ne vous connais pas! je ne vous parle pas!

Elle marche.

SAINT-GLUTEN, à part.

Si elle croit que je vais la lâcher! (Courant après elle.) Madame...

ALEXANDRA, à elle-même.

Soyez donc fidèle!... pour qu'on vous outrage! pour qu'on vous trompe!

SAINT-GLUTEN.

Vous tromper! vous!

ALEXANDRA.

C'est odieux, n'est-ce pas?

SAINT-GLUTEN.

C'est ignoble!... cela crie vengeance! Acceptez donc mon bras?

ALEXANDRA, se parlant.

Oh! oui, je me vengerai! et ce ne sera pas long!...

ACTE PREMIER.

SAINT-GLUTEN.

Si madame veut m'accorder la préférence?

ALEXANDRA, le regardant.

Vous?

SAINT-GLUTEN, avec un sourire.

Dame!

ALEXANDRA, d'un ton résolu.

On ne sait pas! (Regardant la maison.) Voyez!... voyez s'il viendra. (Se plantant au milieu du théâtre.) Mais je passerais plutôt la nuit là.

SAINT-GLUTEN.

Moi aussi!... Diable! il pleut! (Ouvrant son parapluie.) Madame, voulez-vous accepter?... Où demeurez-vous?...

ALEXANDRA.

Mais laissez-moi donc tranquille!... vous êtes toujours dans mes jambes comme un carlin!

Elle se dirige vers le café.

SAINT-GLUTEN, à part.

Oh! je ne la quitte pas!

ALEXANDRA, s'asseyant à la table du devant.

Je m'installe ici... et nous allons voir! (Frappant sur la table.) Garçon! du punch!

SAINT-GLUTEN, s'asseyant en face d'elle.

Garçon! du punch!

ALEXANDRA, prenant un journal et le déchirant en petits morceaux.

Oh! oh! oh!...

SAINT-GLUTEN, prenant un autre journal et le déchirant aussi.

Oh! oui!... oh! oui!... oh! oui!

LUCIEN, apportant le punch.

Voilà le punch! (Apercevant Alexandra qui déchire le journal.) Pardon, madame... *la Patrie* est demandée.

ALEXANDRA, avec colère.

Je n'ai pas fini!!!

SAINT-GLUTEN, au garçon, avec colère.

Elle est en main!!! (Gracieusement, prenant la cuiller.) Madame, permettez-moi de vous offrir...

ALEXANDRA.

C'est encore vous!

SAINT-GLUTEN, avec passion.

Toujours! toujours!...

VOIX DE FARIBOL, dans la maison.

Cordon, s'il vous plaît!

ALEXANDRA, à part.

Ah! cette fois, c'est bien lui! (Se levant.) Garçon! combien vous dois-je?

SAINT-GLUTEN, se levant vivement.

Jamais!... je ne souffrirai pas! Garçon! ne recevez pas!

Il entre dans le café pour payer en faisant passer Lucien devant lui.

SCÈNE XI.

ALEXANDRA, FARIBOL.

FARIBOL; il sort de la maison et ouvre son parapluie. — A part.

Décidément Pichenette me fait poser!... (Foudroyé en apercevant sa femme.) Ma femme!

ALEXANDRA, qui s'est placée devant lui, et avec le plus grand
sang-froid.

Eh bien!... te voilà pris! (Faribol reste muet. — Alexandra reprend.) Tu sais ce que je t'ai dit tout à l'heure... œil pour œil! dent pour dent!...

FARIBOL, balbutiant.

Mais je te jure...

ALEXANDRA, éclatant.

Ne me parle pas!... et... donnez-moi ce parapluie!
Elle le prend et sort vivement à gauche.

SCÈNE XII.

FARIBOL, SAINT-GLUTEN, puis PAPAVERT
et LES HABITUÉS, LUCIEN.

FARIBOL, la suivant.

Alexandra!... Alexandra!... (Il tombe anéanti sur une borne au fond.) Pincé!...

SAINT-GLUTEN, sortant vivement du café.

Madame... (Ne voyant plus Alexandra.) Partie!... et je n'ai pas son adresse!

FARIBOL, à lui-même.

Pauvre Faribol!...

SAINT-GLUTEN, à part, vivement.

Faribol!... le mari!... parbleu! il va me la donner, son adresse... (Allant à lui avec empressement et affectant la plus vive compassion.) Vous êtes malade, monsieur?... blessé peut-être?... Acceptez mon bras... où demeurez-vous'
Ils descendent la scène, Saint-Gluten soutenant Faribol.

FARIBOL.

Merci... un étourdissement!

SAINT-GLUTEN, vivement.

Un étourdissement! c'est très-grave! (Criant.) Garçon!... garçon!... du secours!

FARIBOL.

Non, c'est inutile!

PAPAVERT, et LES HABITUÉS DU CAFÉ, entrant.

CHŒUR.

AIR : *Ah! vraiment, c'est affreux!* (Chapeau de paille, acte 2.)

On appelle! pourquoi
Ce bruit, ces cris d'effroi?
Nous voici, dites-nous,
Pourquoi criez-vous?

On assied Faribol sur une chaise au milieu.

SAINT-GLUTEN.

Monsieur vient d'être pris d'un coup de sang !... (Appelant.) Garçon!... vite un verre d'eau!

PAPAVERT.

J'ai ma lancette... je vais le saigner.

FARIBOL, se levant vivement.

Par exemple!

Lucien apporte le verre d'eau, le remet à Saint-Gluten, et rentre au café.

PAPAVERT, reconnaissant Faribol.

Tiens!... mon chef d'orchestre...

SAINT-GLUTEN, offrant le verre à Faribol.

Tenez, buvez! buvez!

FARIBOL, prenant le verre machinalement.

Mais... à qui dois-je?..

SAINT-GLUTEN, se nommant.

Le comte de Saint-Gluten !

FARIBOL, saluant.

Monsieur... (A part.) Il est très-obligeant ce jeune homme... (Il porte le verre à ses lèvres, puis se dégageant tout à coup et poussant un cri.) Ah !...

Il lance au hasard le contenu du verre sur Papavert et les habitués.

TOUS.

Quoi donc ?

Ils s'essuient.

FARIBOL, à lui-même.

Pendant que je bois de l'eau sucrée... que fait ma femme?... si elle allait commencer les hostilités !... (Remontant vivement et appelant à la cantonade.) Cocher !... cocher !...

Il disparaît à gauche.

SAINT-GLUTEN, courant après lui.

Monsieur !... monsieur !...

LES HABITUÉS, même jeu.

Monsieur !... monsieur !...

FARIBOL, criant dans la coulisse.

Cocher !... 33, rue Saint-Lazare... dépêche-toi !

Les habitués et Papavert disparaissent à sa suite.

SAINT-GLUTEN, seul, s'arrêtant.

33, rue Saint-Lazare !... (A part, descendant.) Avant huit jours, nous serons inséparables... les deux doigts de la main !

Il simule deux cornes avec ses doigts, et sort vivement à la suite des autres.

LUCIEN, sortant du café avec le panier aux billes.

Messieurs, messieurs... les numéros pour la poule!.. Tiens!.. personne!... (Remontant.) Ah! les voilà!... (Criant.) La poule!... la poule!...

Il disparaît à gauche.

ACTE DEUXIÈME.

Une salle à manger. — Trois portes au fond. — Celle du milieu sert aux entrées du dehors. — A gauche, deux portes, entre lesquelles est un petit meuble surmonté d'une glace ronde. — La première de ces portes est celle de la chambre à coucher; la deuxième conduit à la cuisine et à un escalier de service. — A droite, troisième plan, porte d'un cabinet. — Un cartel au deuxième plan. — Au premier plan, une fenêtre donnant sur la cour de la maison. — Un peu en avant de la fenêtre, un petit guéridon, avec une corbeille à ouvrage. — Un fauteuil près du guéridon. — Chaises. — Au lever du rideau, le couvert est mis sur une petite table ronde, à gauche, sur le devant. — Deux bougies allumées, sur le meuble de gauche.

SCÈNE PREMIÈRE.

FRANÇOISE, puis ALEXANDRA.

FRANÇOISE, seule, allant à la fenêtre qui est ouverte.

Dites donc, les maçons!... si vous vouliez faire moins de bruit dans la cour!... hein? (Se reculant.) Par exemple! il me propose une chopine si je veux l'embrasser! (Fermant la fenêtre.) Je vas toujours fermer la fenêtre... parce qu'avec leur grande échelle... les maçons, c'est entrepreneur!... (Regardant la pendule.) Sept heures et demie... M. et madame Faribol ne rentrent pas... Ce matin, madame est sortie pour prendre l'omnibus... je ne sais pas ce qu'elle avait...

elle est partie comme un coup de vent!... en fermant les portes... pif!... paf!... pan!...

Alexandra entre par le fond et referme la porte avec violence.

FRANÇOISE, sursautant.

Ah! mon Dieu!

ALEXANDRA, très-agitée.

Françoise!

FRANÇOISE.

Madame?

ALEXANDRA.

Débarrasse-moi de ce parapluie!...

Elle le lui donne. Alexandra ôte son chapeau et son châle et les jette à la volée, avec rage, sur un fauteuil, au fond.

FRANÇOISE, à part.

Qu'est-ce qu'elle a donc?... (Haut.) Madame, faut-il servir?

ALEXANDRA.

Je n'ai pas faim.

FRANÇOISE.

Je n'ai pas pu trouver d'aloyau... alors j'ai pris un morceau de veau!...

ALEXANDRA, à part.

Du veau!... tant mieux! Faribol le déteste!

FRANÇOISE.

Nous avons aussi une crème au chocolat... Monsieur aime bien ça!

ALEXANDRA.

Tu y fourreras de la moutarde!...

FRANÇOISE, étonnée.

Comment!

ALEXANDRA.

Un pot! deux pots! dix pots de moutarde!... va, fais ce que je te dis...

FRANÇOISE, entrant à gauche, troisième plan. — A part

Qu'est-ce qu'elle a donc?

SCÈNE II.

ALEXANDRA, puis FARIBOL, puis FRANÇOISE.

ALEXANDRA, seule.

Oh! le gueux!... le paltoquet!... le chenapan!... il se souviendra de la rue Papillon, numéro 7... Et cette Pichenette, qu'est-ce qu'elle est?... qu'est-ce qu'elle fait?... oh! je le saurai!... il faut qu'il me le dise... (On frappe doucement à la porte du fond.) On frappe!... (Faribol entr'ouvre la porte et se glisse timidement dans la salle à manger... Il tient à la main un énorme bouquet.) C'est lui!

FARIBOL, à part et très-piteux.

Mon Dieu!... que c'est donc bête de se laisser pincer comme ça!...

ALEXANDRA, à part sans se retourner.

Je me tiens à quatre pour ne pas sauter sur les pincettes!...

FARIBOL, à part, au fond, toussant doucement pour se faire remarquer.

Hum!... hum!... (Alexandra ne bouge pas.) C'est moi... Bonjour, bonjour, chère amie!... tu rentres de ta petite promenade?...

ALEXANDRA, se contenant.

Oui!... de ma... petite promenade...

FARIBOL, très-gêné.

Moi aussi... je rentre... et, en rentrant, comme tu aimes les fleurs... (Lui présentant son bouquet.) Veux-tu permettre?

ALEXANDRA, prend le bouquet, l'examine un moment et le jette par-dessus son épaule.

Merci!

FARIBOL.

Il n'y a pas de quoi! (Tirant de sa poche un petit paquet enveloppé.) Je t'ai aussi acheté un baba... tu aimes le baba?...

ALEXANDRA, le prend et le jette par-dessus son épaule.

Merci!

FARIBOL, à part.

Sapristi! (Haut.) Je t'ai encore acheté une montre en or... mais je te la donnerai dans un autre moment.

FRANÇOISE, entrant avec une soupière.

Voilà le potage. (Elle le pose sur la table.) M. de Saint-Gluten vient d'envoyer chercher des nouvelles de monsieur.

FARIBOL.

C'est bien, merci... (Françoise sort.) Ce monsieur qui m'a offert un verre d'eau sucrée... il est très-obligeant... Allons, à table! (Il s'y place.) J'ai juste une heure à passer avec toi avant d'aller conduire le bal de M. Papavert... Si tu veux prendre place?...

ALEXANDRA.

Je ne dîne pas!...

FARIBOL, se levant; il a sa serviette à la boutonnière de son habit.

Voyons, Alexandra!... ma petite Alexandra!

Il cherche à lui prendre la taille.

ALEXANDRA, le repoussant et avec éclat.

N'approchez pas! vous sentez la grisette!

ACTE DEUXIÈME.

FARIBOL.

Moi?... Oh! tiens, tu me crois coupable!... Je parie que tu me crois coupable?...

ALEXANDRA.

Est-ce que vous auriez le front de me faire des histoires?...

FARIBOL.

Non!... je vais être franc!... je n'ai rien à cacher... Cette maison de la rue Papillon... je sortais de chez un de mes élèves... un nommé...

ALEXANDRA, l'interrompant brusquement.

M. Pichenette?...

FARIBOL, à part.

Oye! oye!... (Haut.) Pichenette?... c'est sa mère!... la mère Pichenette... une pauvre petite vieille ratatinée... avec des lunettes vertes... qui branle la tête... elle est toujours de là...

Il branle la tête.

ALEXANDRA.

Bien sûr?

FARIBOL.

Veux-tu que je te le jure?

ALEXANDRA.

C'est inutile!... (Elle va prendre vivement son châle et son chapeau, et revient à Faribol.) Nous allons y aller!

Elle remonte pour sortir.

FARIBOL, à part.

Oye! oye! (Haut.) Impossible ce soir... (Discrètement.) Elle a pris médecine, cette pauvre vieille!

ALEXANDRA.

Ah çà! vous croyez donc avoir épousé une petite grue?...

FARIBOL.

Comment? tu ne me crois pas? Mais qu'est-ce que tu veux que je te dise?

ALEXANDRA.

Une seule chose aurait pu me désarmer... peut-être!

FARIBOL, vivement.

Laquelle?

ALEXANDRA.

Un aveu franc et complet de vos torts... Mais vous ne l'avez pas voulu!...

Elle se dirige vers sa chambre.

FARIBOL, alarmé, la suivant.

Eh bien, si!... ne t'en va pas! je vais tout te dire... mais tu me pardonneras?...

ALEXANDRA, redescendant, et d'un ton bref.

Marchez!

Elle reste immobile, face au public, et sans regarder Faribol, pendant tout ce qui suit.

FARIBOL, avec effort.

Oui!... D'abord, je n'ai jamais cessé t'aimer... et si j'ai fait la connaissance de cette...

ALEXANDRA, impatientée

Allez donc!

FARIBOL.

Oui!... c'est bien pénible, va!... si tu savais comme c'est pénible!... c'est mon expiation... mais tu me pardonneras?... bien vrai?...

ALEXANDRA.

Ne bavardons pas !...

FARIBOL.

Oui !... D'abord, je n'ai jamais cessé de t'aimer !... et, si j'ai fait la connaissance de cette jeune personne...

ALEXANDRA, se contenant.

Ah !... elle est jeune?

FARIBOL.

Oh! c'est-à-dire... mais très-grêlée !... J'ai été attiré vers elle... par son air candide... elle est attachée au Conservatoire... ainsi !...

ALEXANDRA.

Après?

FARIBOL.

Elle me demanda des leçons de musique... oh! la musique... Le premier mois, nous n'avons fait que des gammes... ma parole d'honneur! nous n'avons fait que des gammes! Car je n'ai jamais cessé de t'aimer !...

ALEXANDRA.

Après?...

FARIBOL, de plus en plus contraint.

Le second mois... elle me donna de ses cheveux.... (Tirant une longue tresse de sa poche.) Tiens !... les voilà !... (Alexandra les prend et les jette par-dessus son épaule. — A part.) C'est nerveux !

ALEXANDRA.

Après?...

FARIBOL, baissant la voix et avec effort.

Le troisième mois... le troisième mois...

ALEXANDRA.

Est-ce pour aujourd'hui?...

FARIBOL, se laissant tomber à ses genoux, et avec un sanglot comique.

Alexandra!... je suis un grand coupable!...

ALEXANDRA, avec triomphe.

Ah!... très-bien!... voilà ce que je voulais entendre... de votre propre bouche!

FARIBOL, se relevant.

Et maintenant, tu me pardonnes?...

ALEXANDRA, avec éclat.

Ah! par exemple!... jamais!

FARIBOL, abasourdi.

Ah bah!... et moi qui... (A part.) Oh! quelle boulette!... aut.) Comment! tu persistes à vouloir te venger?...

ALEXANDRA, remontant.

Une honnête femme n'a que sa parole!

FARIBOL.

Alexandra!

ALEXANDRA.

Il n'y a plus rien de commun entre nous!...

Elle entre dans sa chambre en fredonnant avec rage.

Avait pris femme
Le sire de Framboisy...

SCÈNE III.

FARIBOL, puis FRANÇOISE, puis LÉOPARDIN.

FARIBOL, seul.

Framboisy!... Est-ce que ce serait sérieux?...

FRANÇOISE, venant de la cuisine, et posant un plat sur le buffet.

Voilà la crème!... (A part.) J'en ai mis cinq pots à l'estragon.

Elle ramasse la mèche de cheveux, et la pose à droite sur le guéridon.

FARIBOL.

La crème!... la crème!... on ne dine pas!... Emporte ça!

FRANÇOISE.

Comment, monsieur, on ne dine pas?...

FARIBOL.

Je te dis d'emporter... va donc!... (Françoise emporte la table et sort. — A lui-même.) Non! c'est impossible! Alexandra est Corse... mais honnête!... (Par réflexion.) Oui! mais... si elle allait être plus Corse qu'honnête!... Sapristi!... sapristi! il faut que je la raisonne. (Il ouvre la porte pour entrer dans la chambre et reçoit un soufflet.) Ah!...

LÉOPARDIN, paraissant à la porte du fond, et voyant Faribol recevoir le soufflet.

Oh!... pardon! vous êtes occupé?...

FARIBOL, avec humeur.

Qu'est-ce que vous demandez?

LÉOPARDIN.

Monsieur Faribol, s'il vous plaît?

FARIBOL.

C'est moi: je n'y suis pas!

LÉOPARDIN, donnant son nom.

Léopardin, jeune... je suis la flûte que vous avez demandée.

FARIBOL.

Ah! très-bien !.plus tard!... Bonjour, j'ai affaire...

LÉOPARDIN.

Je suppose que monsieur désire m'entendre... je vais jouer un petit air.

Il porte la flûte à sa bouche et en tire un son.

FARIBOL.

Ça suffit... je vous arrête... sept francs par soirée... Revenez à huit heures, j'ai un bal à conduire...

SCÈNE IV.

FARIBOL, LÉOPARDIN, FRANÇOISE, puis PAPAVERT.

Françoise sort de la chambre d'Alexandra, en traînant un matelas. Elle porte en outre un oreiller et un traversin. — La porte reste ouverte derrière elle; elle est ferrée en dedans.

FRANÇOISE, entrant.

Oui, oui, madame...

FARIBOL, apercevant Françoise traînant son matelas

Qu'est-ce que c'est que ça?

FRANÇOISE.

C'est votre lit que madame vous envoie...

FARIBOL.

Comment, mon lit?

> A ce moment, un paquet de hardes, lancé de la chambre, tombe sur Léopardin.

LÉOPARDIN, poussant un cri.

Aïe!...

> Il gagne la droite.

FARIBOL, recevant un bonnet à poil.

Aïe!...

PAPAVERT, qui est entré, recevant une tunique de garde national.

Sacrebleu!

> Le choc le fait trébucher et tomber sur le matelas. — La porte d'Alexandra vomit une grêle de pantalons, pantoufles, redingotes, robes de chambre, bas, chaussettes, chemises et gilets de flanelle. En un instant, la scène en est encombrée, et Papavert se trouve englouti. — Ce jeu de scène a lieu pendant l'ensemble suivant.

FARIBOL, LÉOPARDIN et PAPAVERT.

Aïe!... aïe!...

AIR de *Jérusalem*.

Finissez, finissez, madame!
Arrêtez! arrêtez, morbleu!
Sur mon âme,
C'est infâme!
C'est assez, finissez ce jeu!

LÉOPARDIN, reconnaissant Papavert.

Tiens! mon médecin!

FARIBOL, s'élançant vers la porte.

Madame!... madame!... (La porte se ferme sur son nez; une grande pancarte est accrochée dessus avec ces mots : LE PUBLIC N'ENTRE PAS ICI. (Lisant.) « Le public n'entre pas ici! »

PAPAVERT, qui s'est relevé.

Je venais vous chercher pour mon bal!...

FARIBOL.

Oh! c'est trop fort!... m'expulser de la chambre conjugale!... Elle n'en a pas le droit!...

LÉOPARDIN, à Papavert.

Il y a un nuage dans le ménage...

FARIBOL.

Oh! quel désordre... ma tunique!... Elle ne respecte rien!

Il ramasse plusieurs objets

PAPAVERT, à Faribol.

Ah çà!... je viens vous chercher pour mon bal.

FARIBOL, lui mettant dans les bras une botte de pantalons et un oreiller.

Oui!... donnez-moi un coup de main.

PAPAVERT.

Oh! mais non!

FARIBOL.

Portez ça dans mon cabinet...

Il ramasse d'autres objets.

PAPAVERT, chargé.

C'est que, mon bal... je ne suis pas venu pour ça.

LÉOPARDIN, à Papavert, le suivant.

Vous savez bien, ma dent... je ne l'ai plus.

PAPAVERT.

Je me fiche pas mal de votre dent! (Il entre dans la chambre d'Alexandra. — Bruit d'un soufflet.) Aïe!...

Il ressort.

ACTE DEUXIÈME.

FARIBOL.

Pas par là!

LÉOPARDIN, le poussant vers Faribol.

On vous dit : « Le public n'entre pas... »

FARIBOL, lui indiquant le cabinet de droite.

Par ici!

PAPAVERT, avec humeur, et mettant les vêtements dont il est chargé sur les bras de Léopardin.

Je ne suis pas venu pour ça!... Je m'en vais! Dépêchez-vous! nous vous attendons pour danser!

Il sort par le fond.

FARIBOL, qui a ramassé plusieurs vêtements.

Vous, Léopardin... portez tout ça dans le cabinet, vous reviendrez prendre le matelas, la couverture... et le bonnet à poil!

LÉOPARDIN.

Mais c'est que...

FARIBOL.

Puisque je vous paye!

LÉOPARDIN.

Pour jouer de la flûte!

FARIBOL.

Puisque vous n'en jouez pas!...

Il lui plante le bonnet à poil sur la tête.

LÉOPARDIN, qui allait vers le cabinet de droite, revenant vers Faribol qui tient aussi une brassée de vêtements.

A propos, je dois vous prévenir qu'il y a une note que je ne donne jamais... mon médecin me l'a défendu.

FARIBOL.

Ah bah!... laquelle?...

LÉOPARDIN.

Le *la* de la troisième octave... cette note m'épuise.

FARIBOL.

Qu'est-ce que vous en faites?...

LÉOPARDIN.

Je l'escamote... je prends un temps!... Il faut vous dire que j'ai une gastrite, moi!

FARIBOL, le poussant vers le cabinet.

C'est bien! allez donc! (Après que Léopardin est entré dans le cabinet, il y lance les objets dont il est chargé, puis ramassant le matelas et le traversin.) Quel désordre! quel boulvari!

AIR *Un homme.*

J'en ai vraiment l'esprit troublé,
Rien ne m'est plus antipathique;
Moi, musicien, qui suis réglé
Comme un vrai papier de musique :
Chez moi, le croiriez-vous jamais,
La femme qui fait ce ravage,
Je l'avais prise tout exprès
Pour ranger mon petit ménage.

Jusqu'à présent, j'ai employé la douceur, mais nous allons voir!... je veux qu'elle me demande pardon....

SCÈNE V.

FARIBOL, ALEXANDRA, puis FRANÇOISE, puis LÉOPARDIN.

Alexandra sort de sa chambre; elle est en grande toilette et tient bonnet de coton par la mèche.

FARIBOL.

Ah! c'est vous, madame!

ALEXANDRA, majestueuse et calme.

Pour que tout lien soit rompu entre nous, je vous rapporte ce dernier symbole d'une familiarité... grotesque!

Elle lui jette le bonnet de coton avec mépris.

FARIBOL.

Respectez mon bonnet de nuit, madame! Il pourrait être le père de vos enfants!

FRANÇOISE, entrant par le fond.

Monsieur!

FARIBOL, lui posant sur le bras le matelas et le traversin.

Quoi?

FRANÇOISE.

C'est M. de Saint-Gluten qui renvoie chercher de vos nouvelles.

FARIBOL.

Encore?... ça va très-bien! merci! (A part, agacé.) Il est obligeant, mais très-ennuyeux!...

FRANÇOISE.

Madame, j'ai porté les lettres à l'étude... ils viendront tous!

FARIBOL.

Hein?

ALEXANDRA.

Parfait! tu feras du punch!

Françoise sort par la droite.

FARIBOL, à Alexandra, qui s'arrange devant la glace.

Du punch?... cette robe de bal?...

ALEXANDRA.

Oui; j'attends du monde... je donne une soirée.

FARIBOL.

Une soirée! en mon absence!... et à qui, madame?...

ALEXANDRA.

J'ai mon cousin le second clerc... et je l'ai invité... avec toute son étude.

FARIBOL.

Comment! des clercs de notaire?...

ALEXANDRA.

Pourquoi pas?... Ils sont Français... et vaccinés!

LÉOPARDIN, sortant du cabinet.

Oh! la bourgeoise! (A Faribol.) Elle est très-bien!

FARIBOL, impatienté.

Tu m'ennuies! (A Alexandra.) Madame, je vous défends...

LÉOPARDIN, saluant Alexandra.

Léopardin jeune... Je suis la flûte.

ALEXANDRA, lui tournant le dos.

Qui vous dit le contraire?...

FARIBOL.

Je vous défends de recevoir des clercs, madame!

ALEXANDRA.

Trop tard!... mes lettres sont parties... et puis j'ai un peu de migraine... j'ai besoin de quelques distractions!

LÉOPARDIN, à part.

Elle est gaillarde! je suis fâché d'avoir une gastrite!

Il remonte et gagne la gauche.

FARIBOL.

Ah! c'est comme cela?... Madame, je vous préviens que pas un homme au-dessous de cent dix ans ne mettra les pieds ici!

ACTE DEUXIEME.

ALEXANDRA.

Turlututu! turlututu!

FARIBOL.

Il n'y a pas de turlututu!... je vais donner des ordres (Appelant.) Françoise! Françoise!...

SCÈNE VI.

ALEXANDRA, FARIBOL, LÉOPARDIN, FRANÇOISE, puis SAINT-GLUTEN.

FRANÇOISE, au fond, annonçant.

M. le comte de Saint-Gluten...

Elle sort à droite.

FARIBOL, contrarié, à part.

Ah! sapristi!

Il va au-devant de Saint-Gluten.

SAINT-GLUTEN, du ton le plus affable.

Excusez-moi, mon cher Faribol...

ALEXANDRA, à part.

Lui!...

SAINT-GLUTEN.

Je venais savoir de vos nouvelles...

ALEXANDRA, à part.

C'est le ciel de la Corse qui l'envoie!...

Elle s'assied dans le fauteuil et prend une tapisserie sur le guéridon; elle travaille.

SAINT-GLUTEN, à Faribol.

J'étais dans une inquiétude...

FARIBOL.

Vous êtes bien bon!... je vous remercie!... (A part.) Il est très-poli!

LÉOPARDIN, à part.

Il n'a pas cent dix ans!

SAINT-GLUTEN, à Faribol.

Eh bien, êtes-vous tout à fait remis de votre petit acident?

ALEXANDRA.

Quel accident?

SAINT-GLUTEN, se retournant comme surpris, puis s'adressant à Faribol.

Madame Faribol, sans doute?... Veuillez me présenter...

FARIBOL.

Certainement... (A part.) Que le diable l'emporte! (Haut.) Ma chère amie... M. le comte de Saint-Gluten... (Alexandra se lève et salue en même temps que Saint-Gluten.) qui a eu l'obligeance...

SAINT-GLUTEN, l'interrompant vivement.

Oh! le plaisir... (A Alexandra.) de rendre un léger service à monsieur votre mari... pris d'un étourdissement... rue Papillon...

ALEXANDRA, se rasseyant et travaillant.

Ah!... numéro 7...

FARIBOL.

Oh! c'est-à-dire... (A part.) Est-il maladroit de dire ça!

LÉOPARDIN, à part.

Il est bien beau, ce monsieur!...

SAINT-GLUTEN, lorgnant autour de lui

Vous avez un petit appartement charmant...

ACTE DEUXIÈME.

FARIBOL.

Pardon!... j'allais sortir...

SAINT-GLUTEN.

A votre aise!... (S'approchant d'Alexandra.) Oh! la ravissante tapisserie! on cueillerait ces fleurs...

FARIBOL.

Pardon!... j'allais sortir...

SAINT-GLUTEN, prenant une chaise et s'asseyant près d'Alexandra.

Faites!... faites; mon ami!... ne vous gênez pas.

FARIBOL, à part.

Comment! il s'installe?...

LÉOPARDIN, à part.

Et notez qu'il n'a pas de gastrite!

SAINT-GLUTEN, à Alexandra.

Il n'y a pour faire ces merveilles de goût et de patience que la main d'une fée... ou celle d'une jolie femme!...

ALEXANDRA, avec coquetterie.

Ah! flatteur!... ah! flatteur!...

LÉOPARDIN, bas.

Patron! ils se font de l'œil!...

FARIBOL, bas, agacé.

Je le vois bien! (Il prend une chaise et s'assied près de Saint-Gluten, en disant:) Pardon!... j'allais sortir...

SAINT-GLUTEN.

Vous donnez un concert, n'est-ce pas?... ce soir?

FARIBOL.

Non... dimanche! mais...

SAINT-GLUTEN.

Toutes les jolies femmes de Paris y assisteront, et madame en sera le plus gracieux ornement.

LÉOPARDIN, qui a pris aussi une chaise, s'asseyant près de Faribol.

Patron, il a dit « ornement. »

FARIBOL, à Saint-Gluten.

Pardon!... j'allais...

SAINT-GLUTEN, l'interrompant.

Vos polkas font fureur!... la dernière surtout... c'est un miracle d'harmonie!

FARIBOL, remerciant.

Oh! monsieur!... (A part.) Pas moyen de le mettre à la porte avec ses politesses!

SAINT-GLUTEN.

Aidez-moi donc!

Il fredonne un air de polka.

FARIBOL, fredonne complaisamment avec lui et s'arrête tout à coup

Pardon... j'allais...

SAINT-GLUTEN.

Elle est intitulée... *Pichenette*, je crois?...

ALEXANDRA.

Hein?...

FARIBOL, vivement.

Non!... *Chiquenaude!* (A part.) Est-il bête de dire ça!

SAINT-GLUTEN, à Alexandra.

C'est votre nom, madame?...

ALEXANDRA.

Nullement!

FARIBOL, se levant vivement et emportant sa chaise au fond.

Un nom de fantaisie!

LÉOPARDIN, se rapprochant de Saint-Gluten.

C'est comme moi... j'en ai fait une appelée : *la Léopardine*, de mon nom de Léopardin jeune...

Il la chante.

SAINT-GLUTEN, sèchement.

Je ne connais pas!

Il se retourne près d'Alexandra.

LÉOPARDIN, se levant et emportant sa chaise à gauche. — A part.

Ignorant!... (A Faribol.) Dites donc, il se fait tard... si nous mangions un morceau... avant de partir?...

FARIBOL.

Eh! prends ce que tu voudras... et laisse-moi tranquille!...

LÉOPARDIN, apercevant le plat de crème sur le buffet.

De la crème au chocolat!...

FARIBOL, à part, regardant Saint-Gluten et Alexandra.

Il lui parle bas.

LÉOPARDIN, prenant le plat de crème.

Voilà qui est fameux pour ma gastrite!...

Il emporte le plat et il entre dans la cuisine.

FARIBOL, passant sa tête entre Saint-Gluten et Alexandra, qui cessent de causer en le voyant.

Vous causiez?... peut-on savoir?...

Saint-Gluten se lève.

ALEXANDRA, d'un ton indifférent et travaillant.

Oh! rien!... Monsieur me dit que j'ai des mains charmantes... Cela ne vous regarde pas!...

FARIBOL, à Saint-Gluten.

Pardon, monsieur, vous avez désiré savoir des nouvelles de ma santé... je me porte très-bien... je suis complétement guéri... et j'ai bien l'honneur...

SAINT-GLUTEN.

Je vous comprends... je suis indiscret...

FARIBOL.

Mais... sans cérémonie...

SAINT-GLUTEN, revenant près d'Alexandra.

Et c'est bien naturel!... avec une telle compagne!... chaque minute qu'on vous prend est un bonheur qu'on vous vole!

Alexandra pose sa tapisserie et se lève.

FARIBOL, à part.

Ah çà! il parle toujours et il ne s'en va jamais!...

Il va prendre un flambeau sur le buffet.

SAINT-GLUTEN.

Quant à moi, j'aime cette vie pure et honnête!... ce calme du foyer... près de sa femme... de ses enfants... (A Alexandra.) Vous avez des enfants, madame?

ALEXANDRA.

Ah! ouiche!

SAINT-GLUTEN, à Faribol.

Comment!... paresseux...?

FARIBOL, à part.

De quoi se mêle-t-il?... (Haut.) Monsieur, je vous salue... à la fin!

SAINT-GLUTEN.

A demain, cher ami!

ACTE DEUXIÈME.

FARIBOL.

C'est inutile!

ALEXANDRA, gracieusement.

Nous vous recevrons toujours avec plaisir.

FARIBOL, à part.

Elle le provoque! (Haut.) Bonsoir! bonsoir!

ENSEMBLE

AIR du *Chapeau de paille d'Italie.*

FARIBOL.

A demain! (*Bis.*)
Moi, j'irai vous serrer la main.
Ne venez pas ici,
Restez chez vous, mon cher ami.

SAINT-GLUTEN.

A demain! (*Bis.*)
Je viendrai vous serrer la main.
Quand je fais un ami,
Moi, je n'aime pas à demi.

ALEXANDRA.

A demain! (*Bis.*)
Revenez nous serrer la main;
C'est le droit d'un ami
Quand il n'aime pas à demi.

Saint-Gluten sort par le fond.

SCÈNE VII.

FARIBOL, ALEXANDRA, puis FRANÇOISE

FARIBOL.

Ah!... enfin!...

ALEXANDRA.

Il est charmant, ce jeune homme!.. il a un petit air anglais très comme il faut !

FARIBOL.

Vous trouvez?...

Il court au buffet, prend la sonnette et sonne.

FRANÇOISE, entrant.

Monsieur?

FARIBOL.

Si M. de Saint-Gluten se présente ici... je n'y serai jamais!... madame non plus!...

FRANÇOISE.

Bien, monsieur!...

Elle sort par le fond.

FARIBOL.

Je n'aime pas qu'on ait un petit air anglais!... Je vais m'habiller!

Il entre dans son cabinet à droite.

SCÈNE VIII.

ALEXANDRA, FRANÇOISE, puis SAINT-GLUTEN

ALEXANDRA.

Ah! c'est comme ça?...

Elle court prendre la sonnette et l'agite avec colère.

FRANÇOISE, entrant par le fond.

Madame!...

ALEXANDRA.

Toutes les fois que M. de Saint-Gluten se présentera.. vous le ferez entrer... et vivement!

FRANÇOISE.

Tout de suite, madame!... (Apercevant Saint-Gluten au fond et annonçant.) M. le comte de Saint-Gluten!
Elle sort à gauche, troisième plan. — Saint-Gluten tient un gros bouquet qu'il cache derrière lui.

ALEXANDRA, à part.

Lui?... Eh bien, tant mieux!

SAINT-GLUTEN, au fond, timidement.

Madame...

ALEXANDRA.

Entrez donc, monsieur, entrez donc!

SAINT-GLUTEN.

Vous m'en voudrez peut-être de revenir si tôt?...

ALEXANDRA.

Pourquoi donc?... je vous attendais...

SAINT-GLUTEN, étonné et joyeux.

Ah bah!... Je voulais simplement vous faire passer ce bouquet... oublié dans ma voiture...

ALEXANDRA, prenant vivement le bouquet.

Donnez!... ces fleurs sont charmantes!... charmantes!...

SAINT-GLUTEN.

Que vous êtes bonne!... mais je crains d'être importun... votre mari peut revenir...

ALEXANDRA.

Eh bien, qu'est-ce que ça me fait, mon mari?... restez!...

SAINT-GLUTEN, étonné.

Ah bah!

ALEXANDRA, fouillant le bouquet.

Tiens! vous avez fourré un billet là dedans?...

SAINT-GLUTEN.

Oh! pas devant moi!... quand je serai parti!

ALEXANDRA.

Mais pourquoi donc? si vous l'avez écrit, c'est pour qu'on le lise... (Ouvrant le billet et disant.) « Madame... c'est en tremblant que je prends la plume... mais rassurez-vous, ma passion ne sortira jamais des bornes du respect... »

SAINT-GLUTEN.

Oh! jamais!

ALEXANDRA.

Et vous appelez ça une déclaration?... C'est un placet, une demande de secours! c'est froid! ça donne l'onglée!

Elle froisse le billet et le jette à terre.

SAINT-GLUTEN.

Ah bah!... je vous en écrirai une autre!... plus chaude!

ALEXANDRA, fouillant vivement à sa poche et en tirant un papier.

Attendez!... j'ai votre affaire! un brouillon de lettre à Pichenette trouvé dans la poche de mon gueux de mari! Quand on aime, voilà comme on parle! (Lisant.) « Chère petite cha-chatte!... »

SAINT-GLUTEN.

Hein?

ALEXANDRA, lisant

« Te voir, c'est le ciel!... te quitter, c'est l'enfer!... » (Parlé.) Le brigand!

ACTE DEUXIÈME.

SAINT-GLUTEN, avec passion

Oh! oui! vous voir, c'est le ciel!...

ALEXANDRA, lisant.

« Quand je serai loin de toi, que j'aie du moins un souvenir de ta personne!... donne-moi... donne-moi de tes cheveux! »

SAINT-GLUTEN.

Oh! je n'aurais jamais osé... une simple boucle me rendrait si heureux!

ALEXANDRA.

Comment! une boucle?... une boucle!... (Courant à sa corbeille et en tirant la tresse de cheveux de Pichenette.) Tenez! voilà ce qu'on lui a donné, à lui, le sacripant!...

SAINT-GLUTEN.

Oh! c'est trop! c'est trop!

ALEXANDRA.

Non! ce n'est pas trop!... œil pour œil! dent pour dent! (Elle défait ses cheveux et les laisse flotter.) Prenez! coupez! ne vous gênez pas!

SAINT-GLUTEN, s'élançant vers elle.

O bonheur!...

FARIBOL, dans la coulisse.

Ah! prelotte! un bouton parti!

ALEXANDRA.

Mon mari! à merveille!

SAINT-GLUTEN.

Sapristi!

ALEXANDRA, lui indiquant un tabouret à ses pieds et lui faisant tenir un écheveau de laine.

Mettez-vous là... prenez cet écheveau, et du sang-froid!
Elle est assise à gauche et dévide l'écheveau que tient Saint-Gluten à genoux devant elle. — Ses cheveux restent dénoués sur ses épaules.

SCÈNE IX.

ALEXANDRA, SAINT-GLUTEN, FARIBOL, puis FRANÇOISE.

FARIBOL, entrant, un gilet à la main.

Diables de boutons!... c'est toujours au moment de s'habiller... (Apercevant Saint-Gluten.) Hein!!!

ALEXANDRA, dévidant, et d'un ton affectueux.

Ah! c'est vous, mon ami?...

SAINT-GLUTEN, tenant l'écheveau et sans se retourner.

Bonjour, cher!

FARIBOL, à part.

Et ses cheveux sont dénoués! (Haut avec colère, à Saint-Gluten.) Monsieur!... je vous croyais parti!...

SAINT-GLUTEN, se levant ainsi qu'Alexandra, et tenant toujours l'écheveau qu'Alexandra dévide.

Oui: mais, à peine au bas de l'escalier, je me suis aperçu que j'étais un mal appris...

FARIBOL, furieux.

Un mal appris!... (Passant entre eux et prenant l'écheveau sur ses deux mains.) Il me faut une explication!...

Alexandra casse la laine du peloton.

ACTE DEUXIEME.

SAINT-GLUTEN.

Rien de plus simple!... Vous donnez un concert dimanche et j'ai oublié de vous demander des billets! j'en prendrai vingt!...

ALEXANDRA.

Oh! c'est trop! (A Faribol.) Remerciez donc!

FARIBOL, tenant toujours l'écheveau sur ses deux mains.

Ah! c'est pour ça?... Mes billets sont placés, entendez-vous!...

SAINT-GLUTEN.

Comment! et vous ne m'en avez pas réservé un, à moi? Ah! Faribol, c'est mal!

FARIBOL, à part, furieux.

Oh! tout à l'heure! je vais le flanquer par la fenêtre! (Haut.) Monsieur... j'y vois clair!... Depuis une heure, vous faites la cour à ma femme!

SAINT-GLUTEN.

Ah! Faribol!... moi, votre ami!...

FARIBOL.

Oui, monsieur!... il faut que ça finisse! je ne vous connais pas... je n'ai plus de billets, et vous me ferez plaisir en oubliant ma rue, ma porte et mon numéro.

SAINT-GLUTEN, riant et reculant.

Mais, mon cher, vous êtes malade!... Madame, faites-le soigner, je vais vous envoyer mon médecin!

FARIBOL, parlant en même temps que lui.

Sortez, monsieur!... sortez!...

Ils disparaissent tous deux par le fond.

SCÈNE X.

ALEXANDRA, puis SAINT-GLUTEN, puis FARIBOL, puis LÉOPARDIN.

ALEXANDRA.

Rage! rage! mon chéri!... A-t-il été assez grossier, assez brutal avec M. de Saint-Gluten!... un homme du monde!... mais cela n'empêchera rien, ventrebleu!

SAINT-GLUTEN, entrant par la fenêtre.

Il est parti?...

ALEXANDRA.

Ah!... Mais non, monsieur...

SAINT-GLUTEN.

Fichtre!

FARIBOL, dans la coulisse.

Vous entendez, portier!...

ALEXANDRA, vivement, se mettant dans le fauteuil de droite.

Vite cet écheveau!

Saint-Gluten prend l'écheveau; elle dévide.

FARIBOL, entrant par le fond.

Le portier est prévenu et... (Apercevant Saint-Gluten.) Hein?... encore!!! Mais c'est un dévidoir!... un métier à la Jacquart!... (Furieux et s'élançant entre sa femme et Saint-Gluten.) Est-ce que vous comptez jouer longtemps ce jeu-là, monsieur?

SAINT-GLUTEN, se sauvant en riant.

Mon médecin est-il venu?

FARIBOL, le pourchassant.

Je n'en veux pas, de votre médecin!

SAINT-GLUTEN, riant.

Calmez-vous! calmez-vous! on va vous apporter un bain.

FARIBOL, le pourchassant.

Décampez, ou j'appelle la garde! (Il sort en poursuivant Saint-Gluten, et en criant :) A la garde!

ALEXANDRA, qui est remontée jusqu'au fond.

La garde?... Ah! par exemple!...

Elle reste au fond, regardant au dehors.

SCÈNE XI.

ALEXANDRA, LÉOPARDIN, puis FRANÇOISE, puis QUATRE CLERCS.

LÉOPARDIN, sortant de la gauche, troisième plan, très-pâle, et tenant le plat de crème vide.

Quelle crème... madame!... elle est à l'estragon!... Il me semble que j'ai un bain de pied à la moutarde dans l'estomac!... et ils appellent ça du chocolat de santé!...

Il tombe assis sur une chaise, à gauche; Alexandra redescend.
Bruit des clercs au dehors, dans la coulisse du troisième plan, à gauche.

FRANÇOISE, entrant vivement.

Finissez donc, messieurs!... finissez donc!...

LÉOPARDIN et ALEXANDRA.

Hein! qu'est-ce que c'est?...

FRANÇOISE.

C'est les clercs que vous avez invités et qui ne veulent pas me laisser tranquille!

ALEXANDRA.

Mes clercs!... bravo! voilà le bouquet!... Entrez, messieurs, entrez!

Entrée des clercs.

CHŒUR.

AIR de *Jaguarita.*

LES CLERCS.

Au rendez-vous,
Madame, nous accourons tous. (*Bis.*)
Chacun de nous,
Ici, de vous plaire est jaloux.

ALEXANDRA.

Bonsoir à tous,
Soyez les bienvenus chez nous. (*Bis.*)
Comme chez vous,
Chantez, riez, faites les fous.

FRANÇOISE.

Au rendez-vous,
Voyez, madame, ils viennent tous. (*Bis.*)
Et près de vous
Chacun de vous plaire est jaloux.

LÉOPARDIN, à part.

Pour son époux,
Comme c'est doux!

TOUS.

Au rendez-vous,

ACTE DEUXIÈME.

Nous voici tous.

Françoise sort après le chœur.

ALEXANDRA, aux clercs.

Enchantée!.. enchantée, messieurs!

LES CLERCS, saluant.

Madame...

ALEXANDRA.

Je compte recevoir tous les lundis, mardis, mercredis, jeudis, vendredis...

LÉOPARDIN, à part.

Samedis et dimanches!...

ALEXANDRA.

Et si vous voulez me faire l'honneur...

LÉOPARDIN, à part.

Elle est enragée!

PREMIER CLERC.

Que de bontés, madame!...

DEUXIÈME CLERC.

Une pareille bonne fortune!...

LÉOPARDIN, à part.

Que je suis donc fâché d'avoir ma gastrite!

FRANÇOISE, *apportant le bol de punch sur un petit guéridon qu'elle pose au milieu de la scène.*

Voici le punch!

LES CLERCS.

Bravo!... bravo!...

AIR *La farira dondaine.*

Narguons à loisir
La mélancolie;

Vive le plaisir!
Vive la folie!
Bon!
La farira dondaine,
Gué!
Farira doudé!

ALEXANDRA, un verre à la main.

Femmes qu'on trahit,
Vos pleurs sont stupides!
Buvons au dépit
Des maris perfides!
Bon!
La farira dondaine,
Etc.

TOUS

La farira dondaine,
Etc.

FRANÇOISE, accourant du fond.

Chut!... voilà monsieur!...

TOUS.

Le mari!

ALEXANDRA.

Restez, messieurs, restez tous!...

FRANÇOISE, aux clercs.

Mais il est furieux!

LES CLERCS.

Furieux?... ah! sapristi!...

Ils disparaissent par les quatre portes autres que celles du fond et celle de la cuisine. L'un d'eux emporte le punch, un autre le guéridon.

SCÈNE XII.

LÉOPARDIN, ALEXANDRA, FRANÇOISE, FARIBOL.

FARIBOL, entrant.

Je l'ai conduit jusqu'à la porte... et j'espère qu'il ne reviendra pas !... Pour plus de sûreté, je vais vous enfermer à triple tour !...

LÉOPARDIN, ALEXANDRA et FRANÇOISE.

Hein !...

FARIBOL, à Françoise.

Avance ici, toi !... donne-moi les clefs... les doubles clefs !...

FRANÇOISE, hésitant.

Mais...

LÉOPARDIN.

Bourgeois, ne faites pas cela !

FARIBOL.

Tu m'ennuies ! (Arrachant les clefs à Françoise.) Les clefs ! petite malheureuse !

FRANÇOISE, poussant un cri.

Ah !...

ALEXANDRA.

Monsieur, ne me poussez pas à bout !

LÉOPARDIN.

Ne la poussez pas à bout !... si vous saviez..

FARIBOL.

Laisse-moi tranquille!
Il ferme la porte service.

LÉOPARDIN, à part.

Enfermer quatre loups dans la bergerie!...

FARIBOL, montrant la porte du fond.

Et l'autre derrière moi, en sortant!

ALEXANDRA.

Monsieur!... je veux sortir... je sortirai!...

FARIBOL.

Turlututu!...
Il va prendre sa boîte à violon sous le fauteuil du fond.

LÉOPARDIN, à part.

Faut-il lui dire...? non! ça lui ferait de la peine!...

ALEXANDRA.

C'est une infamie!

FARIBOL, poussant Léopardin.

Mais marche donc, toi!

LÉOPARDIN.

Voilà! voilà!
Ils sortent tous deux par le fond; on entend le bruit de la rure que Faribol ferme en dehors.

ALEXANDRA, pendant qu'il ferme.

Monsieur! monsieur! si vous avez le malheur de...

FARIBOL, en dehors.

Tenez-vous les pieds chauds!...

SCÈNE XIII.

ALEXANDRA, FRANÇOISE, puis LES QUATRE CLERCS.

ALEXANDRA.

Enfermée!

FRANÇOISE.

Bloquée!

LES CLERCS, paraissant aux quatre portes.

Est-il parti?

ALEXANDRA.

Messieurs, nous sommes prisonniers... comme Latude!

LES CLERCS, entrant, et gaiement.

Saprelotte!

ALEXANDRA.

Mais je n'en aurai pas le démenti!... Messieurs, je vous invite tous à venir au bal!

LES CLERCS.

Au bal?

ALEXANDRA.

Chez M. Papavert!... je ne le connais pas... mais je vous présenterai!...

LES CLERCS.

Ça va! ça va!

ALEXANDRA.

Françoise, mon manteau!

LES CLERCS.

Mais comment sortir?

Ils vont aux deux portes fermées.

UN CLERC, à la fenêtre.

Une échelle de maçon!

ALEXANDRA.

Celle qui a servi à M. de Saint-Gluten!... je passe la première!...

FRANÇOISE, lui mettant son manteau.

Deux étages!... vous pouvez vous tuer!...

ALEXANDRA.

C'est juste! (Elle court au guéridon de gauche et écrit.) « N'accusez personne de ma mort... c'est mon mari qui m'a flanquée par la fenêtre! » (Parlé.) Comme ça, si je me casse le cou, il aura son affaire!

FRANÇOISE.

Bonne femme! sa dernière pensée est pour lui!

ALEXANDRA, montant sur la fenêtre.

En route, maintenant!... Et sans balancier!

CHOEUR.

TOUS.

La farira dondaine,
Gué!
La farira dondé.

Tous les clercs s'apprêtent à la suivre.

ACTE TROISIÈME.

Un salon octogone disposé pour un bal, chez Papavert. — A gauche, une porte. — Dans le pan coupé du même côté, porte conduisant dans d'autres salons. — Au fond, grande porte ouvrant sur une antichambre, décorée et éclairée. — Les entrées du dehors se font par cette porte et viennent de la droite de l'antichambre. — Dans le pan coupé de droite, une grande fenêtre. — Devant la fenêtre, une estrade et un pupitre double pour les musiciens. — A droite, une porte.

SCÈNE PREMIÈRE.

PAPAVERT, puis CORINNE.

Au lever du rideau, on voit des invités se promener dans la pièce du fond.

PAPAVERT, *en scène, tirant sa montre.*

Dix heures moins sept!... et pas d'orchestre, c'est inimaginable!...

CORINNE, *entrant par l'angle de gauche.*

Eh bien, monsieur... ces musiciens ?

PAPAVERT.

Je n'y comprends rien!... voilà leur estrade... voilà leurs pupitres... et ils n'arrivent pas!...

CORINNE.

Nos invités se promènent depuis une heure... Est-ce que vous comptez donner un bal sans musique?

PAPAVERT.

Mais non! j'ai passé moi-même à huit heures et demie chez mon chef d'orchestre pour lui rappeler... je l'ai trouvé au milieu d'un déménagement... je l'ai aidé.

CORINNE.

Oh! quand les maris se mêlent de quelque chose...

Elle remonte.

PAPAVERT.

Corinne! tu es bien cruelle pour moi... Est-ce ma faute?

CORINNE.

Enfin, que voulez-vous que je fasse de nos invités? les dames bâillent, les messieurs s'endorment...

PAPAVERT.

Ah! mon Dieu! si tu disais à notre nièce Émérantine de leur chanter sa romance d'*Amour et Tristesse?*

CORINNE.

Émérantine s'habille... et vous savez qu'elle en a pour longtemps.

PAPAVERT.

Oui, à cause de son épaule... Dis-moi, l'as-tu un peu cotonnée?

CORINNE.

Mais oui... cela ne vous regarde pas!...

PAPAVERT.

Je crois lui avoir trouvé un prétendu.. M. de Saint-Gluten m'a promis de venir.

CORINNE.

M. de Saint-Gluten!... est-il riche?

PAPAVERT.

Dame! il a un architecte! (Tirant sa montre.) Dix heures! Dis donc, Corinne, si tu leur chantais toi-même *Amour et Tristesse*?

CORINNE, haussant les épaules.

Allons donc!...

PAPAVERT.

J'ai envie de louer un orgue!...

SCÈNE II.

Les Mêmes, LUCIEN.

LUCIEN, entrant par la droite; il est en garçon de café.

Monsieur, me voilà! Faut-il passer les rafraîchissements?

PAPAVERT.

Pas encore... on n'a pas chaud... on n'a pas dansé!

CORINNE.

Tenez-vous dans l'antichambre pour annoncer.

LUCIEN.

Bien, madame! (A Papavert.) Monsieur est-il content de ma tenue?

PAPAVERT.

Parfait! parfait!

CORINNE.

Pourquoi des gants noirs?

LUCIEN.

Madame, c'est moins salissant... Voilà quatre mois que je les porte... Voyez!... (Les mettant sous le nez de Papavert.) Monsieur peut sentir...

CORINNE, le renvoyant.

C'est bien... allez!... (Il remonte dans l'antichambre.) Encore une trouvaille de votre cru!...

LUCIEN, annonçant.

M. et madame d'Apremont.
Un monsieur et une dame traversent l'antichambre de droite à gauche.

CORINNE.

Mon Dieu! encore du monde!...

PAPAVERT.

Et pas de musique!...

SCÈNE III.

PAPAVERT, CORINNE, LUCIEN, ALEXANDRA, LES QUATRE CLERCS.

LUCIEN, à Alexandra, qui paraît au fond.

Le nom de madame?

ALEXANDRA, l'écartant.

Va te promener!...

LUCIEN, annonçant.

Madame de Va-te-promener!...

ACTE TROISIÈME.

PAPAVERT et CORINNE, se retournant étonnés.

Comment?...

ALEXANDRA, descendant résolûment. — A elle-même.

Ça y est!... j'y suis!... et rien de cassé!... Ah! tu m'enfermes!

LUCIEN, aux clercs qui paraissent au fond.

Qui faut-il annoncer?...

PREMIER CLERC.

Des navets!...

LUCIEN, annonçant.

Messieurs des Navets!...

CORINNE et PAPAVERT.

Qu'est-ce que c'est que ça?...

Les clercs viennent se ranger derrière Alexandra.

ENSEMBLE

AIR: *A table!* (*Rat de ville.*)

ALEXANDRA et LES CLERCS.

Nous voici, par miracle,
Dans ce bal parvenus!
Il n'est jamais d'obstacle
Pour des cœurs résolus!

PAPAVERT et CORINNE.

Chez nous, par quel miracle
Tous ces nouveaux venus?
Quelle est cette débâcle
D'invités inconnus?

PAPAVERT, bas, à sa femme.

Les connais-tu?

CORINNE.

Nullement!

PAPAVERT.

Moi non plus!... (Saluant les clercs et Alexandra.) Messieurs.. Madame...

ALEXANDRA.

Bonjour, monsieur Papavert.

LES CLERCS.

Bonjour, monsieur Papavert.

PAPAVERT, à part.

Ils savent mon nom! (A part.) Oserai-je vous demander...?

ALEXANDRA.

Ah çà! la musique n'est donc pas arrivée?

PAPAVERT.

Nous l'attendons... Mais...

PREMIER CLERC.

Monsieur, un bal sans musique, c'est comme une dinde truffée...

DEUXIÈME CLERC.

Sans truffes!...

TROISIÈME CLERC.

Et sans dinde!

Tous riant.

PAPAVERT, riant par complaisance.

Oui... (A part.) Qu'est-ce qu'ils me chantent? (A Alexandra.) Oserai-je vous demander...?

ALEXANDRA.

Quoi?

PAPAVERT.

Votre figure ne m'est pas tout à fait inconnue... Mais... à qui ai-je l'honneur de parler?...

ALEXANDRA, à part.

Diable! est-ce qu'il voudrait nous camper à la porte?

DEUXIÈME CLERC, aux autres.

Nous ne tenons plus qu'à un fil!

PAPAVERT.

Pardonnez-moi si...

ALEXANDRA, haut.

Je vous présente ces messieurs... des parents... des amis...

PAPAVERT, saluant les clercs.

Messieurs, je suis très-honoré... mais... je n'ai pas le plaisir de...

PREMIER CLERC.

Permettez-nous de vous présenter madame.

CORINNE, à part.

Ils se moquent de nous!

PAPAVERT, à Alexandra.

Madame, je suis très-honoré, mais tout ça ne me dit pas...

ALEXANDRA.

Monsieur, votre petite fête est charmante... Et madame?...

PAPAVERT.

Elle va très-bien!... mais...

X.

ALEXANDRA.

Et monsieur votre fils?

PAPAVERT.

Je n'en ai pas.

ALEXANDRA.

Enchantée! enchantée!...

LES CLERCS.

Enchantés! enchantés!...

PAPAVERT, à part.

Mais qu'est-ce que c'est que ces gens-là?..

SCÈNE IV.

Les Mêmes, SAINT-GLUTEN.

LUCIEN, annonçant.

M. le comte de Saint-Gluten!

Corinne et Papavert remontent vivement de droite.

ALEXANDRA, à part.

Lui?... il va nous présenter!

Elle passe vivement à gauche, suivie des clercs.

SAINT-GLUTEN, saluant.

Mesdames!... (Apercevant Alexandra.) Elle!... (A Alexandra.) Ah! que je suis heureux!... J'étais si loin de m'attendre...

ALEXANDRA, bas.

Dites donc, présentez-nous, et chaudement!...

ACTE TROISIÈME.

PAPAVERT, à Saint-Gluten.

Vous connaissez cette dame ?...

SAINT-GLUTEN, prenant Alexandra par la main et la présentant.

Mais sans doute... c'est... c'est ma sœur !

PAPAVERT et CORINNE.

Sa sœur !...

SAINT-GLUTEN.

Qui arrive de voyage... de très-loin... de Valparaiso

ALEXANDRA, à part, allant à droite.

Très-adroit ! il a le fil !...

CORINNE, à Alexandra.

Oh ! que d'excuses !...

PAPAVERT.

Cette chère madame de Va-te-promener !

ALEXANDRA et SAINT-GLUTEN, étonnés.

Hein ?

Saint-Gluten remonte.

CORINNE, avec empressement.

Vous n'avez pas froid ?

PAPAVERT, de même.

Vous n'avez pas chaud ?

ALEXANDRA.

Oh ! merci !... (A part.) Ils sont très-gentils !...

PAPAVERT, indiquant les clercs.

Et ces messieurs ?...

ALEXANDRA.

Sont mes cousins !... Vous voyez, je suis venue en famille.

PAPAVERT.

Et vous avez bien fait. (Aux clercs en leur distribuant des poignées de main.) Messieurs des Navets...

PREMIER CLERC.

Si nous sommes indiscrets... dites-le!...

PAPAVERT, les retenant.

Par exemple!... soyez les bienvenus!

ALEXANDRA, à part.

Nous nous casons! nous nous casons!

CORINNE, à Alexandra et à quelques dames groupées au fond.

Mesdames, messieurs... voulez-vous que nous passions dans le salon gris pâle?

Elle remonte avec Alexandra.

PAPAVERT, à Saint-Gluten.

Je vous présenterai à ma nièce.

SAINT-GLUTEN, vexé.

Oui!... après souper!...

PAPAVERT.

Non! avant... (A part.) Comme il n'y en a pas...

Il s'approche des clercs.

SAINT-GLUTEN, offrant son bras à Alexandra.

Chère petite sœur!... (Bas, avec passion.) Oh! j'ai des projets d'amour à vous communiquer.

ALEXANDRA.

Plus tard! j'attends la musique!

Pendant le chœur, Saint-Gluten donne le bras à Alexandra, les clercs les suivent, Papavert et Corinne les accompagnent.

CHŒUR.

AIR *Au théâtre on nous attend.*

ALEXANDRA, SAINT-GLUTEN, LES CLERCS.

Entre nous, vraiment ce bal
Promet d'être original!
Au salon, par politesse,
Suivons-le tant qu'il voudra;
Mais, pour danser, je le laisse
Quand la musique viendra!
    Entre nous, vraiment ce bal
    Promet d'être original!

PAPAVERT et CORINNE.

En attendant que du bal
On nous donne le signal,
Émérantine, ma nièce,
Au salon vous chantera
Son air: *Amour et Tristesse!*
Cela vous amusera;
    En attendant que du bal
    On nous donne le signal.

On passe dans le salon du fond par la porte du pan coupé.

SCÈNE V.

FARIBOL, LÉOPARDIN, puis CORINNE.

Ils arrivent par la droite; l'un porte sa boîte à violon, l'autre sa flûte.

FARIBOL, entrant le premier, à la cantonade.

Arrive donc!... Quelle mâchoire que cette flûte! il s'arrête chez tous les pharmaciens!

LÉOPARDIN, entrant avec sa flûte et une botte de chiendent.

J'ai pris une petite botte de chiendent et de la guimauve... parce qu'en rentrant... Quelle crème, mon Dieu!...

CORINNE, rentrant.

Enfin! vous voilà, monsieur le chef d'orchestre! vous êtes en retard!... très en retard!...

FARIBOL.

Au moment de partir.... un petit incident...

CORINNE.

Vite! mes danseurs s'impatientent... (Montrant l'estrade.) Placez-vous là... tâchez de nous faire une musique... qui inspire des idées de mariage.

FARIBOL.

A vous, madame?

CORINNE.

Non; au frère de madame de Va-te-promener.
Elle entre dans le salon de gauche.

SCÈNE VI.

FARIBOL, LÉOPARDIN.

FARIBOL, étonné.

Madame de Va-te-promener?...

LÉOPARDIN.

Ce doit être une Hollandaise.
Il monte sa flûte.

FARIBOL, prenant son violon.

Plût à Dieu qu'Alexandra le fût!... mais elle est Corse!...

LÉOPARDIN.

Corse! alors, patron, je ne voudrais pas vous faire de peine... mais vous êtes toisé!...

FARIBOL.

Moi?... oh! je suis bien tranquille!... pour ce soir du moins...j'ai la clef dans ma poche!... (Riant.) Doit-elle rager!...

LÉOPARDIN, à part.

Pauvre homme!... s'il savait que sa femme est enfermée avec quatre clercs!... Décidément, je vais lui dire!... (Haut.) Patron!...

FARIBOL.

Quoi?

LÉOPARDIN.

Non, rien!... (A part.) Ça l'empêcherait peut-être de jouer du violon!...

FARIBOL.

Nous allons prendre l'accord... Y êtes-vous?

LÉOPARDIN.

Allez!...

FARIBOL, donnant un *la* sur son violon.

Voici mon *la*.

LÉOPARDIN; il donne une note toute différente.

Voici le mien!

FARIBOL.

Mais ce n'est pas un *la* que vous me faites là!...

LÉOPARDIN.

C'est le mien... en mineur... c'est un *la* mineur.

FARIBOL.

Et moi, je suis en majeur... Attention. (Il donne le *la* aux trois octaves. — Léopardin donne le La des deux premières octaves et pas celui de la troisième. Il secoue sa flûte et la met sous son bras.) Eh bien... allez donc!...

LÉOPARDIN.

Non!... c'est la note qui m'est défendue par mon médecin.

FARIBOL.

Comment?

LÉOPARDIN.

A cause de ma gastrite.

FARIBOL.

Eh bien, ça va être gentil!... Voilà un bal qui va être gentil!...

LÉOPARDIN.

La santé avant tout!...

FARIBOL.

Ah! mais un instant!... ça change les conditions!... Je vous donne sept francs, parce qu'il y a sept notes, mais du moment que vous n'en jouez que six... vous n'aurez que six francs.

LÉOPARDIN.

C'est rat... mais c'est juste.

SCÈNE VII.

FARIBOL, LÉOPARDIN, PAPAVERT, puis CORINNE, puis INVITÉS, puis ALEXANDRA et SAINT-GLUTEN.

PAPAVERT, entrant.

Mais allez donc, l'orchestre !... il y a deux heures qu'on vous attend pour polker.

FARIBOL.

Tout de suite ! tout de suite !...

Il monte sur l'estrade et place la musique.

LÉOPARDIN, reconnaissant Papavert.

Tiens ! mon médecin !... (A Papavert.) Docteur, ça ne va pas mieux !... j'ai des réminiscences à l'estragon !...

Il tire une langue énorme.

PAPAVERT.

Allez au diable ! mes consultations sont de midi à quatre heures.

FARIBOL.

Allons, la flûte !

LÉOPARDIN, montant sur l'estrade.

Voilà ! voilà !...

FARIBOL.

Attention !...

Ils sont tous deux sur l'estrade, ils attaquent une polka. Léopardin passe de temps en temps les notes aiguës.

PAPAVERT, joyeux.

Enfin! voilà mon bal lancé!

<small>Corinne entre en polkant avec un invité. Elle est suivie d'invités qui garnissent le salon en polkant, puis enfin Alexadra polkant au bras de Saint-Gluten.</small>

FARIBOL, la reconnaissant et jetant un cri.

Hein! elle!.....

PAPAVERT, sursautant.

Qu'est-ce que c'est?

SAINT-GLUTEN.

Le mari!...

ALEXANDRA, avec force.

Allez, à la musique!...

FARIBOL, sautant au bas de l'estrade.

Avec lui!...

PAPAVERT.

Mais que faites-vous donc?...

FARIBOL.

Oui!... oui!... (Alexandra et Saint-Gluten passent dans un autre salon en polkant. Faribol les suit en jouant machinalement du violon; des groupes, en passant, l'empêchent d'atteindre Alexandra et Saint-Gluten. — Les suivant.) Monsieur!... madame!... monsieur!...

<small>Il disparaît par la porte de l'angle gauche en les poursuivant.</small>

LÉOPARDIN.

Eh bien où va-t-il donc?

<small>Il suit son chef d'orchestre en jouant de la flûte. — Papavert le rattrape, au seuil de la porte, par la basque de son habit et le ramène.</small>

SCÈNE VIII.

PAPAVERT, LÉOPARDIN.

PAPAVERT, le ramenant.

Mon orchestre qui déménage!... j'en tiens un morceau!...

LÉOPARDIN.

Je suis mon chef!

PAPAVERT.

Restez là, monsieur... et flûtez! flûtez!... on vous paye pour ça!...

LÉOPARDIN.

Docteur, une rapide consultation.

Il tire la langue.

PAPAVERT.

Je n'ai pas le temps!

LÉOPARDIN.

Votre régime ne me réussit pas.

PAPAVERT, à lui-même.

Voilà un joli bal!

LÉOPARDIN.

Et pourtant, je ne me permets pas la plus petite distraction... je bois du lait... je mange de la crème au chocolat.... je fuis l'amour...

PAPAVERT, impatienté.

Eh! changez de régime! buvez du punch! et aimez tant qu'il vous plaira!...

LÉOPARDIN, radieux.

Ah bah!... aimer!... je puis aimer?...

PAPAVERT.

Et jouez-nous quelque chose!

LÉOPARDIN, regardant par la porte du salon.

Oh! les femmes!... les femmes!... Pristi!... quelles épaules!...

Il envoie des baisers.

PAPAVERT, le repoussant.

Mais ce sont les épaules de ma femme!... Flûtez donc, monsieur!... (Remontant.) Où est le violon, maintenant? ne bougez pas!...

Il disparaît sur les traces de Faribol.

SCÈNE IX.

LÉOPARDIN, puis FARIBOL, ALEXANDRA et SAINT-GLUTEN.

LÉOPARDIN, seul.

Je puis aimer! il me met aux spiritueux!... (S'exaltant.) Saperlicoquette! si j'avais su ça à huit heures trois quarts, quand la bourgeoise!... Elle est belle... la bourgeoise!... Elle est spiritueuse... la bourgeoise!... La voici!... je m'embrase!...

Un groupe de polkeurs passe dans l'antichambre. — Saint-Gluten entre en polkant avec Alexandra, Faribol les poursuit en jouant du violon.

FARIBOL, les séparant.

Corbleu! madame!... que faites-vous ici?

ALEXANDRA.

J' danse la polka avec mes p'tits amis!

FARIBOL.

Il ne s'agit pas de tramboiser.

SAINT-GLUTEN.

Monsieur, je vous invite à être poli.

FARIBOL.

Je ne vous parle pas! (A Alexandra.) Par où êtes-vous sortie?... car j'ai la clef!... par où?...

ALEXANDRA.

Par la cheminée.

LÉOPARDIN, poétiquement.

Comme les hirondelles!...

FARIBOL, plaçant une chaise sur son estrade. — A Alexandra.

Vous allez vous asseoir là... près de moi... et je vous défends d'en bouger!... Avez-vous votre ouvrage?...

ALEXANDRA.

Mon ouvrage!... Est-ce que vous croyez que je suis venue au bal pour ourler des mouchoirs?

SAINT-GLUTEN, riant.

Ah! la plaisanterie est bonne!

FARIBOL.

Je ne vous parle pas!

SAINT-GLUTEN.

Permettez... permettez... madame a bien voulu m'accorder la deuxième polka...

ALEXANDRA.

Et la troisième, et la quatrième.

SAINT-GLUTEN.

Et la cinquième, et la sixième.

LÉOPARDIN.

Je m'inscris pour les autres.

FARIBOL.

Prenez garde! je vais faire un éclat!

SAINT-GLUTEN.

Pas de menaces, monsieur.

ALEXANDRA.

Oh! vous ne me faites pas peur!... j'ai des amis ici! Je polkerai! je valserai! je mazurkerai! à votre nez, à votre barbe!

LÉOPARDIN, à part.

Energique! énergique comme Mirabeau!

ALEXANDRA.

Et c'est vous qui me ferez sauter... avec votre imbécile de violon!... Allez, la musique!

SAINT-GLUTEN.

Allez, la musique!

LÉOPARDIN, à part.

Est-elle spiritueuse!...

SCÈNE X.

FARIBOL, ALEXANDRA, LÉOPARDIN, SAINT-GLUTEN, PAPAVERT, CORINNE, LES QUATRE CLERCS, INVITÉS.

TOUT LE MONDE, entrant par le fond et par le salon.

Eh bien, l'orchestre!... la musique!

FARIBOL.

Ah! c'est comme ça!... Eh bien, je ne jouerai pas du violon! Je ne veux pas que madame danse!... elle ne dansera pas!

TOUS.

Hein?

ALEXANDRA.

Dans quel cabanon a-t-on pêché ce chef d'orchestre?

SAINT-GLUTEN.

Il est ivre!...

TOUS.

Pouah!

CORINNE, à son mari.

Payez-le, et qu'il s'en aille.

PAPAVERT.

Oui; voilà vos vingt-cinq francs... et fichez-nous le camp!...

Il remonte.

TOUS.

A la porte! à la porte!...

FARIBOL.

Très-bien!... j'emmène madame.

LES QUATRE CLERCS, l'arrêtant et le retenant.

Ne touchez pas!...

LÉOPARDIN, à part.

Tiens! je les reconnais! elle a amené sa petite bande!

ALEXANDRA.

M'emmener? et de quel droit?

FARIBOL

De quel droit? (Se plaçant au milieu.) D'un mot, je vais la foudroyer! (A tout le monde.) Messieurs... cette dame est ma femme!

TOUS.

Sa femme!

PAPAVERT.

Madame de Va-te-promener?...

SAINT-GLUTEN.

Ma sœur?

ALEXANDRA.

Allons donc! je ne connais pas ce musicâtre!.

TOUS.

Ah!...

FARIBOL, stupéfait.

Oh!!!

ACTE TROISIÈME.

LÉOPARDIN, riant.

Oh!!!

FARIBOL.

C'est trop fort!... j'en appelle à la flûte... Parle, Léopardin!...

Il le fait passer au milieu.

LÉOPARDIN.

Moi?... dame!... pour rendre hommage à la vérité... je n'en sais rien!...

Il remonte.

FARIBOL.

C'est une conspiration!... (Prenant la main d'Alexandra.) Suivez-moi, madame!...

ALEXANDRA, se dégageant et se réfugiant au milieu des clercs.

N'approchez pas! je me mets sous la protection du notariat français!

LES QUATRE CLERCS, rugissant.

Cristi!... à la porte!... à la porte!...

TOUS.

A la porte! à la porte!

CHŒUR

AIR : *C'est épouvantable!*

A la porte!... à la porte!
Ah! c'est un furieux!
Eh! vite qu'on l'emporte
C'est un fou dangereux!

Les quatre clercs enlèvent Faribol qui se débat, et le transportent dehors, pendant que Léopardin, sur son estrade, joue de la flûte avec acharnement.

SCÈNE XI.

ALEXANDRA, LÉOPARDIN,
puis LES QUATRE CLERCS, puis PAPAVERT

ALEXANDRA, à part.

Ah! tu m'enfermes! ah! tu m'empêches de danser!...

LÉOPARDIN, à part.

Elle est seule! j'ai envie de me déclarer!... (A Alexandra.) avec passion.) Madame!... les instants sont précieux!... permettez à une humble flûte...

ALEXANDRA.

Quoi?...

LÉOPARDIN.

J'ai changé de régime, je suis aux spiritueux maintenant...

ALEXANDRA, sans comprendre.

Eh bien?...

LÉOPARDIN.

Mon médecin m'a ordonné le punch... et le sentiment!... j'attends le punch... Quant au sentiment... (Tendrement.) il est arrivé!...

ALEXANDRA, riant.

Ah bah!...

LÉOPARDIN, à part.

Elle rit!... (Haut.) Madame... une petite promenade... (Avec passion.) en voiture!... en voiture!... (On entend rire les

ACTE TROISIÈME.

clercs. — A part.) C'est embêtant!... elle allait se rendre.
Les clercs entrent en riant, par le fond.

ALEXANDRA.

Eh bien, qu'est-ce que vous en avez fait?

PREMIER CLERC.

Nous en voilà débarrassés!... comme il était très-lourd, nous l'avons lancé dans l'omnibus de Chaillot.

DEUXIÈME CLERC.

Nous avions d'abord songé au pont des Arts.

PREMIER CLERC.

Mais cela nous eût menés trop loin...

LÉOPARDIN.

Le pont des Arts!...

ALEXANDRA.

Ils vont bien, les petits!

PAPAVERT, entrant par la gauche.

Allons donc la flûte!... nous n'avons plus que vous pour danser!...

LES CLERCS, entourant tous Alexandra.

On va danser!... Madame... une polka!... une polka!...

ALEXANDRA.

Un instant! procédons avec ordre... (Appelant.) Numéro 1!...

UN CLERC, avec une grosse voix.

Présent!

ALEXANDRA.

Superbe organe!

PAPAVERT.

Allons donc, la flûte !

LÉOPARDIN.

Je vais vous flûter ma *Léopardine !*... (A part.) Puis, après, tout au punch et au sentiment !

Il joue. — Ils sortent tous en dansant, par la porte des salons.

PAPAVERT, les suivant.

Ils ont l'air très-gais, ses cousins !... et ils ne la quittent pas ! c'est une famille bien unie !...

Il sort en dansant.

SCÈNE XII.

FARIBOL, puis LUCIEN, puis LEOPARDIN.

FARIBOL, entre par la droite, avec un plateau. — Il est en garçon limonadier et porte un énorme toupet blond et des favoris semblables à ceux de Lucien.

C'est moi... me voilà revenu, j'ai sauté à bas de l'omnibus... ça m'a coûté six sous... Ah ! les gueux !... mais soyons sournois... on me reficherait à la porte !... Ah ! il va se passer des choses dramatiques !... Le commissaire de police est en bas avec deux gendarmes !... Quant à ma femme, je viens de lui faire parvenir un petit billet... je lui donne cinq minutes pour capituler... les cinq minutes sont expirées... (Apercevant Lucien qui entre du fond avec un plateau.) Ah ! Lucien !... (L'appelant.) Pst ! pst !

LUCIEN, à part, étonné.

Un autre garçon ! Qu'est-ce que c'est que celui-là !...

FARIBOL.

Va dire à madame Fari... (Se reprenant.) à madame de Va-te-promener que... les cinq minutes....

LUCIEN.

Dis donc, si tu voulais bien faire tes commissions toi-même, méchant limonadier!...

FARIBOL.

Hein? (A part.) Ah! oui!... il me prend pour... (Haut.) Tiens... voilà cinq francs!...

LUCIEN, à part.

Cinq francs! Serait-ce M. Tortoni lui-même?...

LÉOPARDIN, entrant par la première porte de gauche; il est aussi en garçon limonadier, même coiffure et mêmes favoris que les autres. — Il tient aussi un plateau. — A part.

J'ai lâché ma flûte, pour papillonner autour de la bourgeoise.

LUCIEN, voyant Léopardin.

Encore un!...

LÉOPARDIN, à Faribol.

Garçon! je suis le vicomte de Léopardin, caché sous les habits d'un folâtre garçon... Tiens, voilà cent sous.

FARIBOL.

Bon! je rentre dans mon argent.

LÉOPARDIN.

Il y a, dans le bal, une dame du monde qui a un petit papillon pour moi; je lui propose une promenade au bois de Boulogne, autour des lacs, tu vas lui porter ce message.

FARIBOL, lisant.

Hein! madame Faribol!...

Il lui donne un coup de pied.

LÉOPARDIN.

Oye!... finis donc! Est-il bête!

SCÈNE XIII.

FARIBOL, LÉOPARDIN, LUCIEN, puis PAPAVERT.

PAPAVERT, entrant.

Où est passée la flûte, à présent?... Vous n'avez pas vu la flûte?

LÉOPARDIN.

Elle nous quitte à l'instant!... Elle vient d'entrer là!..

Il indique la droite.

LES DEUX AUTRES GARÇONS.

Oui, là!... oui, là!...

Chacun indique un côté différent.

PAPAVERT, très-ébahi.

Ah çà! mais voilà bien des garçons!... Je n'en ai arrêté qu'un!...

FARIBOL.

C'est Lucien... un camarade... il m'a prié de l'aider...

LÉOPARDIN.

Moi aussi... de passer les rafraîchissements.

PAPAVERT.

Eh bien, alors... passez-les!... vous êtes là... plantés sur vos jambes...

ACTE TROISIÈME.

FARIBOL.

Oui... c'est que j'attends quelqu'un...

LÉOPARDIN.

Moi aussi...

FARIBOL, et les autres.

Allez-vous-en !... allez-vous-en !...

PAPAVERT.

Comment, que je m'en aille !... (Les poussant.) Voulez-vous circuler avec vos plateaux !...

LES TROIS GARÇONS.

Voilà ! voilà !...

FARIBOL, sortant par le fond, et criant.

Orgeat ! limonade ! glaces !...

LÉOPARDIN, sortant par le pan coupé, et criant :

Régalez vos dames !...

LUCIEN, sortant à droite, et criant :

Grog, absinthe, vermouth !...

Ils reprennent ensemble leurs cris, et ils disparaissent.

PAPAVERT.

Est-ce qu'ils vont beugler comme ça dans mes salons ?... (Courant après eux.) Taisez-vous donc !... taisez-vous donc !

Il sort, au moment où Alexandra entre, par le premier plan de gauche.

SCÈNE XIV.

ALEXANDRA, puis SAINT-GLUTEN.

ALEXANDRA entre furieuse; elle tient le billet de Faribol.

Ah! j'étouffe! je suffoque!... j'ai envie de mordre! M'envoyer une sommation! me menacer des gendarmes!... Le brigand! au lieu de me prendre par la douceur, il me prend par la gendarmerie... mais je ne l'attendrai pas!... je partirai!... je pars! Où est le petit?... où est la flûte?... où est mon étude?... n'importe qui... J'hésitais... je n'hésite plus!... je franchis l'isthme de Suez!... Mais où est donc le petit?... (L'apercevant en train de causer à la porte du pan coupé.) Ah! le voilà!

Elle court à lui, le prend par le bras, et l'amène en scène.

SAINT-GLUTEN.

Madame!...

ALEXANDRA.

Monsieur, êtes-vous un homme?...

SAINT-GLUTEN, gaiement.

Mais...

ALEXANDRA.

Alors enlevez-moi et chaudement!

SAINT-GLUTEN, étonné et joyeux.

Vous enlever!... où ça?...

ALEXANDRA.

A Bastia... à Saint-Germain... à Asnières!... où vous voudrez!... Vite!... mon manteau! un fiacre!

SAINT-GLUTEN.

Oh! tout de suite! tout de suite!

Il sort vivement à droite.

SCÈNE XV.

ALEXANDRA, puis **LÉOPARDIN** et **SAINT-GLUTEN**.

LÉOPARDIN, *venant du fond, toujours en garçon, mais sans plateau.*

Elle est seule!... elle doit avoir reçu mon billet!... (S'approchant d'elle avec passion.) Madame!... le fiacre est à la porte!...

ALEXANDRA, *sans le reconnaître.*

C'est bien, garçon!

LÉOPARDIN, *à part.*

O bonheur! elle accepte!

SAINT-GLUTEN, *rentrant et apportant le manteau.*

Voilà votre manteau...

ALEXANDRA.

Vite, partons!...

SAINT-GLUTEN.

Mais tout est perdu!... les deux portes sont gardées par les gendarmes!...

LÉOPARDIN, *refroidi.*

Les gendarmes? Il vaudrait peut-être mieux renoncer à cette petite promenade...

ALEXANDRA.

Y renoncer?.., jamais!... Où est mon étude? nous saurons bien nous frayer un passage.

LÉOPARDIN, effrayé.

Sapristi!...

SAINT-GLUTEN.

Non... j'ai un moyen... nous sommes à l'entre-sol... et, en faisant avancer la voiture sous le balcon, si vous ne craignez pas...

ALEXANDRA.

Par la fenêtre? ça me va! j'en ai l'habitude.... Marchons!...

SAINT-GLUTEN.

Marchons!...

LÉOPARDIN.

Marchons! (A part.) Je regrette ma gastrite.

SCÈNE XVI.

Les Mêmes, FARIBOL, puis PAPAVERT, CORINNE, LES CLERCS, les Invités.

Tous trois s'élancent vers la fenêtre; ils l'ouvrent, et reculent en voyant Faribol planté sur le balcon son plateau à la main, en costume de garçon.

FARIBOL.

Orgeat, limonade, glaces!

SAINT-GLUTEN.

Le mari!

ACTE TROISIÈME.

ALEXANDRA.

Faribol!

LÉOPARDIN.

Je suis pincé!

Papavert et Corinne entrent, suivis des clercs et des invités.

TOUS.

Qu'est-ce que c'est?... qu'y a-t-il?

PAPAVERT, à Faribol.

Que fais-tu là, sur cette fenêtre?

FARIBOL, toujours sur la fenêtre.

Je raconte une anecdote... M. Tortoni nous paye pour raconter des petites anecdotes dans les soirées qui languissent... c'est très comme il faut!...

CORINNE.

Ah! par exemple! écouter un garçon limonadier!

TOUS.

Oh!...

ALEXANDRA.

Pourquoi pas? puisqu'on ne danse pas, ça nous amusera.

TOUS.

Oui, oui... ça nous amusera!

PAPAVERT.

Allons, parle... (A part.) Quelle drôle de soirée!

FARIBOL, arrivant en scène; il donne son plateau à Léopardin.

C'est un conte des *Mille et une Nuits*... arrivé à une sultane dont le mari tenait un café à l'enseigne du *Homard repentant*... à Bagdad...

ALEXANDRA.

Continuez, garçon!

FARIBOL.

Ce mari... un nommé Faribol-al-Raschild... était un assez vilain coco... un pas grand'chose... qui ne craignit pas de tromper sa femme...

ALEXANDRA.

Pour une drôlesse...

FARIBOL.

De Bagdad!...

CORINNE.

Oh! c'est affreux!

LÉOPARDIN.

C'est ignoble!

TOUS.

C'est abominable!

FARIBOL.

C'est un gueux!... je demande qu'on le fasse asseoir sur quelque chose de pointu!

PAPAVERT, à part.

Dire que c'est là une soirée dansante!

FARIBOL.

Mais il en fut bien puni!... Sa femme.... la sultane... qui était Corse... de Bagdad... résolut de se venger!... Elle jeta les yeux sur un jeune calife...

LÉOPARDIN, à part.

Il m'a regardé, je suis le calife!

ALEXANDRA.

Continuez, garçon!

FARIBOL.

On convint d'un enlèvement... par la fenêtre... le palanquin était à la porte... la dame déjà son manteau sur les épaules et un pied sur le balcon...

LÉOPARDIN, à part.

Ça finira par du sang!...

PAPAVERT.

Enfin, est-elle partie, votre sultane?

FARIBOL, regardant Alexandra.

Mais...

ALEXANDRA, avec force.

Eh bien, oui!...

TOUS.

Hein?...

ALEXANDRA.

Elle sauta par la fenêtre malgré son mari, malgré les gendarmes, malgré tout!

LES FEMMES.

Elle fit bien!

FARIBOL.

Oui!... mais sous le balcon... se tenait l'infortuné Faribol-al-Raschild, un verre de limonade à la main (Prenant un verre sur le plateau de Léopardin.) comme ceci... il dit à la sultane: « Étoile du matin! si tu files... tu ne me retrouveras pas vivant! »

TOUS.

Hein?

FARIBOL.

Et il tira lentement de sa poche un petit papier... (Il l'en tire.) il le déplia... et versa dans la limonade une petite poudre blanche...

Il la verse.

ALEXANDRA.

Ah! mon Dieu!...

FARIBOL, tournant la poudre dans le verre d'eau.

Et il tourna... tourna... puis, il but... et, cinq minutes après, le docteur Ben Papavert balayait ses cendres, qui gênaient les dames pour polker.

Il porte le verre à ses lèvres.

ALEXANDRA, jetant un grand cri.

Non! arrête!.... je te pardonne!...

TOUS.

Hein!...

FARIBOL, l'embrassant.

Alexandra!...

ALEXANDRA, de même.

Faribol!...

PAPAVERT, voulant les séparer.

Qu'est-ce que vous faites donc? un garçon de café!..

FARIBOL.

Non! c'est ma femme!... j'ai retrouvé ma femme....

PAPAVERT.

Madame de Va-te-promener!... (Faribol ôte sa perruque;

même jeu de Léopardin. — Stupéfait.) Mon chef d'orchestre!... la flûte!... quel drôle de bal!...

ALEXANDRA.

Monsieur Papavert, je vous demande la main de votre nièce pour M. de Saint-Gluten.

SAINT-GLUTEN.

Permettez...

PAPAVERT.

Je vous l'accorde...

SAINT-GLUTEN, à part.

La bossue?... dans une heure je serai à Madagascar!...

LÉOPARDIN, à Faribol.

Patron, votre histoire m'a donné des idées de mariage... Oui, c'en est fait, je me marie!

FARIBOL.

Jeune homme, vous allez vous marier... écoutez les conseils d'un homard repentant : (A tout le monde.) Ne trompez jamais votre femme!

Il baise la main d'Alexandra.

TOUS.

Ah! c'est bien! c'est bien!

FARIBOL, bas, à Léopardin.

Ou ce qui revient absolument au même : Ne vous laissez jamais pincer!

Il reprend le verre sur le plateau et le boit.

LÉOPARDIN.

J'aime mieux ça! (Apercevant Faribol qui boit, et avec un cri d'effroi.) Malheureux!... la poudre blanche!...

FARIBOL, bas.

Ne dis rien.... c'était du sucre râpé!

CHOEUR.

AIR du *Cosaque du Don.*

Indulgence et bonté,
Amour, fidélité,
D'un bonheur très-parfait
Voilà tout le secret.

FARIBOL et ALEXANDRA, au public.

AIR de *la Moisson* (Masini).

Avant d'entrer en ménage,
Écoutez du mariage
La morale douce et sage,
Qui promet
Bonheur parfait :
Indulgence et bonté,
Surtout fidélité!
Oui, voilà du mariage
La morale douce et sage;
Elle promet en ménage
La félicité.

ALEXANDRA.

Maris, trahir sa femme...

FARIBOL.

Femmes, trahir vos maris...

ALEXANDRA.

C'est une chose infâme!

FARIBOL.

Surtout quand on est pris!

ACTE TROISIÈME.

ENSEMBLE

Oui, voilà du mariage,
Etc.

TOUS.

Oui, voilà du mariage,
Etc.

FIN DE SI JAMAIS JE TE PINCE...!

UN MARI
QUI LANCE SA FEMME

COMÉDIE

EN TROIS ACTES

Représentée pour la première fois, à Paris, sur le théâtre du GYMNASE, le 23 avril 1864.

COLLABORATEUR : M. RAIMOND DESLANDES

PERSONNAGES

                                    ACTEURS
                            qui ont créé les rôles

DE JONSAC.	MM. NERTANN.
DE GRANDGICOURT.	LESUEUR.
LÉPINOIS.	KIME.
OLIVIER DE MILLANCEY.	DIEUDONNÉ.
ROBERT TAUPIER, peintre.	P. BERTON.
M. JULES.	VICTORIN.
JOSEPH, domestique.	LEFORT.
LAVALARD.	BLONDEL.
MADAME ROSINE LÉPINOIS.	Mmes MÉLANIE.
MADAME DE TREMBLE.	MONTALAND.
THÉRÈSE DE MILLANCEY.	BLANCHE PIERSON.
LAURE LÉPINOIS.	CÉLINE CHAUMONT.
LA PRINCESSE DOUCHINKA.	SARAH BERNHARDT.
ÉGLÉ, BARONNE DE GRANDGICOURT.	GEORGINA.
MADAME LAVALARD.	DIEUDONNÉ.
MADEMOISELLE LAVALARD.	DESJARDIN.
DOMESTIQUES, INVITÉS.	

A Paris, de nos jours.

UN
MARI QUI LANCE SA FEMME

ACTE PREMIER.

Le théâtre représente un salon chez Lépinois. — A droite, guéridon. — A gauche, cheminée et canapé.

SCÈNE PREMIÈRE.

LAURE, MADAME LÉPINOIS, THÉRÈSE.

Au lever du rideau, madame Lépinois et Laure s'essuient les yeux. Madame Lépinois est assise sur le canapé.

THÉRÈSE, *assise sur une chaise près de sa mère.*

Voyons, maman... ma sœur... ne pleurez pas!... je sens que ça va me gagner... et j'aurai les yeux rouges pour la cérémonie.

MADAME LÉPINOIS, *pleurant plus fort.*

La cérémonie!... On va me prendre ma fille.

LAURE, *pleurant aussi.*

Un monsieur que nous ne connaissons presque pas!...

MADAME LÉPINOIS.

Ah! je n'aurais jamais cru que ce jour viendrait si vite... Quand je pense que c'est aujourd'hui à midi... une pareille séparation!

THÉRÈSE.

Je viendrai vous voir tous les jours.

LAURE.

Oui, on dit cela...

THÉRÈSE.

M. Olivier de Millancey, mon prétendu, est un excellent jeune homme... qui sera heureux de vivre en famille... au milieu de vous.

LAURE.

Ton M. Olivier... c'est un gandin!... pas autre chose!

MADAME LÉPINOIS, avec reproche.

Laure!

THÉRÈSE, se levant.

Tu es injuste... tu lui en veux!

LAURE.

Pourquoi vient-il m'enlever ma sœur?... Nous étions si heureuses... nous ne nous quittions pas... Mais depuis que ce monsieur est entré dans la maison, vous chuchotez ensemble toute la journée... et on ne fait plus attention à moi!

Madame Lépinois se lève.

THÉRÈSE.

Jalouse!

LAURE.

Dame! il me semble que je suis plus que lui... je suis ta sœur.

ACTE PREMIER.

MADAME LÉPINOIS.

Mais lui va devenir son mari!... dans deux heures... J'ai à peine le temps de te donner quelques conseils.

THÉRÈSE.

A moi, maman?

MADAME LÉPINOIS.

Ah! ma fille, tu ne sais pas ce que c'est qu'un mari!... Il y en a qui sont grognons, tatillons, désagréables comme ton... (Se reprenant.) comme certaine personne que je ne dois pas nommer.

LAURE, à part.

Elle veut parler de papa!

MADAME LÉPINOIS.

Heureusement, M. Olivier n'a pas ce caractère... il paraît doux, aimable, facile... Aime-le donc, puisqu'il le faut...

LAURE.

Mais pas plus que nous!

MADAME LÉPINOIS.

Tâche de conserver son affection par tes soins, tes prévenances, tes câlineries même!

LAURE.

Ah!

MADAME LÉPINOIS.

J'entends par câlineries les bons procédés qu'on se doit entre époux! (A part.) La petite me gêne. (A Thérèse.) Voilà à peu près ce que j'avais à te dire... Quand tu seras à ton compte, écris tes dépenses tous les jours... et chaque soir, avant de te coucher, n'oublie pas de faire ta balance.

THÉRÈSE.

Oui, maman.

MADAME LÉPINOIS.

Pauvre enfant! comme la maison va nous sembler vide sans toi! (S'attendrissant.) Ah! j'oubliais... si ton mari est mécontent de son tailleur... fais-lui prendre celui de ton père... (Pleurant.) On lui fournit l'étoffe, et il est très-raisonnable... (Sanglotant.) Je te recommande aussi son bottier... c'est un Suisse... qui a de la famille... (A part.) Mon Dieu, que je souffre!

JOSEPH, paraissant à la porte du fond avec un paquet enveloppé.

Madame!

MADAME LÉPINOIS.

Quoi?

JOSEPH.

On apporte ceci pour mademoiselle Thérèse,... de la part de madame Trochu.

THÉRÈSE.

Ma tante Trochu!

MADAME LÉPINOIS.

Son cadeau de noce, sans doute!

LAURE.

Voyons! voyons!

MADAME LÉPINOIS, défaisant le paquet.

Qu'est-ce que ça peut être?... une cafetière en argent!

THÉRÈSE.

Une cafetière!

LAURE.

Avec ton chiffre... Elle est superbe!...

MADAME LÉPINOIS.

Elle contient au moins dix-huit tasses... voilà ce que j'appelle un présent utile!... Joseph!

JOSEPH.

Madame!

MADAME LÉPINOIS.

Placez-la sur une des deux consoles, en évidence. (Bas, à Thérèse.) C'est le nouveau domestique que j'ai arrêté pour toi... il frotte et met le vin en bouteille. (A Joseph.) Le coiffeur et la couturière sont-ils arrivés?

JOSEPH.

Pas encore, madame.

MADAME LÉPINOIS.

Où est monsieur?

JOSEPH.

Dans sa chambre... il s'habille...

Il sort.

MADAME LÉPINOIS, à part.

Pour le sacrifice! (Haut.) Je vais m'habiller aussi!... je veux être prête la première, pour présider à vos toilettes. (A Thérèse.) A bientôt, chère petite... Embrasse-moi encore!... encore!...

Elle sort en sanglotant.

SCÈNE II.

THÉRÈSE, LAURE.

LAURE.

A nous deux maintenant... maman est partie, nous pouvons causer librement... car, moi aussi, j'ai mes petits conseils à te donner.

THÉRÈSE.

Toi?

LAURE.

Oui, j'ai beaucoup réfléchi sur le mariage... c'est événement qui peut m'arriver d'un moment à l'autre.

THÉRÈSE.

Dans quelques années...

LAURE.

J'ai dix-sept ans et demi... (Mystérieusement.) et je crois qu'un de ces jours notre cousin Robert demandera ma main.

THÉRÈSE.

Robert! qui peut te faire penser...?

LAURE.

Oh! mille petits signes particuliers... à moi connus.

THÉRÈSE.

Mais espères-tu que mon père voudra l'accorder à un peintre... à un artiste?

LAURE.

Pourquoi pas? Robert est un excellent garçon... très-rangé... et qui a du talent... Il a gagné vingt mille deux cent sept francs l'année dernière... c'est gentil, de trouver cela sur sa palette!... Enfin, si nous nous arrangeons... si je l'épouse, j'ai mon programme tout prêt... et je vais te le donner.

THÉRÈSE, riant.

Voyons ton programme...

LAURE.

C'est surtout dans les commencements qu'il faut mettre son mari au pas et lui faire prendre de bonnes habitudes...

aussi, dès demain matin, je te conseille de mettre ton chapeau et de sortir...

THÉRÈSE.

Pour quoi faire ?

LAURE.

Pour établir ton droit... Si ton mari te demande où tu vas, tu lui répondras fièrement : « Je vais voir ma bonne petite sœur... nous avons à causer !... De son côté, quand il sortira... il devra te rendre compte de ce qu'il aura fait, des personnes qu'il aura vues...

THÉRÈSE.

Ça, c'est juste !...

LAURE.

Oh ! j'ai étudié la question, va !... Ah ! une recommandation capitale !... N'abonne jamais ton mari à un journal du soir !

THÉRÈSE.

Où est le danger ?

LAURE.

Vois papa... son journal arrive à sept heures... il le lit après dîner... le sang lui monte à la tête.. il s'endort... et la soirée est perdue !

THÉRÈSE.

Oh ! mais tu es très-forte !

LAURE.

Autre détail très-important !... donne l'ordre à ta cuisinière de lui servir, pendant quelques jours, son potage froid et sa salade dans des assiettes chaudes...

THÉRÈSE.

Ah ! par exemple !... et pourquoi ?

LAURE.

Tiens! pour essayer son caractère!... Tu verras tout de suite s'il est aimable ou grognon... et alors, si toutes ces épreuves-là réussissent, s'il est bien gentil, bien sage, s'il te laisse venir voir souvent ta bonne petite sœur... tu auras bien soin de lui, tu lui feras faire des petits plats sucrés, et tu le mettras dans du coton... Voilà comment je compte me gouverner avec mon cousin Robert... s'il demande ma main.

JOSEPH, entrant avec un paquet enveloppé, à Thérèse.

Mademoiselle... c'est encore un cadeau qu'on apporte de la part de M. et madame Langlumé.

THÉRÈSE, prenant le paquet.

Nos cousins!... Oh! qu'ils sont bons!... veuillez faire mes remerciments.

Joseph sort.

LAURE.

C'est amusant de recevoir des cadeaux toute la journée. (A Thérèse, qui est en train de développer le paquet.) Dépêche-toi donc!

THÉRÈSE, désappointée.

Ah!... une cafetière!

LAURE.

Encore!...

THÉRÈSE.

Ça m'en fera deux.

LAURE.

Sans compter le courant... la journée n'est pas finie.

THÉRÈSE.

Je vais la mettre sur l'autre console.

LAURE.

Ça fera pendant.

SCENE III.

Les Mêmes, LÉPINOIS.

LÉPINOIS, *sortant de sa chambre, pan coupé à droite, en habit noir et cravate blanche; il porte aussi des gants blancs.*

Me voilà prêt!

THÉRÈSE.

Oh! papa, que tu es beau!... gilet blanc, cravate blanche...

LAURE.

Et des gants blancs!... tu les as mis trop tôt, ils ne seront plus frais pour la messe.

LÉPINOIS.

C'est pour les faire... mais je vais les ôter. (Il les ôte.) Thérèse!...

THÉRÈSE.

Papa?

LÉPINOIS.

Ne t'éloigne pas... nous avons à causer... Comme père, j'ai le devoir de t'adresser quelques conseils à propos de la nouvelle carrière que tu vas embrasser.

THÉRÈSE, à part.

Lui aussi! je n'en manquerai pas.

LAURE.

Alors je vous laisse...

LÉPINOIS.

Non, reste... et écoute... cela pourra te servir... plus

tard... (A Thérèse.) Ma fille.. ce jour est un grand jour...
parce que... un mari... vois-tu... un mari... attends! j'ai
jeté quelques notes!

Il tire de sa poche un papier assez volumineux.

LAURE, à part.

Oh! mais c'est un manuscrit!

LÉPINOIS, lisant.

« Ma fille, ce jour est un grand jour... tu vas associer
ta destinée à celle d'un être supérieur... un mari est
tout à la fois un ami, un frère, un père... presque un
être divin. »

LAURE.

Oh! ça...

LÉPINOIS.

Laure, taisez-vous! (Lisant:) « La femme toujours gra-
cieuse et souriante doit... doit... » (Parlé.) Qu'est-ce que
j'ai mis là? Ah! (Lisant:) « Doit s'appliquer à chasser du
bout de son aile, les nuages qui de temps en temps
viennent obscurcir le front de l'époux... »

LAURE.

Mais, papa...

LÉPINOIS.

Laure, taisez-vous! (Lisant:) « Le front de l'époux... » (Parlé.)
Qu'est-ce que j'ai mis là?... Ah! va te promener! j'ai écrit
ça très-vite... (Serrant son papier.) Je te le recopierai.

LAURE.

En double, papa?

LÉPINOIS.

Je terminais en te disant que tu faisais un mariage ines-
péré... Tu épouses M. Olivier de Millancey, un auditeur au
conseil d'État... possesseur d'une fortune très-satisfai-

sante... N'oublions jamais que c'est à mon notaire que nous devons cette alliance, à laquelle je n'aurais jamais osé prétendre... moi, un ancien fabricant de chocolat...

LAURE.

Mais il me semble que nous le valons bien.

LÉPINOIS.

Laure, taisez-vous ! Une ère nouvelle s'ouvre pour toi, Thérèse... Tu vas te trouver lancée dans un monde étincelant... tu vas nouer des relations considérables... Au sein des grandeurs, n'oublie jamais ton père... ni ta mère... ni ta sœur.

LAURE.

A la bonne heure !

LÉPINOIS.

Et tâche de nous faire inviter dans les brillantes réunions auxquelles tu seras conviée.

THÉRÈSE.

Comment ?

LÉPINOIS.

Car, je ne te le cache pas... j'ai de l'ambition... une noble ambition !... celle de sortir de ma médiocrité bourgeoise... Ainsi, mon enfant, je me résume... sois toujours d'humeur égale avec ton mari, qu'un sourire perpétuel fleurisse sur tes lèvres... Garde-toi d'être acariâtre, jalouse, quinteuse comme ta... (Se reprenant.) comme certaine personne que je ne dois point nommer

LAURE, à part.

Il veut parler de maman...

LÉPINOIS.

Enfin, ma fille, songe que le mariage...

JOSEPH, entrant avec une caisse.

Mademoiselle... c'est encore un cadeau!

LAURE.

Troisième cafetière !

LÉPINOIS.

De quelle part?

JOSEPH.

De la part de M. Barbara.

THÉRÈSE.

Mon parrain! le marchand de porcelaine... Voyons!

LAURE.

Tiens! il y a sur la caisse : « Fragile. »

Joseph avec un marteau enlève le couvercle de la caisse.

LÉPINOIS en tire des objets.

Une assiette!... deux assiettes !

THÉRÈSE.

Un plat...

LAURE.

Une soupière...

LÉPINOIS.

Un saladier... Ah çà! c'est son fonds de magasin qu'il t'envoie là.

LAURE.

J'ai entendu dire qu'il allait liquider.

LÉPINOIS.

Bah! tout cela est utile en ménage.

On place les porcelaines sur les consoles.

SCÈNE IV.

Les Mêmes, ROBERT TAUPIER.

ROBERT, entr'ouvrant la porte.

Peut-on entrer ?

LAURE.

Le cousin Robert! Oui, oui, entrez!

LÉPINOIS.

Et prends garde de mettre les pieds dans les plats... Tu vois, nous rangeons les cadeaux de noce.

ROBERT, à Lépinois, tout en aidant à ranger la vaisselle.

Bonjour, mon oncle... (Aux jeunes filles.) Cousines...

THÉRÈSE.

Bonjour, Robert.

ROBERT.

Comment! vous n'êtes pas encore habillées ?

THÉRÈSE.

Oh! nous avons le temps!... la cérémonie n'est que pour midi.

ROBERT.

C'est juste... c'est moi qui suis en avance...

LAURE, l'examinant.

Voyons, si vous êtes présentable... oui... pas trop mal!... Seulement la cravate est horriblement mise... Approchez! que je donne un peu de tournure à cela.

ROBERT, s'asseyant et se laissant arranger sa cravate.

Franchement, je comptais sur vos jolies petites mains.

LÉPINOIS, à part.

Trop de familiarité! trop de familiarité!

LAURE, achevant de mettre la cravate.

La!... à la bonne heure! vous avez l'air de quelqu'un.

ROBERT, se levant.

Merci, cousine. (Tirant de sa poche un petit paquet.) Maintenant, ma chère Thérèse, en ma qualité de parent et de garçon d'honneur, permettez-moi de vous offrir...

THÉRÈSE.

Comment! vous aussi, Robert?

LAURE.

Si c'est une cafetière, remportez-la.

THÉRÈSE, qui a développé le paquet.

Oh! le joli coffret! c'est d'un travail exquis.

LAURE, prenant le coffret.

Voyons. Il est signé Froment-Meurice.

LÉPINOIS, froidement.

C'est gentil! c'est gentil!

LAURE, agitant le coffret.

Ça remue... il y a une petite bête dedans!

THÉRÈSE.

Encore une folie!

LAURE, à Robert.

Ça ne mord pas?

ROBERT.

Non!

ACTE PREMIER.

LAURE, ouvrant le coffret et désappointée.

Ah!... un dé... et un paquet d'aiguilles...

ROBERT.

L'emblème du ménage!... les attributs d'une honnête femme!

THÉRÈSE.

Je comprends... et je vous remercie.

Elle pose le coffret sur le guéridon.

LAURE.

Eh bien, moi, j'aurais trouvé un petit diamant beaucoup plus spirituel...

LÉPINOIS.

Le fait est qu'un dé et une aiguille... Il ne manque plus que des boutons de chemise.

JOSEPH, annonçant.

M. Olivier de Millancey!

LÉPINOIS, vivement.

Mon gendre! Faites entrer!

SCÈNE V.

Les Mêmes, OLIVIER, puis MADAME LÉPINOIS.

Olivier paraît : habit noir, cravate blanche, tenue très élégante.

LÉPINOIS, allant à lui avec empressement

Arrivez donc, mon cher.

OLIVIER.

Bonjour, beau-père! (Donnant la main à Thérèse.) Ma chère

Thérèse ! (A Laure.) Et vous, petite sœur, mon ennemie intime! (Il lui donne aussi la main.) Tu vas bien, Robert ?

ROBERT.

Pas mal... merci.

LÉPINOIS.

Eh bien, mon gendre, vous voilà sous les armes... la tenue est irréprochable...

OLIVIER.

N'est-ce pas ? cela a son cachet... regardez-moi un peu cet habit, coupe de Darnet frères ; chemise de Longueville, chaussure de Sakowski... Rien de trop beau... le dessus du panier !

LÉPINOIS, bas, à Laure.

N'est-ce pas qu'il est splendide ?

LAURE.

Oui... Il est très-bien mis.

MADAME LÉPINOIS, entrant en grande toilette, à la cantonade.

Préparez mes gants et mon mouchoir de dentelles... (A Thérèse.) Comprend-on ça?... le coiffeur et la couturière ne sont pas encore arrivés. — Ah! monsieur Olivier !

OLIVIER.

Belle-maman! (Il lui baise la main.) Ah! mais vous êtes radieuse...

MADAME LÉPINOIS, avec bonhomie.

J'ai mis ce que j'avais de mieux... un jour comme celui-ci...

OLIVIER, l'examinant.

Bonnet à barbe d'Angleterre... robe de moire antique... volants de dentelle... nœud duchesse... manches boutonnées et franges.

ACTE PREMIER

LÉPINOIS.

Où va-t-il chercher tout ça?...

LAURE, bas.

On jurerait qu'il a été modiste.

OLIVIER.

Adorable! adorable! une petite critique seulement... je n'aime pas votre corsage montant, je le préférerais à châle, et des manches pagodes à revers... à la place de vos manches fermées.

LÉPINOIS, bas, à sa femme.

Il se connait à tout!... il est prodigieux.

MADAME LÉPINOIS, à part.

C'est égal, je le trouve un peu tatillon.

LÉPINOIS; il prend le chapeau d'Olivier et le porte sur la cheminée. On s'assied, madame Lépinois sur le canapé; Robert reste debout.

Voyons, mon gendre, parlez-nous de vos projets... Après la noce, vous faites sans doute monter votre femme en chaise de poste... et vous la conduisez dans le pays des orangers, sous le beau ciel de l'Italie.

OLIVIER.

Moi? pour quoi faire?

MADAME LÉPINOIS.

Vous êtes donc bien pressé de voir partir votre fille?

LÉPINOIS.

Dame! de mon temps, c'était la mode... on voyageait... je me rappelle que, le jour de mes noces, nous avons pris un fiacre.. et il nous a descendus à Nanterre, à la *Boule blanche*...

MADAME LÉPINOIS.

Oui, un joli établissement! Il n'y avait seulement pas de rideaux aux fenêtres!

ROBERT, adossé à la cheminée.

Ah çà! qu'est-ce que vous avez été faire à Nanterre?

LÉPINOIS.

Dame!... nous nous sommes promenés... on construisait le chemin de fer... nous avons examiné les remblais.

OLIVIER.

Eh bien, beau-père, si mademoiselle est de mon avis, nous resterons à Paris.

LÉPINOIS.

Ah bah!

OLIVIER.

Voici le mois d'octobre, on rentre... les salons vont s'ouvrir... et il faut que je sois là!

ROBERT.

Pour quoi faire?

OLIVIER.

Eh bien, pour produire ma femme... pour la lancer!

MADAME LÉPINOIS.

La lancer?... où voulez-vous la lancer?

OLIVIER.

Partout où l'on rit, partout où l'on s'amuse! Je veux l'initier à toutes les surprises, à tous les enchantements de la vie parisienne.

LÉPINOIS

A la bonne heure!

ACTE PREMIER.

THÉRÈSE.

Voilà d'excellentes dispositions.

OLIVIER.

Il y a des gens qui, à peine mariés, déposent au vestiaire de la mairie toute la joyeuse défroque de leur célibat.

LÉPINOIS.

C'est bien vrai !

OLIVIER.

Le lendemain de la noce, ils coiffent leur jeunesse d'une calotte grecque... ouatée...

LÉPINOIS.

Oh !

Il ôte vivement sa calotte grecque.

OLIVIER.

Ils s'enterrent dans une vaste robe de chambre, mettent leurs pantoufles, prennent du ventre et offrent chaque soir à leur fiancée l'aimable régal d'un mari qui s'endort en lisant son journal...

LAURE, vivement.

Comme papa !

LÉPINOIS.

Laure, taisez-vous !

OLIVIER.

Moi, j'entends agir d'une autre façon ; j'entends que ma femme prenne sa part de toutes les fêtes, de tous les plaisirs...

LÉPINOIS.

Bravo ! ça va marcher !

LAURE, bas, à Thérèse.

Il a du bon!

THÉRÈSE, de même.

Quand je te le disais.

OLIVIER.

La vie, c'est le mouvement, le bruit, le théâtre, le bal, les courses.

LÉPINOIS, s'enthousiasmant.

Oui... le monde! le monde avec ses girandoles!

MADAME LÉPINOIS

Mais tout cela va bien fatiguer ma fille.

LÉPINOIS.

Allons donc! femme bourgeoise!... Est-ce que le plaisir fatigue?... Mon rêve à moi serait de me promener dans des salons... sous des lambris dorés... de voir de grands personnages... Malheureusement, mon genre de commerce ne m'a pas lancé! (A Olivier.) Tandis que vous...

OLIVIER.

Oh! moi! j'ai toujours eu pour système de me créer des relations... Quiconque est riche, quiconque brille, quiconque reçoit... celui-là est mon ami!

LÉPINOIS.

Mon gendre, vous êtes dans le vrai.

ROBERT.

Je comprends ça tant qu'on est garçon... On ne risque rien; mais un homme marié doit être un peu plus réservé dans le choix de ses relations...

LÉPINOIS.

Et pourquoi cela?

MADAME LÉPINOIS.

Il a raison...

ROBERT.

Je pense que l'épouse, qui doit être la gardienne de notre foyer, la mère de nos enfants, ne saurait être lancée étourdiment dans le salon du premier venu.

LÉPINOIS.

Oh! quel paradoxe! tu veux faire l'original!

ROBERT.

Il ne suffit pas que les gens soient riches et allument beaucoup de bougies pour conduire chez eux la jeune fille qui vous a été confiée... Il faut savoir, avant tout, s'ils sont dignes de l'honneur de recevoir une honnête femme... enfin il faut prendre ses renseignements.

OLIVIER, riant et se levant.

Ah! je l'attendais!

LÉPINOIS, riant.

Des renseignements! Il est adorable!

MADAME LÉPINOIS

Je ne vois rien de risible là dedans.

LÉPINOIS.

Prendre des renseignements... sur des gens qui ont des salons!

ROBERT.

Il me semble...

LÉPINOIS.

Puisqu'ils ont des salons... ça suffit!

OLIVIER.

Me voyez-vous, lorsque je recevrai une invitation pour

un bal ou pour une soirée... faisant une enquête comme un juge d'instruction, épluchant la liste des invités, tâtant le pouls à la moralité des danseuses.

LÉPINOIS, approuvant.

Très-spirituel! très-spirituel!

OLIVIER.

Mais un bal... c'est comme un voyage... on se lie, on fait des excursions ensemble, et, le voyage fini, on ne se connaît plus!

LÉPINOIS.

Voilà!

ROBERT.

Voilà! j'ai mangé vos petits gâteaux, savouré vos sirops, dégusté vos sorbets... mais je vous défends de me saluer... C'est très-commode!

LÉPINOIS.

Tiens! tu m'agaces avec tes raisonnements à la Prudhomme!... Et c'est un peintre, un artiste qui parle ainsi!

ROBERT.

Calmez-vous!

LÉPINOIS.

Sais-tu ce que c'est qu'un artiste? mais un artiste... c'est un insensé, un fou, un braque... un homme sans conduite, sans domicile, sans mœurs, un sacripant..

ROBERT, riant.

Merci...

LÉPINOIS.

Couvert de dettes, buvant de l'absinthe, passant toutes ses nuits dans l'orgie avec un chapeau de feutre et des gants blancs! voilà ce que c'est qu'un artiste!

ACTE PREMIER.

ROBERT.

Certainement, mon oncle, le portrait que vous en faites est très-séduisant... mais je ne crois pas qu'il soit absolument nécessaire d'être un homme mal élevé pour avoir du talent... Moi, je l'avoue, je n'ai pas de dettes, je ne bois jamais d'absinthe, je porte un chapeau comme le vôtre... un peu plus propre...

LÉPINOIS.

Hein?

ROBERT.

J'ai un domicile et je paye exactement mon terme... De plus... et j'en suis honteux... il m'arrive quelquefois, aux fins de mois, d'acheter des obligations..

LÉPINOIS.

Des obligations?

ROBERT.

Comme un simple chocolatier.

LÉPINOIS.

Un artiste! tiens! tu me fais pitié!

ROBERT.

J'aime mieux cela que de venir emprunter de l'argent à mon bon oncle... qui ne m'en prêterait peut-être pas.

LÉPINOIS, s'adoucissant.

Quant à ça, je ne te blâme pas.

ROBERT.

A force de volonté et de sagesse, je suis parvenu à mettre de côté ce bon petit morceau de pain tendre qui s'appelle l'indépendance... Je travaille à mon heure, dans un ciel... sans huissiers... Je puis refuser le portrait d'un millionnaire... si le millionnaire est trop laid... Enfin, et par-dessus tout, j'ai le droit de choisir mes relations et de ne tendre la main qu'à ceux que j'estime.

MADAME LÉPINOIS.

Bravo, Robert !

LAURE.

Comme il parle bien !

LÉPINOIS, se levant.

Allons donc ! il nous débite de vieilles rengaines ! Ah çà ! mais cette couturière n'arrive pas.

MADAME LÉPINOIS.

Et le coiffeur ?... Je n'y comprends rien ; j'ai envoyé Joseph.

OLIVIER.

Mes témoins ne vont pas tarder à arriver.

LÉPINOIS.

Ils vont venir ici ?

OLIVIER.

Sans doute...

LÉPINOIS.

Et... sont-ce des personnages... un peu... considérables ?

OLIVIER.

L'un est le baron de Grandgicourt... Quatre cent mille livres de rente...

LÉPINOIS, à sa femme.

Tu entends, ma bonne. Quatre cent mille livres de rente !... Je n'ai jamais adressé la parole à un homme... de cette valeur-là !

OLIVIER.

Il donne des fêtes splendides... c'est étincelant ! je vous ferai inviter...

LÉPINOIS.

Oh ! quel monde nous allons voir !

OLIVIER.

Ne vous montez pas la tête, Grandgicourt est un noble de 1842.

LÉPINOIS.

Ah ! pas plus ?

OLIVIER.

Ne le dites à personne... son père, son grand-père et trois de ses oncles étaient des maîtres de forge... Il a hérité de ces cinq fortunes, et voilà pourquoi il a été créé baron.

LÉPINOIS.

Je vois ce que c'est... (Avec mépris.) un parvenu !

OLIVIER.

Il a, du reste, épousé une femme charmante, une femme de race et de grandes manières.

LÉPINOIS.

Mais comment vous y prenez-vous pour faire ces connaissances-là ?

OLIVIER.

J'ai connu Grandgicourt à mon cercle..,

LÉPINOIS, à part.

Ah ! voilà ! je n'ai pas de cercle, moi. (Haut.) Et, l'autre ? votre second témoin ?

OLIVIER.

Oh! celui-là est un vrai gentilhomme... le comte de Jonsac, très-riche aussi...

LÉPINOIS.

Il a un salon?

OLIVIER.

Non... il est célibataire, et refuse absolument de se marier... C'est un homme charmant... un peu mystérieux, un peu railleur... mais plein d'esprit... surtout près des dames...

LÉPINOIS.

Et où l'avez-vous connu?

OLIVIER.

Au bois de Boulogne, sur la glace, en patinant...

LÉPINOIS, à part.

Ah! voilà! je ne patine pas, moi!

JOSEPH, entrant.

Madame... je ramène le coiffeur.

MADAME LÉPINOIS.

Et la couturière?

JOSEPH.

Les robes n'étaient pas prêtes...

MADAME LÉPINOIS.

Ah! mon Dieu!

LAURE, THÉRÈSE et LÉPINOIS.

Pas de robes!

MADAME LÉPINOIS.

Et nous n'avons plus qu'une heure... Que faire?

OLIVIER.

Voyons, du sang-froid!... Les couturières, il faut savoir les prendre... je me jette dans une voiture, et je vous ramène la vôtre, morte ou vive!

MADAME LÉPINOIS.

Oh! vous nous sauvez!

OLIVIER.

L'adresse?

MADAME LÉPINOIS.

Pauline...

OLIVIER.

Rue Louis-le-Grand, 29, je ne connais que ça!

Il prend son chapeau

LÉPINOIS.

Il connaît tout! il est prodigieux!

OLIVIER, *saluant.*

Madame,... Mesdemoiselles.

MADAME LÉPINOIS, à ses filles.

Vite, mes enfants! ne faisons pas attendre le coiffeur.

Madame Lépinois, Laure et Thérèse entrent par la gauche.

SCÈNE VI.

LÉPINOIS, ROBERT.

LÉPINOIS.

Ah! voilà un gendre! il est brillant, il est élégant, il a des relations...

ROBERT.

Eh bien, mon oncle, cet heureux choix doit vous encourager.

LÉPINOIS.

M'encourager... à quoi?

ROBERT.

Mais... à marier votre seconde fille...

LÉPINOIS, vivement.

Oh! nous avons le temps! dix-sept ans et demi... c'est une enfant! Mais comprends-tu ce baron de Grandgicourt? Quatre cent mille livres de rente amassées... en forgeant.

ROBERT.

C'est merveilleux!... Mais, dans six mois, elle aura dix-huit ans.

LÉPINOIS.

Qui ça?

ROBERT.

Laure... ma cousine...

LÉPINOIS.

Sa mère ne s'est mariée qu'à vingt-deux.

ROBERT.

Oui, mais sa sœur se marie à dix-neuf...

LÉPINOIS.

Oh! tu sais... l'occasion... un parti renversant.

ROBERT.

Et s'il s'en présentait un pour Laure, plus modeste sans doute...

LÉPINOIS.

Je ne veux pas d'un parti modeste!

ROBERT.

Enfin si l'on vous offrait un brave garçon... que vous connaissez... qui mettrait tous ses soins à rendre votre fille heureuse...

LÉPINOIS.

Un instant! Quelle est sa position dans le monde?

ROBERT.

Au fait, à quoi bon ces détours? Il s'agit de moi... j'aim ma cousine depuis longtemps...

LÉPINOIS.

Je m'en étais bien aperçu... mais j'espérais que tu ne m'en parlerais jamais.

ROBERT.

Vous êtes bien bon!... et pourquoi?

LÉPINOIS.

Mon cher ami, je t'aime beaucoup... tu es mon neveu... tu seras toujours le fils de ma sœur... mais un peintre...

ROBERT.

Eh bien?

LÉPINOIS.

Voyons, réfléchis!... Quand on dira dans le monde : « Vous savez bien, Lépinois... le beau-père de M. Olivier de Millancey, il vient de marier sa seconde fille! — Ah bah! à qui? — A un petit jeune homme qui fait des tableaux. »

ROBERT.

Si mes tableaux sont bons et se vendent très-cher...

LÉPINOIS.

Non, vois-tu, je ne veux pas donner à mon gendre, M. Olivier de Millancey, un beau-frère qui ne soit pas... de notre monde.

ROBERT.

Oh! quant à cela, je réponds d'Olivier, c'est un ami de collége

LÉPINOIS.

Et puis, entre nous, comme mari, tu es un bonhomme impossible.

ROBERT.

Moi ?

LÉPINOIS.

Tu n'aimes pas le monde, tu es un ours, un sauvage... Avant d'accepter une invitation, tu te crois obligé de prendre des renseignements... de faire une enquête, comme l'a très-spirituellement dit mon gendre, M. Olivier de Millancey.

ROBERT, à part.

Il en a plein la bouche!

LÉPINOIS.

Mais j'y vois clair: tout ça, c'est un prétexte... pour faire coucher ta femme à neuf heures... Eh bien les femmes n'aiment pas à se coucher à neuf heures! Ce qu'il leur faut, c'est le bruit, le luxe, le monde, le monde avec ses girandoles! mais, toi, tu ne connais personne... tu n'as pas de relations...

ROBERT.

Permettez...

LÉPINOIS.

Où sont tes relations? montre-moi seulement un baron ?

ROBERT.

Si c'est une commande... je chercherai...

LÉPINOIS.

Eh bien, cherche!... lance-toi!... et nous verrons! (A part.) Je suis bien tranquille!

SCÈNE VII.

Les Mêmes, JOSEPH, puis GRANDGICOURT et JONSAC.

JOSEPH, entrant vivement.

Monsieur! ce sont les témoins...

LÉPINOIS.

Les nôtres, les Barbara?

JOSEPH.

Non, les autres.

LÉPINOIS.

Le baron!... saprelotte! et mon gendre qui n'est pas là! (A Robert.) Aide-moi à les recevoir... (A Joseph.) Fais entrer... et annonce-les avec tous leurs titres! (Joseph sort. — A Robert.) Je ne les connais pas, qu'est-ce que je vais leur dire?

ROBERT.

Voyons, mon oncle... du calme!

JOSEPH, annonçant.

M. le baron de Grandgicourt! M. le comte de Jonsac!

LÉPINOIS, avec empressement.

Entrez donc, monsieur le comte... monsieur le baron.

DE GRANDGICOURT, essoufflé.

Ah! mon cher monsieur, que vous demeurez haut!

LÉPINOIS.

Un petit troisième...

DE JONSAC.

L'escalier est fort doux...

DE GRANDGICOURT.

Doux! bien obligé!... (S'asseyant sur le canapé.) Vous permettez?... Moi, dans mon hôtel, j'occupe le rez-de-chaussée et le premier... le reste est pour mes domestiques.

LÉPINOIS, à part.

Ce doit être le baron !

ROBERT, à part.

Il commence bien!

DE JONSAC, à Lépinois.

C'est M. Lépinois que j'ai l'honneur de saluer?

LÉPINOIS.

L'honneur est pour moi, monsieur le comte.

DE JONSAC.

Je suis heureux, monsieur, d'avoir été choisi pour témoin par mon ami, M. Olivier de Millancey...

LÉPINOIS, remerciant.

Ah! monsieur le comte!

ROBERT, à part.

Au moins celui-là est poli !

DE JONSAC, indiquant Robert.

Monsieur est votre parent, sans doute?

LÉPINOIS.

Mon neveu... M. Robert Taupier...

DE JONSAC.

Le peintre ?

LÉPINOIS.

Oui... il est peintre comme ça... pour s'amuser...

DE JONSAC, à Robert.

Mon compliment, monsieur!... vous avez du talent... un talent vrai, sans charlatanisme...

LÉPINOIS.

Vraiment?... vous croyez qu'il ira ?

DE JONSAC.

J'ai couvert d'or ce matin un tableau de monsieur... *les Glaneuses.*

LÉPINOIS.

Ah! oui, de vieilles femmes qui ramassent de la paille... C'est donc joli, ça ?

DE JONSAC.

Si M. Robert Taupier veut me faire l'honneur de visiter ma galerie, nous choisirons pour son tableau le jour le plus convenable.

ROBERT, saluant.

Monsieur le comte...

LÉPINOIS, à part.

Une relation !

DE GRANDGICOURT, assis.

Taupier! mais je n'ai pas de Taupier dans ma galerie... vous m'en ferez un, jeune homme... un grand !... j'ai de la place.

LÉPINOIS, à part.

Deux relations !

ROBERT, à Grandgicourt.

Si M. le baron veut prendre la peine de venir à mon atelier... je lui montrerai une esquisse... c'est une famille de forgerons.

GRANDGICOURT.

Hein?

LÉPINOIS, à part.

Est-il maladroit?

GRANDGICOURT, se levant.

Non! je veux des nymphes... avec des satyres... vous arrangerez ça! (Lorgnant la porcelaine qui est sur les consoles.) Qu'est-ce que je vois là-bas?... Est-ce que vous déménagez?

LÉPINOIS.

Ce sont les cadeaux de noce.

GRANDGICOURT.

Ah! bah! vous mangez dans de la terre... Moi, je ne me sers que de vaisselle plate.

LÉPINOIS.

Les deux cafetières sont en argent...

DE GRANDGICOURT.

Chez moi, les cafetières sont en or... Tout le service de dessert est en or... j'aime beaucoup l'or... jusqu'à mes bouchons qui sont coiffés en or... Quant à mon vin...

ROBERT.

Il est de la Côte d'or?

JONSAC, riant.

Ah! très-joli!

DE GRANDGICOURT.

Charmant! charmant! c'est un mot! Mais je ne vois pas Olivier... où est donc Olivier?

LÉPINOIS.

Il est allé chercher la robe... Concevez-vous la robe qui n'arrive pas?

SCÈNE VIII.

Les Mêmes, MADAME LÉPINOIS.

MADAME LÉPINOIS, entrant effarée.

Pas de couturière! Olivier n'est pas de retour?

LÉPINOIS.

Non, ma chère amie, je te présente M. le baron et M. le comte.

MADAME LÉPINOIS, distraite.

Messieurs, j'ai bien l'honneur... Oh! je ne tiens pas en place... nous n'avons plus qu'une demi-heure... et la robe n'arrive pas.

DE GRANDGICOURT.

C'est un vrai désastre.

MADAME LÉPINOIS, à son mari.

Vite ton chapeau, et cours rue Louis-le-Grand...

LÉPINOIS.

Les remises sont à la porte... je vais en prendre un! (A Grandgicourt et à Jonsac.) Vous permettez?... ma femme vous tiendra compagnie...

Il sort vivement.

DE JONSAC à madame Lépinois.

Voilà un contre-temps...

MADAME LÉPINOIS.

Pardon... le coiffeur est là... (Saluant.) Messieurs...

Elle sort vivement.

SCÈNE IX.

DE GRANDGICOURT, DE JONSAC, ROBERT.

ROBERT, à part.

Il paraît que c'est moi qui suis chargé de faire les honneurs...

DE GRANDGICOURT, se jetant dans un fauteuil.

Comte, qu'est-ce que vous dites de cela?

DE JONSAC.

Je dis que la demoiselle ne peut pas se marier sans robe. (S'asseyant.) Attendons la robe.

DE GRANDGICOURT.

C'est étourdissant! Où diable Olivier a-t-il été décrocher cette famille-là?

DE JONSAC.

Le père est un ancien chocolatier qui a des écus...

DE GRANDGICOURT.

Je m'en doutais... En entrant, je me suis dit : « Tiens! ça sent le chocolat! »

DE JONSAC.

Et la mère, comment la trouvez-vous?

DE GRANDGICOURT.

Monumentale! c'est une femme qui doit réussir le miroton!

ROBERT, à part.

Ils ne savent pas que je suis là! (Haut, toussant.) Hum! hum!

ACTE PREMIER.

DE JONSAC, bas, à Grandgicourt

Prenez garde!

DE GRANDGICOURT, bas.

Ne faites pas attention... c'est le peintre! (Haut.) Ah! je suis bien curieux de voir la mariée.

ROBERT, de l'autre côté de la scène, à part.

Décidément je n'en suis pas!

DE JONSAC.

On la dit jolie.

DE GRANDGICOURT.

Jolie? laissez-moi donc tranquille! je ne la connais pas, mais je la vois d'ici... des mains rouges, des pieds très-accentués... et un peu de piano... Le dimanche, ça doit jouer au volant dans la cour!

ROBERT, à part.

Elles vont bien, les relations d'Olivier!

DE JONSAC.

Quelle singulière idée a eue M. de Millancey de se marier un jour de première représentation à l'Opéra.

DE GRANDGICOURT.

C'est juste! et un jour de ballet encore!... il n'aura personne à sa soirée... Est-ce que vous irez au repas, chez le nommé Lemardelay? où est ça, Lemardelay?

DE JONSAC.

Rue Richelieu, je crois. Je ne compte pas m'y rendre.

DE GRANDGICOURT.

Ni moi!

ROBERT, à part.

Très-bien! nous aurons de la place!

Il sort un instant.

DE JONSAC.

J'ai promis à une dame de la conduire ce soir à l'Opéra...

DE GRANDGICOURT.

Une dame? je sais qui!

DE JONSAC.

Je ne crois pas.

DE GRANDGICOURT.

C'est la petite Cascadine.

DE JONSAC.

Oh! non! Cascadine, je ne la sors pas!

DE GRANDGICOURT.

Passion domiciliaire!... de quatre à six... je connais ça!

DE JONSAC.

Tiens! vous me faites songer que j'ai promis d'envoyer le coupon de ma loge à...

DE GRANDGICOURT.

A qui?

DE JONSAC.

A la dame que vous ne connaissez pas... (S'approchant de la console et écrivant) Vous permettez que j'écrive un mot?

DE GRANDGICOURT.

Faites donc... (A Jonsac qui écrit.) Moi, mon cher, j'ai renoncé aux petites liaisons...

DE JONSAC.

Vraiment?

DE GRANDGICOURT.

C'est toujours la même chose... J'en ai par-tête... Dans ce moment, je suis amoureux..

DE JONSAC.

Allons donc!

DE GRANDGICOURT.

Oui, mon cher!... un roman de pensionnat... Dix-huit printemps à peine... Je l'ai rencontrée, il y a trois jours, rue de Luxembourg, accompagnée d'une bonne... Elle avait des livres et une pancarte... sous le bras... Ça m'a touché... Je l'ai suivie... Elle se rendait au cours de M. Livarez... un Espagnol... qui apprend le français aux demoiselles... Elle était fraîche... jolie... Une goutte de rosée sur une rose pompon.

DE JONSAC, tout en écrivant.

Mauvais sujet!

Robert rentre.

DE GRANDGICOURT.

J'ai chargé mon domestique de s'informer où demeurait la petite... Il doit me rendre réponse ce soir. Je vais suivre ce petit roman.

DE JONSAC.

Eh bien, et madame la baronne?

DE GRANDGICOURT.

Ma femme?... Oh! elle mûrit bien depuis deux ans!... Elle prend ses quartiers d'hiver, la pauvre baronne!

ROBERT, à part.

Très-gentil pour madame!

SCÈNE X.

Les Mêmes, OLIVIER.

OLIVIER, entrant très-essoufflé.

Enfin! elle est arrivée!

DE GRANDGICOURT, se levant ainsi que Jonsac.

La fameuse robe!

OLIVIER.

Ah! vous savez?... la couturière est chez ces dames... Vous êtes bien gentils d'être venus de bonne heure... Vous dînez ce soir avec nous chez Lemardelay?

DE JONSAC.

Certainement.

DE GRANDGICOURT.

Je m'en fais une fête.

DE JONSAC.

Pardon... Une lettre à faire porter.

OLIVIER.

Donnez.

DE JONSAC.

Non... C'est un billet sans adresse... Il faut que j'explique moi-même à mon domestique... Je reviens.

Il sort par le fond.

SCÈNE XI.

Les Mêmes, puis JOSEPH et LA COMTESSE DE TREMBLE.

OLIVIER.

Quel homme mystérieux que ce Jonsac ! Il a toujours une lettre secrète à faire porter.

DE GRANDGICOURT.

Celle-ci est adressée à une femme...

OLIVIER.

Ah bah ! contez-moi ça !

DE GRANDGICOURT.

Impossible ! Il m'a défendu de la nommer.

JOSEPH, annonçant.

Madame la comtesse de Tremble !

ROBERT, à part.

Une comtesse !

OLIVIER, allant au-devant d'elle.

Ah ! comtesse, que vous êtes aimable, je n'espérais vous voir qu'à l'église !

MADAME DE TREMBLE.

Ne vous hâtez pas de me remercier... Bonjour, baron.

DE GANDGICOURT, saluant.

Comtesse !

MADAME DE TREMBLE, à Olivier.

Vous me voyez désolée... J'ai envie de pleurer... (Bas, indiquant Robert.) Quel est ce jeune homme?

OLIVIER, bas.

C'est un peintre... un de mes amis...

MADAME DE TREMBLE, à Olivier après avoir lorgné Robert.

J'aime beaucoup les artistes... Vous me le présenterez?

ROBERT, à part.

On dirait qu'elle me lorgne!

MADAME DE TREMBLE.

Je viens pour vous dire qu'il me sera impossible d'assister à votre soirée...

OLIVIER, contrarié.

Ah! et pourquoi?

ROBERT, à part.

L'Opéra!

MADAME DE TREMBLE.

Un cas de conscience... je vous en fais juge... Vous connaissez M. de Tremble?

OLIVIER.

Non... je me suis présenté plusieurs fois pour lui faire ma visite...

DE GRANDGICOURT.

C'est comme moi... je ne le connais pas, ce cher ami!

MADAME DE TREMBLE.

Il n'est jamais chez lui... c'est l'activité même... Hier, je suis sortie... j'ai chiffonné dans les magasins... j'ai acheté une robe qui arrivait de Lyon... comme échantillon... M. de Tremble l'a trouvée si jolie, qu'il est parti immédiatement pour Lyon, afin de faire briser le métier... Il ne veut pas la voir sur le dos d'une autre femme...

OLIVIER.

Oh! c'est magnifique!

DE GRANDGICOURT.

C'est sublime!

MADAME DE TREMBLE.

Ah! il est doux d'être aimée comme cela... Le comte revient ce soir à neuf heures... et je veux aller au-devant de lui à la gare... c'est bien le moins.

SCÈNE XII.

Les Mêmes, DE JONSAC.

DE JONSAC, rentrant.

Ma lettre est partie... (Apercevant la comtesse et à part.) Hein! ma femme!

MADAME DE TREMBLE, à part.

Mon mari!

OLIVIER, les présentant l'un à l'autre.

M. le comte de Jonsac, madame la comtesse de Tremble...

DE JONSAC, saluant.

Madame...

MADAME DE TREMBLE.

Monsieur...

OLIVIER, à Jonsac.

Vous me voyez désolé... madame de Tremble m'annonce que nous ne l'aurons pas ce soir...

DE JONSAC.

Ah! vraiment... comtesse!

DE GRANDGICOURT.

Une histoire touchante... Madame va au-devant de son mari qui arrive ce soir de Lyon...

DE JONSAC.

Ah bah!

DE GRANDGICOURT.

Connaissez-vous M. de Tremble?

DE JONSAC.

Beaucoup... c'est un homme charmant!

OLIVIER.

Et un mari modèle! il est allé à Lyon tout exprès pour faire briser un métier afin que madame ne voie sa robe sur le dos de personne. (A la comtesse.) N'est-ce pas?

MADAME DE TREMBLE.

Mon Dieu, oui!

DE GRANDGICOURT.

C'est admirable!

DE JONSAC, à part.

Allons! elle est très-gentille pour moi... quoique séparés depuis trois ans... c'est peut-être à cause de cela... (Haut.) Mon compliment, madame, vous méritez à tous égards d'avoir un mari pareil... un phénix, à ce que je vois!

MADAME DE TREMBLE.

Oh! il a bien aussi ses défauts!

DE JONSAC.

Qui n'a pas les siens? Mais, quand on aime bien sa femme, l'amour efface tout... (Bas.) Il y a six mois que je n'avais eu le plaisir de vous rencontrer.

Grandgicourt est allé au canapé avec Robert et Olivier.

MADAME DE TREMBLE, bas.

J'ai voyagé!

JONSAC, bas.

Seule ?

MADAME DE TREMBLE, bas.

Vous êtes curieux.

JONSAC, bas.

Oh! pardon! Du reste, vous êtes toujours jolie... un peu moins fraîche que l'année dernière... mais l'hiver a été si fatigant.

MADAME DE TREMBLE, bas.

Moi, je vous trouve toujours galant... mais vous avez vieilli.

JONSAC, bas.

Ah !

MADAME DE TREMBLE, bas.

Considérablement...

JONSAC, bas.

Trop bonne de vouloir bien le remarquer.

GRANDGICOURT, assis, bas, à Olivier.

Voyez-vous de Jonsac!... il pousse sa pointe.

SCÈNE XIII.

Les Mêmes, JOSEPH, LA PRINCESSE DOUCHINKA.

JOSEPH, annonçant.

Madame la princesse Douchinka.

ROBERT, à part.

Une princesse à présent!...

OLIVIER, bas, à Robert.

Une femme charmante! une Valaque! (Allant au-devant de Douchinka.) Chère princesse...
Il lui approche une chaise.

DOUCHINKA.

Un siége... je suis morte! (S'asseyant.) Dieu, que c'est haut ici!

ROBERT, à part.

Le refrain de l'escalier!

DOUCHINKA, à madame de Tremble.

Vous allez bien, chère amie?... Bonjour, baron!... bonjour, comte!... (A Olivier.) Mon cher, vous me voyez désolée, il me sera impossible d'assister à votre soirée...

OLIVIER.

Comment! vous non plus?

ROBERT, à part.

Toujours l'Opéra!

DOUCHINKA.

Non... je sens qu'il me faut renoncer au monde... Les veilles me tuent... je suis d'une santé si délicate... une mouche me renverserait...

OLIVIER.

Oh! princesse!... un petit effort?...

DOUCHINKA.

Je me traînerai jusqu'à l'église... mais c'est tout ce que je pourrai faire...

JONSAC, à part.

Elle pose pour la langueur, mais elle ne manque pas un bal.

GRANDGICOURT.

J'espère, princesse, que vous serez rétablie pour la fête champêtre que je dois donner cet hiver.

TOUS.

Une fête champêtre?

GRANDGICOURT.

Oui... le costume villageois sera de rigueur... je veux que ce soit nature!

DOUCHINKA, se levant.

Oh! ce sera charmant! très-original!... j'ai précisément chez moi un costume de paysanne lithuanienne... je vais le faire faire.

JONSAC, à part.

Allons, elle va mieux!

Il remonte, ainsi qu'Olivier et Robert.

MADAME DE TREMBLE, bas, à la princesse.

Vous verra-t-on ce soir à l'Opéra? J'ai une place à vous offrir dans ma loge.

DOUCHINKA.

Oh! impossible! le monde... la musique... je suis trop nerveuse... cela me tuerait.

MADAME DE TREMBLE, à part.

Je parie qu'elle y sera.

DOUCHINKA, à madame de Tremble.

Est-ce qu'on ne va pas bientôt nous montrer la mariée?

MADAME DE TREMBLE.

Je l'espère bien... je ne suis venue que pour la voir!

DOUCHINKA.

Moi aussi!

SCÈNE XIV.

Les Mêmes, MADAME LÉPINOIS, THÉRÈSE,
en costume de mariée.

MADAME LÉPINOIS, entrant.

Viens, Thérèse... Enfin, nous voilà prêtes!...

OLIVIER, présentant Thérèse.

Mesdames... messieurs... Mademoiselle Thérèse... ma fiancée...

GRANDGICOURT.

Mademoiselle, voulez-vous me permettre, en ma qualité de témoin et d'ami, de vous offrir ce petit souvenir?...

Il tire une boîte de sa poche.

THÉRÈSE.

Oh! monsieur... c'est trop de bonté... (Ouvrant la boîte.) Un éventail!

JONSAC.

En or! il est en or!

ACTE PREMIER.

MADAME DE TREMBLE.

C'est charmant!

DOUCHINKA.

Délicieux!

MADAME LÉPINOIS.

Ça vaut au moins cinq cents francs!

GRANDGICOURT, à part, mécontent.

Cinq cents francs!... il m'en coûte mille!

MADAME LÉPINOIS.

Je crois que nous pouvons partir... Il est midi... Ah! mon Dieu! et M. Lépinois?

THÉRÈSE.

Mon père...

ROBERT.

Vous l'avez envoyé chez la couturière...

MADAME LÉPINOIS.

Et tout le monde qui nous attend!

JONSAC, bas, à Grandgicourt.

On a perdu le père!

GRANDGICOURT.

C'est étourdissant! étourdissant!

DOUCHINKA, à madame de Tremble.

Alors, je vais me rasseoir!

SCÈNE XV.

Les Mêmes, LÉPINOIS, puis LAURE.

LÉPINOIS, entrant vivement.

Me voilà! la couturière est-elle arrivée?

MADAME LÉPINOIS.

Depuis une heure... on n'attend plus que toi...

LÉPINOIS.

Il y a eu un malentendu... On a cru que je venais chercher la robe d'une princesse Douchinka, qui va ce soir à l'Opéra...

TOUS, à Douchinka.

Ah bah!

DOUCHINKA.

Je croyais en effet en avoir la force... mais je sens bien que je n'irai pas...

LÉPINOIS, à part.

Comment! une princesse chez moi?

Il va saluer Douchinka.

OLIVIER.

Allons, partons!

LÉPINOIS.

Et Laure? où est Laure?

MADAME LÉPINOIS.

C'est vrai! je n'y comprends rien... elle était prête. (Appelant.) Laure! Laure!

ACTE PREMIER.

JONSAC, bas, à Grandgicourt.

On a perdu la sœur à présent !

Il remonte.

GRANDGICOURT, riant beaucoup.

Je me roule ! je me roule !

LAURE paraît habillée.

Me voici, maman.

GRANDGICOURT, l'apercevant.

Ah ! saprebleu !

ROBERT, qui est près de lui.

Quoi donc ?

GRANDGICOURT.

C'est elle ! la petite qui va au cours !

ROBERT.

Ah bah !

DOUCHINKA.

Comment les trouvez-vous ?

MADAME DE TREMBLE.

Il n'y a que le mari qui soit passable.

GRANDGICOURT, regardant Laure.

Elle est ravissante ! (A Robert, sans le voir.) Mon cher, quand cela devrait me coûter un million... je tenterai l'aventure !

GRANDGICOURT.

Tiens, le peintre!... je croyais que c'était Jonsac!

Le cortège se forme, madame Lépinois prend le bras de Grand gicourt et pousse des sanglots. — On part.

ACTE DEUXIÈME.

CHEZ GRANDGICOURT.

Salon tapissé de verdure. — Lustres en feuillages. — Tonnelles en feuillage, meublées de petites tables rustiques. — Au fond, un buffet champêtre décoré avec des guirlandes de capucines et de saucissons. — A droite, arbre, pommier artificiel.

SCÈNE PREMIÈRE.

GRANDGICOURT, UN GARDE CHAMPÊTRE, Invités.

LE GARDE CHAMPÊTRE, *annonçant à gauche.*

Monsieur et madame de Bertaloir... Messieurs de Montour.

GRANDGICOURT.

Entrez donc... Vous voyez... de la verdure, du gazon, du feuillage partout, comme s'il en poussait... Entrez.. On danse par là.

Les invités entrent à droite.

SCÈNE II.

GRANDGICOURT, LA BARONNE. Elle porte un costume de paysanne hollandaise, plaques d'or dans la coiffure.

GRANDGICOURT.

Dépêchez-vous donc, baronne; vous n'en finissez pas!

LA BARONNE.

Comment trouvez-vous mon costume ?

GRANDGICOURT.

Parfait... C'est rustique... et on voit un peu d'or par-ci par-là... Ça fait toujours bien...

LA BARONNE.

Nous avons déjà beaucoup de monde ?

GRANDGICOURT.

Beaucoup, et j'en attends encore... mais je vous préviens que ce sera mêlé.

LA BARONNE.

Vraiment?...

GRANDGICOURT.

J'ai invité un peu de commerce... la famille Lépinois...

LA BARONNE.

Ah! la petite Lépinois sera de la fête?...

GRANDGICOURT.

Naturellement!... Je ne pouvais pas dire aux parents de coucher leur fille, avant de venir...

ACTE DEUXIÈME.

LA BARONNE.

Vous vous en seriez bien gardé...

GRANDGICOURT.

J'attends aussi madame de Tremble... la princesse Douchinka, M. et madame de Millancey... J'ai été leur témoin il y a six mois...

LA BARONNE.

Alors, je ne vous demande pas si M. Jonsac viendra...

GRANDGICOURT.

Ça ne fait pas question... Il est devenu l'ami du mari... et le cavalier de madame...

LA BARONNE.

On commence à en parler... on s'étonne d'autant plus de sa conduite que le bruit a couru, il y a quelque temps, qu'Olivier s'était battu pour lui...

GRANDGICOURT.

C'est vrai!... Il paraît qu'un soir, au cercle, on parlait de la vie un peu mystérieuse de Jonsac... Un monsieur qui se trouvait là prétendit que Jonsac, qui se donne comme célibataire, était parfaitement marié...

LA BARONNE.

Ah bah!

GRANDGICOURT.

Et qu'au bout de quelques mois, ses mauvais procédés envers sa femme avaient provoqué une séparation... Il ajouta que, si Jonsac tenait à Paris un certain rang, il le devait à sa victime qui avait acheté son repos et sa liberté au prix d'une pension de trente mille francs...

LA BARONNE.

Est-ce vrai?

GRANDGICOURT.

C'est possible... Olivier, qui avait écouté tranquillement ce petit drame, en fumant son cigare, se leva et appliqua au conteur... un vigoureux...

LA BARONNE, effrayée.

Ah! mon Dieu!

GRANDGICOURT.

Non! un vigoureux démenti... une rencontre eut lieu et Olivier eut la chance d'administrer à son adversaire un joli coup d'épée... ce qui fait que Jonsac courtise la femme d'Olivier! Je l'aime ce Jonsac... il est vicieux!

LA BARONNE.

Oh! ce n'est pas possible! il ignore sans doute qu'Olivier s'est battu pour lui...

GRANDGICOURT.

Dans tous les cas, il ne faut pas le lui dire... ça le gênerait...

SCÈNE III.

Les Mêmes, LE GARDE CHAMPÊTRE. Invités, Marchands forains.

LE GARDE CHAMPÊTRE, annonçant.

Monsieur, madame et mademoiselle Lavalard.

GRANDGICOURT, à part.

Le commerce! Lavalard!...

Les invités entrent successivement; ils sont vêtus de costumes villageois. La baronne et de Montgicourt vont au-devant d'eux et les saluent.

LAVALARD.

Ah! baron... c'est splendide!... c'est féerique!...

MADEMOISELLE LAVALARD.

On se croirait à la fête de Saint-Cloud...

MADAME LAVALARD.

Cela donne envie de déjeuner sur l'herbe.

GRANDGICOURT.

C'est assez réussi, n'est-ce pas?... c'est un décorateur de l'Opéra qui a arrangé tout cela... Je lui ai dit : « Je ne regarde pas à l'argent .. mais que ce soit nature!... »

LAVALARD.

En entrant, j'ai vu de vrais gazons... qu'on fauchait...

GRANDGICOURT.

Oui... je fais mes foins...

MADAME LAVALARD, avec ravissement.

Oh! quelle odeur!...

GRANDGICOURT.

Voilà quinze jours qu'on les couvre de guano... par exemple, j'ai été obligé d'ouvrir les fenêtres... j'avais semé aussi quelques oiseaux...

MADAME LAVALARD.

Dans les bosquets?... Pas possible!...

GRANDGICOURT.

Mais ils se comportaient mal... ils étaient trop nature... j'ai encore été obligé d'ouvrir les fenêtres!...

LAVALARD.

On ne reconnaît plus votre appartement...

GRANDGICOURT.

Ici, c'est ma chambre à coucher... Dans le salon, il y a

des chevaux de bois... et, dans la salle à manger, un tir à l'arc...

LAVALARD.

C'est fabuleux!...

MADAME LAVALARD.

Que le baron a d'esprit!... C'est un poëte!...

UN MARCHAND DE PLAISIR, entrant.

Voilà le plaisir, mesdames!... voilà le plaisir!...

UN MARCHAND DE COCO.

A la fraiche!... qui veut boire?...

UN MARCHAND DE MACARONS, faisant tourner sa manivelle.

Macarons!... à tout coup l'on gagne!...

LAVALARD.

Baron, votre fête sera l'événement de l'hiver...

GRANDGICOURT, modestement.

Oui... c'est assez gentil!... J'espère que les journaux auront le bon goût d'en parler...

On entend grincer une musique horrible.

TOUS.

Ah! qu'est-ce que c'est que ça?

GRANDGICOURT.

Mon orchestre... c'est l'accord. (A part.) La musique des pompiers que j'ai fait venir de la Villette. (Haut.) Mesdames... messieurs, je crois qu'on va nous racler une contredanse.

Tout le monde sort.

SCÈNE IV.

LÉPINOIS, MADAME LÉPINOIS, LAURE.

Entrée de la famille Lépinois par le fond. — Lépinois est en Tyrolien. — Madame Lépinois en marchande de gâteaux de Nanterre. — Laure en bouquetière. — Elle porte un petit éventaire avec des bouquets de violette.

LÉPINOIS.

Par ici, mes enfants, par ici!... mais regardez donc!... de vraies feuilles!... de vrais arbres!... des pommes!... c'est féerique!... on se croirait à Ménilmontant!...

LAURE.

Oh! papa, que je suis contente!... C'est la première fois que je me costume.

LÉPINOIS.

Ah! dame!... nous voilà lancés!... Quant à moi, ce monde, ces diamants, ces girandoles... ça me grise!... ça me... (A sa femme.) Tu as l'air triste?...

MADAME LÉPINOIS.

Ça va se passer... j'ai envie de dormir.

LAURE.

Ah! maman!...

LÉPINOIS.

Dormir!... dans la fournaise!... Tiens, madame Lépinois, tu es ridicule!...

MADAME LÉPINOIS.

Dame! il est onze heures... et puis je ne quille...

LÉPINOIS.

Pourquoi?...

MADAME LÉPINOIS, confidentiellement.

J'ai laissé le panier à l'argenterie sur la table de la salle à manger...

LÉPINOIS.

Allons, bon! elle va penser à son panier toute la soirée...

LAURE.

Maman, il n'y a aucun danger...

LÉPINOIS.

Vraiment, ma chère amie, il n'y a pas de plaisir à te mener dans le monde... Que diable!... nous avons fait des frais de costume... nous avons pris une voiture... pour toute la nuit...

SCÈNE V.

DOUCHINKA, JULES, LAURE, MADAME LÉPINOIS, LÉPINOIS.

LE GARDE CHAMPÊTRE, annonçant.

Madame la princesse Douchinka

LÉPINOIS.

La princesse!

JULES, entrant de la droite et allant à Douchinka.

Ah! princesse... enfin!

DOUCHINKA, bas.

Taisez-vous, du monde!

ACTE DEUXIÈME.

JULES, bas.

Je vous ai attendue hier aux Italiens...

DOUCHINKA.

Impossible de m'échapper... je vous dirai pourquoi... revenez ici dans cinq minutes.

JULES, saluant.

Princesse...

DOUCHINKA.

Mes compliments à votre excellent père.

Jules sort par la droite.

LÉPINOIS, à Laure.

La princesse... qui est venue au mariage de ta sœur... je crois que nous devons la saluer. (S'approchant de Douchinka.) Princesse... oserai-je vous demander comment vous vous portez?...

DOUCHINKA, s'asseyant.

Mal... très-mal... (On entend l'orchestre. — Douchinka se lève brusquement et dit à part.) Une valse!...

LÉPINOIS.

Vous souffrez?...

DOUCHINKA.

Non... je me sens mieux. (Lavalard paraît au fond. — À part.) Un danseur!

LAVALARD, invitant Laure.

Mademoiselle... voulez-vous me faire l'honneur...

LAURE, détachant son éventaire qu'elle donne à sa mère.

Volontiers, monsieur...

Elle sort au bras du danseur.

DOUCHINKA, à part.

Cette musique me porte sur les nerfs... je ne peux pas tenir en place... (A Lépinois.) Vous ne valsez pas, monsieur?...

LÉPINOIS, étonné.

Moi? rarement... et, à moins d'une occasion...

DOUCHINKA, s'inclinant.

Pour celle-ci?... volontiers, monsieur...

LÉPINOIS.

Hein?...

MADAME LÉPINOIS, bas.

Comment!... tu vas valser?...

LÉPINOIS, bas.

Une princesse!... pas moyen de refuser!... Tiens!... garde-moi mon chapeau!... (Offrant son bras à Douchinka.) Trop heureux, princesse... A trois temps, n'est-ce pas!...

Il sort en valsant.

MADAME LÉPINOIS.

Il valse!...

JULES, entrant par la gauche, à part

Elle m'a dit que je la retrouverais ici... (A madame Lépinois.) Pardon, madame, vous n'avez pas aperçu madame la princesse Douchinka?

MADAME LÉPINOIS.

Elle vient d'entrer dans la salle de bal...

JULES.

Merci, madame... (A part.) Je vais la rejoindre.

Il sort.

SCÈNE VI.

MADAME LÉPINOIS, OLIVIER, THÉRÈSE, JONSAC.

MADAME LÉPINOIS.

En vérité, M. Lépinois devient fou!

THÉRÈSE, entrant suivie d'Olivier et de Jonsac.

Le bal est déjà commencé!... cette maudite couturière nous met toujours en retard... Ah! bonjour, maman.

MADAME LÉPINOIS, l'embrassant.

Ma fille!...

OLIVIER.

Belle-maman...

JONSAC, la saluant.

Madame...

MADAME LÉPINOIS, à Thérèse.

Mais que deviens-tu?... Je suis allée dix fois chez toi sans te rencontrer...

THÉRÈSE.

Ce que je deviens?... je n'en sais rien moi-même... je ne rentre chez moi que pour changer de toilette.

MADAME LÉPINOIS.

Combien donc en fais-tu par jour?...

THÉRÈSE.

Je ne les compte pas... je ne m'appartiens plus... j'appartiens à mes robes; le jour, ce sont les emplettes, les visites, le Bois, les courses...

MADAME LÉPINOIS

Eh bien... et ton ménage?

THÉRÈSE.

Le soir, les concerts, les bals, les théâtres... On a à peine le temps de mettre ses gants...

MADAME LÉPINOIS.

Mais ton ménage?

THÉRÈSE.

Il est toujours à la même place...

OLIVIER.

Il garde la maison... Quant à nous...

THÉRÈSE.

Nous ne savons jamais le matin ce que nous ferons le soir... ainsi, aujourd'hui, nous sommes allés aux courses de la Marche...

MADAME LÉPINOIS.

A Chantilly?

OLIVIER.

Mais non... on vous dit les courses de la Marche!...

THÉRÈSE.

Un coup d'œil charmant; j'ai vu un monsieur se fouler le poignet.

MADAME LÉPINOIS, effrayée.

Ah! mon Dieu!...

THÉRÈSE.

C'est un détail!... mais j'ai gagné vingt-cinq louis...

MADAME LÉPINOIS.

A quoi faire?

ACTE DEUXIÈME.

THÉRÈSE.

J'ai parié...

JONSAC.

Et c'est moi qui les ai perdus.

MADAME LÉPINOIS.

Ah! monsieur était de la partie?

OLIVIER.

Jonsac... nous ne nous quittons pas..

MADAME LÉPINOIS, bas, à Thérèse.

Malheureuse!... risquer une pareille somme!... tu pouvais la perdre.

THÉRÈSE.

Impossible! je connais les chevaux... En voyant Plick-Plock je me suis dit tout de suite : « Voilà un cheval qui a du bouquet! »

OLIVIER.

Oh! du bouquet!... un cheval qui fauche!

THÉRÈSE.

Non, monsieur, il ne fauche pas... il billarde seulement...

OLIVIER.

Il fauche!

THÉRÈSE.

Il billarde!

OLIVIER.

Il fauche!

THÉRÈSE.

Il billarde!

MADAME LÉPINOIS, à part.

Ah çà! de quoi parlent-ils?

THÉRÈSE.

En revenant de la Marche, notre dîner nous attendait... un dîner de ménage... mais comme Olivier n'aime pas le bœuf...

OLIVIER.

Nous sommes allés dîner au cabaret.

THÉRÈSE.

Au café *Anglais*...

MADAME LÉPINOIS.

Au café *Anglais!*... on m'a affirmé qu'un radis coûtait trois francs...

JONSAC.

C'est exagéré!... pour ce prix-là, on a la paire...

THÉRÈSE.

Oui; mais on est servi dans un cabinet blanc et or... avec un piano...

OLIVIER.

Brouillé avec l'accordeur...

JONSAC.

C'est égal... nous avons bien dîné.

MADAME LÉPINOIS.

Ah! monsieur en était?

OLIVIER.

Jonsac... nous ne nous quittons pas...

JONSAC.

Jamais!

ACTE DEUXIÈME.

MADAME LÉPINOIS, à part.

Un ménage à trois... je n'aime pas ça !

THÉRÈSE.

Nous rentrons pour nous habiller... pas de couturière...

JONSAC.

Il nous a fallu l'attendre une heure...

MADAME LÉPINOIS.

Que lui as-tu dit ?

THÉRÈSE.

Je lui ai dit : « Mademoiselle, je la trouve mauvaise. »

OLIVIER.

Oui, elle nous fait toujours poser, celle-là !

THÉRÈSE.

C'était d'autant plus grave qu'elle devait me livrer deux costumes.

MADAME LÉPINOIS.

Deux costumes ?

THÉRÈSE.

Oui... nous avons un second bal... un bal renaissance

OLIVIER.

Je me suis composé un Charles-Quint tapageur... qui fera monter sur les chaises...

MADAME LÉPINOIS.

Deux bals dans une nuit ! mais tu vas te fatiguer...

OLIVIER.

Oh ! en voiture !

JONSAC.

C'est une promenade. A quelle heure partirons-nous ?

MADAME LÉPINOIS.

Ah! monsieur en est?

OLIVIER.

Jonsac! nous ne nous quittons pas...

JONSAC.

Jamais!

Il remonte, ainsi qu'Olivier.

MADAME LÉPINOIS, à part.

Décidément, je n'aime pas ça... (Bas, à Thérèse.) Mon enfant, il faut que je te parle.

THÉRÈSE.

A moi? bon! voilà ma faucille détachée... (A Jonsac.) Comte... tenez-moi mon bouquet, je vous prie...

Elle le lui donne.

MADAME LÉPINOIS, étonnée, et à part.

Comment!... c'est à lui qu'elle donne... Eh bien, et le mari, à quoi sert-il?

OLIVIER.

Ah! la valse est finie!...

Il disparaît.

MADAME LÉPINOIS, à Thérèse.

Nous nous reverrons; il faut que j'aille rejoindre ta sœur... et rendre le chapeau à ton père...

JONSAC, voulant prendre le chapeau.

Madame... permettez-moi de vous épargner cette peine.

MADAME LÉPINOIS, sévèrement.

Trop bon, monsieur... je n'accepte pas les services que je ne suis pas dans l'intention de payer.

Elle sort fièrement.

JONSAC, à Thérèse.

Qu'a donc madame votre mère?...

THÉRÈSE.

Je ne sais pas... C'est son heure de dormir... (Elle a achevé de remettre sa faucille.) Comte, mon bouquet?...

JONSAC.

Le voici...

Il en détache une fleur.

THÉRÈSE.

Ah!... vous vous payez...

JONSAC, mettant la fleur à sa boutonnière.

Non, je me décore.

OLIVIER, rentrant avec des macarons.

J'ai tourné la manivelle et j'ai gagné trois douzaines de macarons... chacun la sienne...

Il les leur donne.

THÉRÈSE, en mangeant un.

Tiens! ils sont à la vanille!

JONSAC.

C'est plus champêtre...

OLIVIER.

Ah! vous en verrez bien d'autres!... Il y a là-bas, au fond de la pelouse, un bœuf en carton, qui laisse échapper par les narines, des bavaroises toutes sucrées.

THÉRÈSE, vivement.

Oh! je veux voir cela!...

JONSAC, lui offrant son bras.

Moi aussi!... un bœuf qui produit des bavaroises.

OLIVIER.

Nous nous retrouverons à minuit, ici...

THÉRÈSE.

Vous ne venez pas avec nous?

OLIVIER.

Non... liberté complète!... Chacun pour soi, et le plaisir pour tous!... Nous ne nous connaissons plus, je redeviens garçon, vous êtes veuve!... Ce soir à minuit, rendez-vous sous le pommier, sous l'horloge...

THÉRÈSE.

Comme au bal de l'Opéra!

JONSAC.

Allons voir le bœuf...

Il sort par la gauche en emmenant Thérèse.

SCÈNE VII.

OLIVIER, puis MADAME DE TREMBLE,
puis DOUCHINKA et LÉPINOIS.

OLIVIER, seul, s'asseyant.

C'est égal... je suis un peu éreinté... voilà trois nuits que je passe.

MADAME DE TREMBLE, entrant et cherchant quelqu'un.

Eh bien, il est aimable, mon danseur!...

OLIVIER, à part, se levant.

Tiens! la petite comtesse de Tremble... (Haut.) Vous cherchez quelqu'un?

ACTE DEUXIÈME.

MADAME DE TREMBLE.

Je cherche mon danseur, M. de Sivry... il m'a invitée pour la prochaine contredanse... et je ne sais ce qu'il est devenu...

OLIVIER

Si j'osais m'offrir pour le remplacer...

MADAME DE TREMBLE.

Vous? allons donc!... Est-ce que vous dansez encore?...

OLIVIER.

Comment, encore?...

MADAME DE TREMBLE..

Sans doute... un homme marié... C'est un homme qui ne compte plus... un homme éteint...

OLIVIER, à part.

Tiens! on dirait qu'elle met du bois dans le feu!...

MADAME DE TREMBLE.

Vous cherchiez un quatrième pour le wisth?

OLIVIER.

Non, comtesse, je cherchais...

MADAME DE TREMBLE.

Quoi?

OLIVIER.

Une petite aventure.

MADAME DE TREMBLE, le regardant.

Ah!

OLIVIER.

Voulez-vous que nous cherchions ensemble?... A deux, ces choses-là se trouvent plus facilement...

MADAME DE TREMBLE.

Oh! non... je vous gênerais... Comment trouvez-vous mon costume?

OLIVIER.

Charmant! la jupe est trop longue...

MADAME DE TREMBLE.

Ah! par exemple!

OLIVIER, finement.

Elle me fait l'effet de ces feuilletons qui s'arrêtent juste au point où l'intérêt commence...

MADAME DE TREMBLE.

Si vous continuez, je vais mettre mon masque...

OLIVIER.

Oh! **non!** je ne vous verrais plus...

MADAME DE TREMBLE.

Mais c'est une déclaration que vous me faites là!

OLIVIER, à part.

Tant pis! ma femme n'est pas là! (Haut, tout en regardant autour de lui.) Eh bien, oui! c'est une déclaration! mais à qui la faute? Je vous demande s'il est permis de promener, sans crier gare, une figure aussi adorable, des grâces aussi charmantes... Vous semez sous vos pas une traînée de poudre... et chacun de vos regards est une étincelle...

MADAME DE TREMBLE, l'interrompant.

Vous regardez toujours par là... vous avez peur de voir entrer votre femme?...

OLIVIER.

Moi?... du tout!... je ne vois que vous... je n'entends que vous... Oh! si vous saviez tout ce qu'il y a dans ce cœur...

ACTE DEUXIÈME.

MADAME DE TREMBLE.

Monsieur Olivier... laissez-moi... je n'aime pas à déranger les jeunes ménages.

OLIVIER.

Je ne vous demande qu'un souvenir... une fleur de votre bouquet...

Il enlève la fleur.

MADAME DE TREMBLE.

Que vous êtes enfant!... mais vous promettez d'être raisonnable...

OLIVIER, mettant la fleur à sa boutonnière.

Je le jure... sur vos yeux!

MADAME DE TREMBLE.

A la bonne heure!

DOUCHINKA, entrant suivie de Lépinois.

Monsieur, je vous remercie mille fois...

LÉPINOIS, très-galant.

Princesse... c'est au contraire moi, qui... (A part.) Elle est ravissante!

OLIVIER, à part.

Mon beau-père!... de la tenue!...

LÉPINOIS, à part.

Mon gendre! du flegme!...

DOUCHINKA, à part.

Où est donc M. Jules?

Elle rentre à gauche.

LÉPINOIS, à part.

Elle s'en va!... je voulais l'inviter pour la suivante! (A Olivier.) Vous n'avez pas vu ma femme? elle a mon chapeau...

OLIVIER, indiquant la droite.

Elle vient de sortir par là !

LÉPINOIS, se dirigeant vers la gauche.

Par ici... très-bien ! (A part.) Il faut que je rejoigne la petite princesse... Je me lance !

Il disparaît par la droite.

OLIVIER, à madame de Tremble.

Je compte sur vous pour la danse. C'est convenu...

MADAME DE TREMBLE.

Je ne demande pas mieux... mais j'ai promis... Voyez M. de Sivry... arrangez ça...

OLIVIER.

Tout de suite ! tout de suite ! (A part, en sortant.) Elle est étourdissante ! elle me grise !

SCÈNE VIII.

MADAME DE TREMBLE, puis JONSAC,
puis OLIVIER.

MADAME DE TREMBLE.

Oh ! les hommes mariés... tous les mêmes !... je n'écouterai certainement pas les galanteries de M. Olivier... Il est bien, ce jeune homme ; mais sa femme est mon amie. Quand je dis mon amie... une connaissance... nous nous saluons... voilà tout...

JONSAC entre, se dirige vers le buffet pour prendre un verre de sirop et se trouve vis-à-vis de madame de Tremble.

Ma femme !

ACTE DEUXIÈME.

MADAME DE TREMBLE.

Mon mari!

JONSAC, très-courtois.

Enchanté, madame... Il y a longtemps que je n'avais eu la bonne fortune de vous rencontrer...

MADAME DE TREMBLE.

En effet... depuis six mois... depuis le mariage de M. de Millancey...

JONSAC.

Et votre santé a toujours été bonne?

MADAME DE TREMBLE.

J'ai été un peu grippée cet hiver...

JONSAC.

Oh! comme tout le monde... Je regrette de ne l'avoir pas su!... J'aurais envoyé prendre de vos nouvelles.

MADAME DE TREMBLE.

C'est trop de bonté...

JONSAC, saluant pour se retirer.

Madame...

MADAME DE TREMBLE.

Monsieur...

JONSAC, revenant.

Mais je n'avais pas remarqué. Vous avez un costume délicieux...

MADAME DE TREMBLE.

Vous trouvez?

JONSAC.

Seulement la jupe est un peu courte.

MADAME DE TREMBLE.

Bon!

JONSAC.

Mais je ne m'en plains pas...

MADAME DE TREMBLE, riant,

Ah çà! qu'est-ce qui vous prend?

JONSAC.

Je ne sais... ce costume villageois... nouveau pour moi... Comtesse, vous êtes en beauté ce soir...

MADAME DE TREMBLE.

Vraiment?

JONSAC.

Oui... Vous me faites l'effet de la femme d'un autre.

MADAME DE TREMBLE, riant.

Alors, je dois vous plaire?

JONSAC.

Mais beaucoup... parole d'honneur!

MADAME DE TREMBLE.

Ah!... si j'en étais bien sûre... je vous demanderais un service...

JONSAC.

A moi?

MADAME DE TREMBLE.

Oui... je ne sais comment cela se fait... j'ai beau faire des économies... réduire mes dépenses... A la fin de l'année, ça ne se balance pas... Enfin, j'ai un passif!

JONSAC, à part, devenant froid.

Je flaire un emprunt! (Haut, saluant.) Allons, comtesse, à l'avantage de vous revoir.

MADAME DE TREMBLE.

Un moment... Nous avons si peu d'occasions de nous trouver ensemble... Figurez-vous qu'en sortant de chez moi... on m'a remis un papier timbré... Mais je vous ennuie...

JONSAC.

Ça ne fait rien... Continuez.

MADAME DE TREMBLE.

Il paraît que c'est un parfumeur dont j'ai oublié de payer la note depuis deux ans... Il me poursuit pour deux mille francs.

JONSAC.

C'est un faquin! (Saluant pour s'en aller.) Allons, comtesse...

MADAME DE TREMBLE.

Ça vous gênerait donc beaucoup de me prêter ces cent louis?

JONSAC.

Je vous avoue que dans ce moment...

MADAME DE TREMBLE.

Soyez tranquille... Je vous ferai un billet.

JONSAC, vivement.

Oh! non!

MADAME DE TREMBLE.

Pourquoi!

JONSAC.

Comtesse, le tribunal m'a condamné à vous servir une pension de trente mille francs par an... C'est un compte rond... Je vous en prie, ne nous lançons pas dans les fractions... cela compliquerait nos écritures.

MADAME DE TREMBLE.

N'en parlons plus... Voulez-vous me rattacher ce ruban qui tombe ?

JONSAC.

Bien volontiers... (Il lui rattache son ruban.) Je ne vous connaissais pas ces épaules-là... Ah ! les belles épaules!

MADAME DE TREMBLE.

Dépêchez-vous donc.

JONSAC.

Et vous dites, comtesse, que ce croquant de parfumeur, vous a envoyé du papier timbré ?... Je veux vous débarrasser de cet ennui... et...

OLIVIER, entrant vivement, à madame de Tremble.

C'est arrangé... nous dansons ensemble...

MADAME DE TREMBLE, bas, lui montrant de Jonsac.

Chut! du monde !...

OLIVIER, bas.

Ne craignez rien... C'est un ami. (Bas, à Jonsac.) Adorable, mon cher, divine!

JONSAC.

Hein ?...

OLIVIER, bas.

Occupez ma femme !... (On entend l'orchestre. A madame de Tremble.) Venez ! venez !...

Olivier et madame de Tremble sortent en valsant.

SCÈNE IX.

JONSAC, puis DOUCHINKA et LÉPINOIS

JONSAC, seul.

Tiens! il fait la cour à ma femme... il pourrait avoir des chances...

Douchinka entre de la gauche, poursuivie par Lépinois.

LÉPINOIS, avec empressement.

Princesse! vous cherchez quelqu'un ?... Veuillez accepter mon bras...

DOUCHINKA.

Mais non, monsieur; je ne veux rien! je ne demande rien! (En sortant à part.) Il est insupportable, ce vieux monsieur...

Elle disparaît par la droite.

LÉPINOIS.

Charmante! charmante! Je ne la quitte pas...

Il s'élance à sa poursuite

JONSAC, le regardant sortir.

Il va bien, le beau-père!

SCÈNE X.

JONSAC, THÉRÈSE, puis ROBERT.

THÉRÈSE, paraissant au fond.

Ah! monsieur de Jonsac... je vous cherchais...

JONSAC.

Comme vous avez l'air troublé!...

THÉRÈSE.

Je viens d'avoir avec ma mère une conversation très sérieuse.

JONSAC.

Sur quel sujet?

THÉRÈSE.

Elle dit.... je ne sais comment vous répéter cela.... elle dit que vos assiduités me compromettent....

JONSAC.

Comment!

THÉRÈSE.

Elle prétend que vous me suivez partout.... qu'on vous prendrait pour mon mari....

JONSAC.

Oh!

THÉRÈSE.

Enfin, je suis venue pour vous prier... d'avoir l'obligeance...

JONSAC.

D'avoir l'obligeance?

THÉRÈSE.

De ne pas tant vous occuper de moi... Ainsi, dans nos soirées, vous m'invitez quatre ou cinq fois à danser... c'est trop... deux suffisent.

JONSAC.

Oh! trois?

ACTE DEUXIÈME.

THÉRÈSE.

Non, deux !... Vous m'avez fait danser une fois... je ne vous accorderai plus qu'une valse... la première...

JONSAC.

Et un lancier?

THÉRÈSE

Oui... le lancier, ça ne compte pas!... Voilà qui est convenu?

JONSAC.

C'est convenu... ici... mais dans l'autre bal... celui où nous allons aller...

THÉRÈSE.

Là... c'est différent... ce n'est plus la même société!... Ah !... je vous recommande encore de ne pas être sans cesse à me regarder comme vous le faites...

JONSAC.

Je vous jure...

THÉRÈSE.

Je sais bien que c'est sans le vouloir... Mais on pourrait croire que vous me faites la cour...

JONSAC.

Moi? Ah! par exemple!

THÉRÈSE.

C'est ce que j'ai répondu à maman : « Ah! par exemple! » Elle a hoché la tête en me disant : « Ma fille, je m'y connais ! »

JONSAC.

Elle ne peut pas le savoir mieux que vous...

THÉRÈSE.

Certainement... mais ne me regardez pas tant devant le monde... qu'est-ce que ça vous fait?

JONSAC.

C'est bien!... à votre vue, je détournerai les yeux...

THÉRÈSE.

Je ne vous demande pas cela... on croirait que c'est arrangé entre nous... et cela me compromettrait davantage.

JONSAC.

Cela devient très-embarrassant!

THÉRÈSE.

C'est pourtant bien simple... regardez-moi... avec modération! Est-ce convenu?

JONSAC.

C'est convenu... voilà ma main pour signer le traité!...

Ils se donnent la main.

ROBERT, paraissant au fond à gauche et à part.

Encore ensemble!...

THÉRÈSE.

Je rentre dans le bal par ici... Vous, rentrez par là... (A part, en sortant.) Je crois que maman sera contente.

Elle disparaît.

SCÈNE XI.

JONSAC, ROBERT.

ROBERT, arrêtant de Jonsac au moment où celui-ci va sortir.

Pardon, monsieur... j'aurais un mot à vous dire...

JONSAC.

A moi ?

ROBERT.

Monsieur... je suis allié à la famille Lépinois... Olivier est mon ami... Thérèse, sa femme, est presque une sœur pour moi... j'irai donc droit au but... (Le regardant en face.) Monsieur, vous faites la cour à madame de Millancey.

JONSAC, souriant.

Convenez que votre interpellation est au moins singulière ?... Mais je veux bien y répondre : vous êtes dans l'erreur, je ne fais pas la cour à madame de Millancey.

ROBERT.

Je n'insisterai pas sur ce point; mais je vous sais homme d'honneur, et je me contenterai de vous apprendre un fait que vous ignorez sans doute...

JONSAC.

Lequel ?

ROBERT.

M. Olivier de Millancey s'est battu pour vous, il y a trois mois, à propos d'une calomnie qui touchait à votre honneur...

JONSAC.

Je le savais, monsieur.

ROBERT, étonné.

Ah !

On entend l'orchestre.

JONSAC.

Vous permettez?... la valse commence... et ce serait mal reconnaître le service du mari que d'être impoli envers la femme. (Il salue et sort.) Monsieur...

SCÈNE XII.

ROBERT, puis GRANDGICOURT et LAURE, puis UN MARCHAND DE COCO.

ROBERT, seul.

Parle-t-il sérieusement... ou se moque-t-il de moi ?

GRANDGICOURT, entrant de la droite en donnant le bras à Laure.

Venez dans ce salon... sous ses ombrages... nous serons seuls... j'ai à vous parler...

ROBERT, à part.

Turcaret !

LAURE.

Vous avez quelque chose à me dire ?

GRANDGICOURT.

Oui... vous ne devinez pas ?

Ils s'asseyent à gauche.

LAURE.

Non... pas du tout...

GRANDGIGOURT.

J'ai à vous dire que vous êtes jolie comme une fleur... et que je n'ai pu vous voir...

ACTE DEUXIÈME.

ROBERT, toussant fortement.

Hum ! hum !

GRANDGICOURT, à part.

Encore ce monsieur... il est toujours sur mes talons... je ne l'ai pas invité, moi...

LAURE.

Tiens, c'est mon cousin !... je ne le reconnaissais pas sous ce costume... (Allant à lui.) Bonjour, Robert...

ROBERT.

Bonjour, cousine...

LAURE, à Grandgicourt.

Ah ! que c'est aimable à vous de l'avoir invité !...

GRANDGICOURT.

Oui... j'ai pensé que cela vous ferait plaisir... parce qu'un parent... (A part.) Il me gêne ! (Haut, à Robert.) Vous ne dansez donc pas, jeune homme ?

ROBERT.

Jamais...

GRANDGICOURT.

Ah !... avez-vous vu les chevaux de bois ? c'est une chose à voir...

ROBERT.

Merci... j'aime mieux rester avec vous...

GRANDGICOURT.

Trop aimable... (A part.) C'est un clou.

LAURE, à Grandgicourt.

Mais vous aviez quelque chose à me dire.

GRANDGICOURT.

Oui... voilà... (A part.) Il est très-gênant. (Haut.) Je voulais vous demander... si vous alliez toujours au cours ?

LAURE.

Tous les matins... il me semble vous avoir aperçu hier à la porte.

ROBERT.

Ah!

GRANDGICOURT, embarrassé.

Oui... j'étais là... je faisais raccommoder mon parapluie...

ROBERT.

Un parapluie, avec votre fortune...

GRANDGICOURT.

Et qu'est-ce que vous apprenez à votre petit cours?

LAURE.

J'apprends la grammaire, l'histoire, la géographie... Aimez-vous la géographie?

GRANDGICOURT.

Je l'aime certainement... (Avec expression.) Mais il y a des choses que j'aime mieux.

ROBERT.

Quoi donc?...

GRANDGICOURT, à part.

Dieu! que le cousin m'ennuie!... (Apercevant un marchand de coco qui passe. — A Laure.) Un verre de coco?

LAURE.

Volontiers... je n'en ai jamais bu... (Elle prend un verre et boit.) Tiens, ça pique!

ROBERT.

Comment?

GRANDGICOURT.

C'est du champagne!

LAURE, rendant son verre et honteuse.

Oh ! j'ai bu du champagne !... ne le dites pas à maman !

GRANDGICOURT.

Non... nous ne lui dirons rien à maman... nous aurons nos petits secrets, à nous deux !

ROBERT.

A nous trois !

GRANDGICOURT, à part.

Dieu, que le cousin m'ennuie ! (A Laure.) Avez-vous vu la salle de jeu ?

LAURE.

Non.

GRANDGICOURT.

Elle est tapissée de camélias blancs... (Lui reprenant le bras). Venez !

ROBERT, les suivant.

Allons voir la salle de jeu !

GRANDGICOURT, à part.

Oh ! il est indiscret, ce petit !... il manque de tact.

Il entre à gauche avec Laure suivi de Robert.

SCÈNE XIII.

LE MARCHAND DE COCO, DOUCHINKA, LÉPINOIS, puis MADAME LÉPINOIS.

DOUCHINKA, entrant vivement.

Ce vieux monsieur est insupportable... il me suit partout .. enfin, je crois que j'ai réussi à le perdre.. (Lépinois paraît.) Ah ! le voilà !

LÉPINOIS.

Charmante princesse, je tremblais de vous avoir perdue...

DOUCHINKA.

A la fin, monsieur, que me voulez-vous ?

LÉPINOIS, passionné.

Mais vous voir... vous parler... j'ai tant de choses à vous dire.

DOUCHINKA.

Si vous continuez à me persécuter... je le dis à votre femme.

LÉPINOIS.

Oh! vous ne ferez pas cela, méchante !

DOUCHINKA, apercevant le marchand de coco.

Donnez-moi à boire... il fait une chaleur... (Le marchand de coco lui offre un verre qu'elle boit. — A part.) C'est du cliquot.

LÉPINOIS, au marchand.

A moi aussi ! (Prenant le verre des mains de Douchinka.) Non ! dans le même verre ! dans le même verre ! (Apercevant madame Lépinois qui paraît au fond à droite.) Oh ! ma femme !

DOUCHINKA.

C'est ce que je demande ! (A madame Lépinois.) Madame, gardez votre mari... il me fait la cour !

Elle sort vivement

SCÈNE XIV.

LÉPINOIS, MADAME LÉPINOIS.

MADAME LÉPINOIS.

Hein ?... une pareille conduite !... à votre âge !...

LÉPINOIS.

Non... je vais t'expliquer...

MADAME LÉPINOIS.

Et vous me faites tenir votre chapeau pendant que vous courez les aventures!... Mais reprenez donc votre chapeau !

LÉPINOIS.

Oui... merci... Mais cette dame se trompe... je l'invitais à danser, et elle a cru...

MADAME LÉPINOIS.

A danser! et moi... moi, vous ne m'avez seulement pas invitée.

LÉPINOIS.

Toi?

MADAME LÉPINOIS.

Et pourquoi pas?... puisque vous aimez la danse... dansons! et toute la soirée, monsieur !

LÉPINOIS.

Comment donc!... avec plaisir.. (A part.) C'est le châtiment.

Il emmène sa femme au moment où Grandgicourt paraît avec Laure; ils ne se voient pas.

SCÈNE XV.

GRANDGICOURT, LAURE, puis ROBERT.

GRANDGICOURT, à Laure.

Voyons... voyons... ne vous désolez pas...

LAURE.

Ah! monsieur, c'est affreux! vous m'avez fait jouer au

baccarat... je ne savais pas ce ce que c'était... et j'ai perdu vingt-cinq louis... Une demoiselle !

GRANDGICOURT.

Consolez-vous... puisque je les ai payés pour vous...

LAURE.

Mais je vous les dois... J'ai des dettes, à mon âge ! que dira maman ?

Elle pleure.

GRANDGICOURT, à part

Elle est encore plus gentille quand elle pleure ! (Haut). Pleurez toujours... mais ne vous faites pas de chagrin !

LAURE, pleurant.

Si vous croyez que c'est agréable d'avoir des créanciers !

GRANDGICOURT.

Soyez tranquille !... nous ne vous enverrons pas d'huissier... je suis trop heureux... parce que, si je pouvais vous dire... (Avec élan.) Mademoiselle, le premier jour où je vous vis...

ROBERT, qui est entré, tousse fortement.

Hum ! hum !

GRANDGICOURT, à part.

Encore cet animal-là !... (Haut.) Tenez, mademoiselle, passons par ici.

ROBERT, le retenant.

Pardon ! j'aurais un mot à vous dire...

GRANDGICOURT.

Plus tard... je suis en affaires.

ROBERT.

Non... tout de suite... (A Laure.) Mademoiselle, votre mère vous cherche..

LAURE, sortant à part.

« Mademoiselle! » il a l'air fâché... il me croit joueuse, il ne voudra plus m'épouser!...

Elle sort par la droite

SCÈNE XVI.

ROBERT, GRANDGICOURT.

GRANDGICOURT.

Voyons... dépêchez-vous... Qu'est-ce que vous me voulez ?

ROBERT.

Voici d'abord les vingt-cinq louis que vous avez payés pour mademoiselle Laure.

GRANDGICOURT.

Comment! c'est pour cela?... Que le bon Dieu vous bénisse!... Gardez... je réglerai avec elle...

ROBERT.

Non... C'est avec moi qu'il faut régler... prenez... il le faut !

GRANDGICOURT.

Ah !... (Prenant l'argent.) Allons, puisque vous le voulez... Adieu !...

ROBERT.

Ce n'est pas tout... encore un mot.

GRANDGICOURT.

Pour l'amour de Dieu, dépêchez-vous ! je suis pressé !

ROBERT.

Oh ! ce ne sera pas long... Vous me ferez grand plaisir

en cessant vos assiduités auprès de mademoiselle Laure.

GRANDGICOURT.

Vraiment?

ROBERT.

C'est une prière... que je vous intime.

GRANDGICOURT.

Et si je n'y fais pas droit... qu'arrivera-t-il?

ROBERT.

Oh! rien... Connaissez-vous les nouveaux embellissements du bois de Vincennes?

GRANDGICOURT.

Non!...

ROBERT.

C'est une chose à voir... et je serais bien heureux de vous en faire les honneurs... J'irais vous prendre un matin avec deux de mes amis... vous auriez les vôtres... je vous conseille d'amener aussi un médecin.

GRANDGICOURT.

Un médecin! pour quoi faire?

ROBERT.

C'est une société... Nous reviendrons par le polygone et nous pourrons essayer la portée de mes pistolets.

GRANDGICOURT.

Un duel? (A part.) Mais je ne l'ai pas invité. (Haut.) Et voilà, jeune homme, ce que vous inspire la vue de ces bocages, le spectacle de la nature... décorée de capucines et de saucissons... Vous êtes donc altéré du sang de vos emblables?

ROBERT.

J'ai dit.

GRANDGICOURT.

Mais, après tout, qu'est-ce que cela vous fait? de quoi vous mêlez-vous?...

ROBERT.

C'est juste... j'oubliais un détail... J'aime mademoiselle Laure, et je compte l'épouser... Réfléchissez.

Il sort.

SCÈNE XVII.

GRANDGICOURT, puis THÉRÈSE et JONSAC, puis OLIVIER.

GRANDGICOURT.

L'épouser!... elle... dans les bras d'un autre?... l'épouser!... quelle idée!... et pourquoi pas?... Où est le père?... Il me faut le père!,.. je vais le chercher!

Il disparaît par une porte à droite au moment où Thérèse entre, par une autre à gauche, suivie de Jonsac.

THÉRÈSE, très-émue.

C'est horrible! c'est odieux!

JONSAC.

Mais, qu'avez-vous?

THÉRÈSE.

Je n'en croyais pas mes yeux... tout à l'heure... derrière moi, dans un bosquet... j'entends un bruit... celui d'un baiser... je me retourne... c'était mon mari avec madame de Tremble!

JONSAC, à part.

Diable!

THÉRÈSE.

Ils ne m'ont pas vue... Oh! je suis d'une colère... vous ne pouvez me comprendre.

JONSAC.

Pardon! je vous comprends parfaitement.

OLIVIER, entrant vivement par le fond.

Garçon! deux couverts!... à cette table... tout de suite... (Apercevant Thérèse.) Oh! ma femme!

THÉRÈSE.

Ah! c'est vous, monsieur? je vous attendais!...

OLIVIER.

Moi?

THÉRÈSE.

Il est minuit... vous m'avez donné rendez-vous sous l'horloge... j'y suis... partons!

OLIVIER.

Comment, partir?

THÉRÈSE.

Ne devons-nous pas aller à cet autre bal?

OLIVIER, à part.

Et moi qui ai pris rendez-vous pour souper avec la petite comtesse. (Haut.) Mais, qu'irions-nous faire là-bas?... nous sommes bien ici... la réunion est fort gaie... et... je préfère rester.

THÉRÈSE.

Mais nous avons promis... et je désire, moi, tenir ma promesse.

OLIVIER.

Mon Dieu!... je ne demanderais pas mieux que de vous être agréable... mais je suis fatigué, souffrant... je n'irai pas à ce bal.

THÉRÈSE.

Ainsi, vous me refusez votre bras ?... C'est bien, j'irai seule

OLIVIER.

Hein ?

THÉRÈSE.

M. de Jonsac m'accompagnera.

DE JONSAC.

Moi ?

OLIVIER.

Thérèse, je vous défends...

THÉRÈSE.

Vous me défendez... vous ?... Je vais prendre mon manteau... monsieur de Jonsac, voulez-vous avoir la bonté de faire avancer ma voiture ?

Elle sort par la gauche.

SCÈNE XVIII.

JONSAC, OLIVIER.

OLIVIER.

On n'a pas idée d'une pareille folie... C'est un coup de tête, mais je ne céderai pas.

JONSAC.

Olivier... me croyez-vous votre ami ?

OLIVIER.

Sans doute.

JONSAC.

Eh bien, laissez-moi vous donner un conseil... accompagnez votre femme.

OLIVIER.

C'est impossible.

JONSAC.

Prenez garde!... vous jouez votre bonheur... votre femme est blessée... plus que vous ne croyez, peut-être...

OLIVIER.

Comment!

JONSAC.

C'est moi qui vous le demande... partez!...

OLIVIER.

Mais j'ai donné rendez-vous... ici... à cette table... à la petite comtesse... pour souper... elle, si jolie!... si provocante! Ah! vous ne la connaissez pas!

JONSAC.

Si... j'en ai entendu parler!

OLIVIER.

D'un autre côté... ma femme allant seule, là-bas... ce serait d'un effet déplorable!

JONSAC.

Déplorable!...

OLIVIER.

Il n'y a que vous qui puissiez me sauver.

JONSAC.

Moi?...

OLIVIER.

Oui... voyez la comtesse... inventez une excuse... dites-lui... que je l'aime toujours... que j'irai la voir demain... prenez rendez-vous...

JONSAC.

Permettez...

ACTE DEUXIEME.

OLIVIER.

Enfin! arrangez cela comme pour vous !... Adieu !...

Il sort par la gauche.

SCÈNE XIX.

JONSAC, DOUCHINKA et JULES, puis MADAME DE TREMBLE.

JONSAC, seul.

Eh bien! il me charge là d'une jolie commission. (S'asseyant à la table indiquée.) Allons! attendons ma femme... ma chère moitié...

Douchinka et Jules entrent en valsant.

JULES, s'arrêtant très-essoufflé.

Pardon...

DOUCHINKA.

Qu'avez-vous donc ?...

JULES.

Je suis un peu fatigué... voilà vingt minutes que nous valsons...

DOUCHINKA.

Oh! moi !... je ne suis pas lasse... quoique bien souffrante...

JULES, à part,

Elle a une maladie... en acier !

DOUCHINKA, apercevant les tables qu'on dresse.

Tiens !... avez-vous faim ?

JULES.

Oh! non... près de vous...

DOUCHINKA.

Alors reposons-nous. (Elle indique une table à droite près de laquelle ils s'asseyent.) Garçon, qu'est-ce que vous avez?

JULES, à part

Comment! elle va souper?

LE GARÇON.

Foie gras... chaud-froid de volaille avec truffes, jambon d'York... homard... pâté de Pithiviers.

DOUCHINKA.

C'est bien... donnez-nous un peu de tout cela. (A Jules.) Je souffre de l'estomac.

MADAME DE TREMBLE, entrant, à elle-même.

Il m'a dit : « La première table, à droite. » (S'approchant du bosquet.) M. Olivier!...

JONSAC, se levant et lui saisissant la main.

Non... Edmond!

MADAME DE TREMBLE, à part.

Mon mari!

JONSAC.

Enchanté, madame! il paraît que nous allons souper ensemble... c'est une bonne fortune pour moi ; mais veuillez donc prendre la peine de vous asseoir.

MADAME DE TREMBLE, s'asseyant

Merci... je n'ai pas faim !

JONSAC.

Je comprends... la surprise... Quand on compte sur un convive et qu'un autre... Mon Dieu, comtesse, que vous êtes jolie, ce soir! (Madame de Tremble sourit.) Ah! cela vous fait sourire... à la bonne heure !... Voyons! vous accepterez bien une tranche de foie gras avec un verre de champagne?

ACTE DEUXIÈME.

MADAME DE TREMBLE.

Oh, non! je ne prendrai rien.

JONSAC.

A propos, j'ai envoyé solder cette vilaine note de parfumeur pour laquelle on vous tourmentait.

MADAME DE TREMBLE.

Ah! vraiment?

JONSAC.

C'est deux mille huit cents francs avec les frais... Vous aviez oublié les frais.

MADAME DE TREMBLE.

Comte, vous êtes un homme charmant.

JONSAC.

Voyons... Une tranche de foie gras... sans champagne ?

MADAME DE TREMBLE.

Oh! merci!

JONSAC.

Vous êtes seule à ce bal ?... Vous me permettrez au moins de vous remettre chez vous ?... Ma voiture est en bas...

MADAME DE TREMBLE.

Edmond... je le regrette beaucoup... mais cela ne se peut pas.

JONSAC.

Pourquoi ?

MADAME DE TREMBLE.

Mon avoué me l'a défendu.

JONSAC.

Ah!... monsieur votre avoué ? (A part.) Elle est devenue très-forte, ma femme!

DOUCHINKA, à l'autre table.

Monsieur Jules, donnez-moi un verre de madère?

SCÈNE XX

Les Mêmes, LÉPINOIS, MADAME LÉPINOIS, puis GRANDGICOURT, puis LAURE

LÉPINOIS, entrant avec sa femme.

Voyons, calme-toi!... Tu es rouge comme un coq.

MADAME LÉPINOIS.

C'est la colère !... Je vous en donnerai des princesses!

LÉPINOIS.

Mais je n'en veux pas... je ne veux que toi... Tu es belle!... Si tu veux, nous allons souper ensemble, comme deux tourtereaux... Je te paye à souper!

GRANDGICOURT, entrant vivement et à Lépinois.

Ah! je vous cherche... il faut que je vous parle... à madame aussi.

LÉPINOIS.

Qu'y a-t-il ?

GRANDGICOURT.

Monsieur, madame... vous avez une fille charmante... adorable... une rose !... Moi, j'ai quatre cent mille livres de rente, et j'ai l'honneur de vous demander sa main.

MADAME LÉPINOIS.

Sa main?

LÉPINOIS

Mais vous êtes marié!

ACTE DEUXIÈME.

GRANDGICOURT.

Eh bien, puisqu'il faut vous l'avouer... non, je ne suis pas marié...

LÉPINOIS et MADAME LÉPINOIS, bondissant.

Pas marié !

TOUS, se levant des bosquets.

Pas marié !

GRANDGICOURT, à part.

Aïe ! j'ai parlé trop haut !

DE JONSAC.

Pas marié ! voilà un homme qui a de la chance !

DOUCHINKA, se révoltant.

Pas marié ! (A Jules.) Emmenez-moi, monsieur ; allons souper ailleurs.

MADAME DE TREMBLE.

Mais chez qui suis-je donc ici ? Ma voiture !

GRANDGICOURT, cherchant à les retenir.

Mesdames... monsieur...

MADAME LÉPINOIS.

Laissez-nous ! quelle société ! (A Laure qui entre.) Viens ma fille ! nous partons !

LÉPINOIS, à part.

Quatre cent mille livres de rente, c'est un joli parti !...

ACTE TROISIÈME.

Salon octogone. — A droite, cheminée et canapé. — A gauche, table.

SCÈNE PREMIÈRE.

JOSEPH, seul, faisant le ménage.

Il y a de la brouille dans le jeune ménage... Monsieur et madame sont rentrés ce matin à trois heures... avec des costumes renaissance et des mines longues de ça !... à peine madame était-elle rentrée chez elle, qu'elle m'a sonné et m'a remis une lettre, avec ordre de la porter à sa mère à la première heure... Je suis allé chez maman Lépinois à six heures du matin... elle était debout, ainsi que son mari... ils avaient l'air de se disputer... ils parlaient de la Valachie.

SCÈNE II.

JOSEPH, LÉPINOIS, MADAME LÉPINOIS, LAURE, des livres et un petit carton sous le bras.

MADAME LÉPINOIS, vivement.

Joseph!... ma fille ? ma fille est-elle levée ?...

ACTE TROISIÈME.

JOSEPH.

Je vais voir, madame. (A part.) Quelle figure ébouriffée !
Il sort par la gauche.

LÉPINOIS.

Ah çà ! de quoi s'agit-il ?... me diras-tu pourquoi tu nous amènes ici dès l'aurore ?

MADAME LÉPINOIS.

Huit heures... vous appelez ça l'aurore ?... mais cela ne m'étonne pas. (Bas, à son mari.) La débauche se lève tard !

LÉPINOIS, à part.

Elle me garde rancune... (Haut.) Mais enfin pourquoi cette visite matinale à nos enfants qui dorment ?

MADAME LÉPINOIS, bas.

Chut ! tout à l'heure... pas devant Laure.

LAURE, à part.

Je n'ai pas encore osé avouer à maman la perte de mes vingt-cinq louis... et les dettes de jeu se payent dans les vingt-quatre heures !

MADAME LÉPINOIS.

Laure... est-ce que tu ne vas pas dire bonjour à ta sœur ?

LAURE, d'un ton très-doux.

Je veux bien, maman... je ferai tout ce qui te fera plaisir... et à papa aussi...

LÉPINOIS, à part.

Quel charmant caractère !

LAURE, à part.

C'est pour les préparer.

MADAME LÉPINOIS.

Va, mon enfant.

LAURE.

Oui, maman... mais, auparavant, j'aurais quelque chose à te confier.

MADAME LÉPINOIS.

Plus tard, mon enfant, va retrouver ta sœur.

LAURE.

Oui, maman.

LÉPINOIS.

Va retrouver ta sœur.

LAURE.

Oui, papa! (A part.) Il faudra pourtant bien leur dire...

Elle entre à gauche.

SCÈNE III.

LÉPINOIS, MADAME LÉPINOIS.

LÉPINOIS.

Oui, maman... oui, papa... c'est extraordinaire comme son caractère s'est adouci... depuis hier!... Voyons, maintenant que nous voilà seuls... parle!...

MADAME LÉPINOIS.

Monsieur Lépinois, votre gendre ne rend pas sa femme heureuse.

LÉPINOIS.

Olivier?

MADAME LÉPINOIS.

J'ai reçu ce matin un billet d'un laconisme poignant : « Venez tout de suite... il y va de mon repos... de mon bonheur... je suis bien malheureuse! Votre fille, THÉRÈSE » ! Comprenez-vous maintenant?

ACTE TROISIÈME.

LÉPINOIS.

Rien du tout ! qu'est-ce qui peut lui manquer !... je lui ai donné pour mari un garçon charmant... toujours gai... un vrai boute-en-train... qui la conduit dans un monde... tout à fait grandiose... elle fréquente des baronnes, des comtesses...

MADAME LÉPINOIS, avec aigreur.

Et des princesses, n'est-ce pas ?...

LÉPINOIS, à part.

Une pierre dans mon jardin ! (Haut.) Enfin elle est toujours en fête... Elle vit au milieu des fleurs !... des girandoles !...

MADAME LÉPINOIS.

Mais laissez-moi donc tranquille avec vos girandoles ! Vous me faites l'effet de ces papillons qui prennent la bougie pour le jour ! Voilà ce que c'est ! vous avez voulu lancer votre fille... vous lui avez donné pour mari une espèce de joli monsieur, qui ne songe qu'à chiffonner le nœud de sa cravate... ou à conduire un cotillon... et qui, au lieu de regarder sa femme, se regarde dans la glace.

LÉPINOIS.

Tu es sévère avec Millancey.

MADAME LÉPINOIS.

Vous auriez mieux fait de la marier à un brave garçon, élevé simplement comme nous... Au moins, elle aurait un intérieur, un ménage... comme toutes les honnêtes femmes... et elle ne passerait pas sa vie à se faner le teint, à se brûler le sang au milieu de toutes ses sauterelles de salon, qui s'intitulent baronnes, comtesses ou princesses...

LÉPINOIS.

Décidément, tu n'aimes pas la noblesse.

MADAME LÉPINOIS.

Ni la Valachie, monsieur !

LÉPINOIS.

Il ne s'agit pas de ça ! parlons de ta fille !...

SCÈNE IV.

Les Mêmes, JOSEPH, puis GRANDGICOURT.

JOSEPH, annonçant.

M. le baron de Grandgicourt !

MADAME LÉPINOIS.

Lui !

LÉPINOIS.

Le baron !... faites entrer ! (Grandgicourt paraît au fond. Lépinois avec empressement.) Entrez donc, monsieur le baron... asseyez-vous donc, monsieur le baron.

MADAME LÉPINOIS, à part.

Baron ! baron ! si on ne dirait pas qu'il mange du sucre !

GRANDGICOURT, saluant madame Lépinois.

Madame... je viens de chez vous... on m'a dit que vous étiez ici... je suis accouru... car je n'ai pas dormi de la nuit...

LÉPINOIS, avec intérêt.

Vraiment, baron ?

GRANDGICOURT.

J'avais hâte de vous donner une explication... devenue indispensable... après la demande un peu brusque que j'ai eu l'honneur de vous adresser hier au soir.

LÉPINOIS.

Certainement... nous sommes on ne peut plus flattés...

ACTE TROISIÈME.

GRANDGICOURT.

L'incident qui s'est produit à la fin de mon bal a dû vous laisser une impression fâcheuse... C'est un devoir pour moi de la combattre... Madame, je vais nous raconter ma jeunesse...

MADAME LÉPINOIS, effarouchée.

Arrêtez, monsieur !

GRANDGICOURT.

Rassurez-vous, madame... je suis homme du monde.

LÉPINOIS.

Du plus grand monde ! asseyez-vous donc, monsieur le baron.

Ils s'asseyent.

MADAME LÉPINOIS, à part.

Qu'est-ce qu'il va nous raconter ?

GRANDGICOURT.

Je ne vous parlerai pas de mes premières années... elles n'eurent rien de remarquable... J'étais ce qu'on appelle un bel enfant...

LÉPINOIS, gracieusement.

Il en reste quelque chose, monsieur le baron.

MADAME LÉPINOIS, à part.

S'il est possible... le buste de la maigreur monté sur deux tringles !

GRANDGICOURT.

En 1829, mes ancêtres...

Lépinois s'incline.

MADAME LÉPINOIS, à part.

Des maîtres de forges !

GRANDGICOURT.

Mes ancêtres m'envoyèrent à Paris... pour y compléter

mon éducation... Que vous dirai-je ?... j'avais les yeux bleus, le teint frais, les passions vives...

MADAME LÉPINOIS.

Monsieur !

GRANDGICOURT, s'inclinant.

Oui... un jour, par une chaude soirée d'août, je fus au jardin Marbeuf... C'était alors le rendez-vous des femmes à la mode...

LÉPINOIS.

Des biches... J'y allais aussi...

MADAME LÉPINOIS.

Vous dites ?

LÉPINOIS.

Rien ! je n'ai rien dit !

GRANDGICOURT.

Dans ce jardin, émaillé de pelouses et de bosquets... s'élevait un temple... le temple de Cythère...

LÉPINOIS.

A gauche... on y prenait de la bière et des échaudés.

GRANDGICOURT.

Tout à coup je vis apparaître une jeune fille entourée de ses compagnes... Vénus au milieu de sa cour ! c'était Églé...

MADAME LÉPINOIS.

Églé ?

GRANDGICOURT.

Oui... la personne...

LÉPINOIS.

Ah ! la vieille d'hier !

GRANDGICOURT.

J'étais jeune, elle était belle ; j'étais tendre, elle fut sensible.

ACTE TROISIÈME.

LÉPINOIS.

Vous aviez fait ce qu'on appelle une petite connaissance.

GRANDGICOURT.

Je le croyais... Mais Églé, qui n'avait rien à faire... elle était rentière... venait me visiter souvent. Mon appartement lui plut, elle y fit apporter son armoire à glace, puis sa commode, puis le portrait de sa mère.

LÉPINOIS, à part.

Aïe !

GRANDGICOURT.

Et, un beau jour, mon argenterie et mon linge se trouvèrent marqués à son chiffre... Un domestique... qui me volait... l'appela madame la baronne... Les autres l'imitèrent... J'eus la faiblesse de fermer les yeux. Les années se passèrent... l'habitude s'en mêla... Et voilà comment Églé porte mon nom, habite mon hôtel et passe pour baronne... O jeunes gens ! quelle leçon pour vous !

LÉPINOIS, bas, à sa femme.

Il se repent... C'est déjà quelque chose.

MADAME LÉPINOIS, bas.

Laissez-moi donc tranquille !

LÉPINOIS.

Et qui nous garantit, monsieur le baron, que cette chaîne est à jamais rompue ?

GRANDGICOURT, se levant.

Oh ! je vous le jure... De mon amour pour Églé, il ne reste plus que des cendres ! Je lui ferai une pension... ainsi qu'aux enfants !

MADAME LÉPINOIS, se levant.

Comment ! il y a des enfants ?

GRANDGICOURT.

Deux petits orphelins, que nous avons adoptés... L'un est dans la marine... et l'autre dans le notariat

LÉPINOIS, se levant.

Enfin, ils sont casés ?

GRANDGICOURT.

Le second, le notaire... est un excellent sujet... marié sérieusement... avec des enfants aussi.

MADAME LÉPINOIS.

Alors, ma fille serait grand'mère... bien obligée !

GRANDGICOURT.

Madame, laissez-vous fléchir ?

LÉPINOIS.

Et d'ailleurs, qu'est-ce qui n'a pas eu ses petites faiblesses ?... Moi-même je...

MADAME LÉPINOIS.

C'est bien, monsieur, on ne vous demande pas vos mémoires.

GRANDGICOURT

Je n'ajouterai plus qu'un mot... J'aime mademoiselle Laure... et, le jour du contrat, je m'engage à lui constituer par préciput, une rente de cinquante mille francs.

LÉPINOIS.

Cinquante mille livres de rente dans la corbeille !

MADAME LÉPINOIS.

Certainement, monsieur, nous sommes très-flattés de votre demande... mais ma fille est trop jeune.

GRANDGICOURT.

J'attendrai, madame.

MADAME LÉPINOIS.

Mais alors... c'est vous qui ne le serez plus assez.

GRANDGICOURT, étonné.

Moi?

LÉPINOIS.

Par exemple ! (A Grandgicourt.) Qu'est-ce que vous avez?... quarante-deux ans ?

GRANDGICOURT.

A peu près

MADAME LÉPINOIS.

Ah ! pardon! vous fréquentiez le Jardin Marbeuf en 1829... il y a trente-quatre ans.

GRANDGICOURT.

Je l'avoue... j'ai quelques années de plus.

LÉPINOIS.

Qu'est-ce que l'âge, quand les convenances y sont?

MADAME LÉPINOIS.

Mais elles n'y sont pas!

LÉPINOIS.

Qu'en savez-vous? Il faudrait au moins consulter votre fille.

MADAME LÉPINOIS.

Ça, je ne demande pas mieux !... Elle va venir.

LÉPINOIS, à Grandgicourt.

Soyez tranquille... Je la verrai... je la raisonnerai.

GRANDGICOURT.

Parlez-lui de mon affection... de mon amour...

LÉPINOIS.

Oui... de votre fortune.

GRANDGICOURT.

Adieu! je reviendrai tantôt chercher la réponse... (Suivant madame Lépinois.) Madame... permettez-moi de conserver quelque espoir.

MADAME LÉPINOIS.

Je ne m'engage à rien.

GRANDGICOURT.

Ah! vous êtes cruelle !

Il sort par le fond.

SCÈNE V.

LÉPINOIS, MADAME LÉPINOIS, puis LAURE.

LÉPINOIS.

Vraiment, ma chère amie, tu as trop de raideur dans le caractère.

MADAME LÉPINOIS.

Quoi donc?...

LÉPINOIS.

Ce pauvre baron !... tu l'as reçu... comme un monsieur qui viendrait t'offrir du vin... un homme qui a quatre cent mille francs de rente !

MADAME LÉPINOIS.

Eh bien, qu'est-ce que ça me fait? est-ce que vous croyez que je veux vendre ma fille ?

LÉPINOIS.

Ah! voilà les grands mots ! vendre ma fille! d'abord ce n'est pas une vente... c'est un échange... Tu échanges contre la fortune du baron les charmes et les vertus de ton enfant.

ACTE TROISIÈME.

MADAME LÉPINOIS.

C'est un pré pour une lande... je ne veux pas de ce marché-là...

LÉPINOIS.

Une lande! le baron...

MADAME LÉPINOIS.

Dame! il est de ton âge! il est fatigué, délabré, ruiné... j'ai eu la faiblesse de t'écouter quand il s'est agi de marier Thérèse... mais, aujourd'hui, je tiendrai bon.

LÉPINOIS.

Mais, si ce mariage plait à ta fille, tu n'as pas le droit de la sacrifier.

MADAME LÉPINOIS.

Laure? Essaie de lui parler de ce vieux bonhomme... elle éclatera de rire à ton nez!

LÉPINOIS.

Je ne crois pas; il y a manière de présenter les choses...

MADAME LÉPINOIS, apercevant Laure qui entre à gauche.

La voici!... parle!... je ne l'influencerai pas...

LAURE.

Thérèse achève de s'habiller... elle va venir.

LÉPINOIS.

C'est bien... ma chère enfant... Je suis bien aise de te voir... nous avons à te poser une question solennelle!

LAURE.

A moi?

LÉPINOIS.

M. le baron de Grandgicourt sort d'ici.

LAURE, à part.

Ah! mon Dieu! il est venu pour chercher son argent.

LÉPINOIS, à part.

Tiens! elle paraît émue! (Haut.) Comment le trouves-tu, M. le baron de Grandgicourt?

LAURE, embarrassée.

Mais... bien bon... bien complaisant...

MADAME LÉPINOIS.

Hein?...

LÉPINOIS, bas, à sa femme.

Voilà comme elle me rit au nez! (A Laure.) Ainsi, il ne te déplaît pas?

LAURE.

Oh! pas du tout! (A part.) Mon créancier, il faut le ménager.

MADAME LÉPINOIS, à part.

C'est incroyable!

LÉPINOIS, bas, à sa femme.

C'est comme ça! (Haut.) Mon enfant, je suis charmé de te voir dans ces dispositions... j'irai droit au but... M. le baron de Grandgicourt vient de nous faire l'honneur de demander ta main.

LAURE.

Comment! il veut m'épouser?

MADAME LÉPINOIS.

Oui, mais rien ne t'engage... tu es libre...

LAURE, sanglotant tout à coup.

Ah! maman !... il faut que je te dise tout... c'est bien mal... mais ce n'est pas ma faute.

MADAME LÉPINOIS.

Qu'y a-t-il?

LÉPINOIS, à part.

Elle l'aime!

LAURE, pleurant, à sa mère.

Pardonne-moi... d'abord je ne savais pas ce que je faisais... il m'avait fait boire du champagne...

MADAME LÉPINOIS, éclatant.

Il l'a enivrée!

LÉPINOIS, effrayé.

Ah! mon Dieu!

LAURE.

Ensuite, il m'a entraînée dans une salle garnie de camélias.

M. et MADAME LÉPINOIS.

Eh bien?...

LAURE.

Il y avait là une grande table... avec des messieurs et des dames tout autour... ils tenaient des cartes... on m'a fait jouer... et j'ai perdu vingt-cinq louis!

LÉPINOIS, avec joie.

Voilà tout?

MADAME LÉPINOIS.

Joueuse! à dix-sept ans! le voilà donc, ce monde, avec es girandoles!

LAURE.

Alors, comme je n'avais pas d'argent, M. de Grandgicourt a payé pour moi... Et, maintenant, je ne sais comment m'acquitter... parce qu'avec les soixante francs que tu me donnes par mois pour ma toilette...

LÉPINOIS, solennellement.

Sans doute, ta faute est grande, ma fille... mais un breuvage perfide avait troublé ta raison... Heureusement la Providence a placé sur ton chemin un homme illustre par sa naissance, puissant par sa fortune, recommandable par ses vertus privées.

MADAME LÉPINOIS.

Il faut le dire vite !

LÉPINOIS.

Cet homme t'a ouvert généreusement sa bourse... il t'a tendu la main quand tu étais dans le malheur... je te connais, ma fille, tu ne répondras pas par l'ingratitude à un si noble procédé...

LAURE.

Je ne demande pas mieux que de le rembourser...

LÉPINOIS.

Sois tranquille, ce soir même, M. de Grandgicourt sera payé.

LAURE, vivement.

Oh bien, s'il est payé, j'aime mieux épouser mon cousin

LÉPINOIS, déconcerté.

Comment?

MADAME LÉPINOIS, à Laure.

Tiens! que je t'embrasse pour le mot...

Elle l'embrasse.

SCÈNE VI.

Les Mêmes, THÉRÈSE.

THÉRÈSE, entrant par la gauche.

Je vous demande pardon de vous avoir fait attendre.

MADAME LÉPINOIS.

Parle! de quoi s'agit-il ?...

LÉPINOIS.

Nous avons lu ton billet.

THÉRÈSE, bas.

Tout à l'heure... éloignez ma sœur...

MADAME LÉPINOIS.

Laure... tu as tout juste le temps de faire tes devoirs... Entre là... dans le petit salon...

LÉPINOIS.

A midi, je te conduirai à ton cours... Va, mon enfant.

Laure sort par la droite.

SCÈNE VII.

LÉPINOIS, MADAME LÉPINOIS, THÉRÈSE, puis JOSEPH.

THÉRÈSE, se jetant dans les bras de sa mère.

Ah! maman... je suis bien malheureuse!

MADAME LÉPINOIS.

Voyons... calme-toi!

THÉRÈSE.

Olivier ne m'aime plus... il me trompe!

MADAME LÉPINOIS.

Après six mois de mariage?

LÉPINOIS.

C'est impossible!

THÉRÈSE.

J'en ai la preuve... Hier, au bal du baron, dans un bosquet, je l'ai surpris embrassant madame de Tremble..

MADAME LÉPINOIS.

Comment! cette petite pimbêche...?

LÉPINOIS.

Tu as peut-être mal vu?...

THÉRÈSE.

Non, mon père... j'étais à deux pas de lui... je ne pouvais me tromper... Aussi, je ne veux plus rester ici... je vous en prie, emmenez-moi!

MADAME LÉPINOIS.

Y songes-tu?... une séparation!

LÉPINOIS.

Voyons... mon enfant... il ne faut rien exagérer... ton mari a été... courtois avec cette dame...

MADAME LÉPINOIS.

Vous appelez ça être courtois?

LÉPINOIS.

Ma chère amie, le grand monde a des usages auxquels

nous ne sommes pas initiés... Ainsi, moi-même, j'ai été empressé auprès d'une personne... étrangère...

THÉRÈSE.

Mais vous ne l'avez pas embrassée ?...

LÉPINOIS.

Non! (A part.) Je le regrette! (Haut.) Mais un baiser... dans un bal masqué... où le champagne pétille sous le feu des girandoles... cela ne prouve rien!... c'est une politesse.

MADAME LÉPINOIS.

Il faut voir ton mari... dis-lui ce que tu as sur le cœur, ne te gêne pas, ça soulage... Moi, c'est mon système... demande à ton père!

LÉPINOIS.

Oui... ta mère se soulage souvent.

THÉRÈSE.

Lui parler... et pourquoi?...

MADAME LÉPINOIS.

Mais pour qu'il s'explique... qu'il s'excuse... qu'il s'humilie... qu'il se traîne à tes genoux..

LÉPINOIS.

Mais, ma chère amie...

MADAME LÉPINOIS, à son mari.

Taisez-vous !... vous n'avez pas le droit de parler... nous causerons tantôt...

LÉPINOIS, à part.

Encore! nous ne faisons que ça depuis hier !

JOSEPH, entrant avec une lettre à la main.

Madame, une lettre pour monsieur.

THÉRÈSE, la prenant.

C'est bien... laissez-nous! (Joseph sort. — Lisant l'adresse.) « A M. de Millancey... Personnelle! »

LÉPINOIS.

Cela veut dire que c'est pour la personne.

THÉRÈSE.

Ce n'est pas une écriture d'homme!

Madame Lépinois prend la lettre, la regarde, la flaire et la met sous le nez de son mari.

MADAME LÉPINOIS.

Sentez-moi ça!

LÉPINOIS, flairant et se pâmant.

Ah!

MADAME LÉPINOIS.

C'est d'une femme!

Elle rompt le cachet.

THÉRÈSE.

Que fais-tu?...

LÉPINOIS.

Il y a « personnelle... »

MADAME LÉPINOIS.

Ah! ça m'est bien égal! Moi, j'ai lu « péronnelle... » (Lisant.) « Mon ami... j'ai à vous gronder... J'irai aujourd'hui à trois heures faire visite à votre femme... Tâchez de l'éloigner... »

THÉRÈSE.

Hein?

MADAME LÉPINOIS, lisant.

« La petite vendangeuse, qui veut bien croire encore à votre amour. »

THÉRÈSE, très-indignée.

Un rendez-vous? Chez moi!

MADAME LÉPINOIS.

Jour de Dieu ! (Furieuse, à son mari.) Ne vous avisez jamais de ça, vous !

LÉPINOIS.

Moi ?... mais, ma bonne... (A part.) Que ces femmes du monde sont compromettantes !...

SCÈNE VIII.

Les Mêmes, OLIVIER.

OLIVIER, entrant par la gauche et appelant.

Joseph ! Joseph !... Que vois-je !... mon beau-père... Madame Lépinois... à cette heure matinale?

MADAME LÉPINOIS, très-froidement.

Oui, monsieur, c'est nous ! (Bas, à son mari.) Soyez digne!

LÉPINOIS, bas.

Sois tranquille ! (Haut, à Olivier.) Oui, monsieur, c'est nous !

OLIVIER.

Ah ! mon Dieu, quel accueil solennel !

THÉRÈSE, qui s'est assise sur le canapé à droite.

Monsieur, j'ai prié mon père et ma mère de venir pour assister à l'explication qui doit avoir lieu entre nous.

OLIVIER, étonné.

Une explication ?..

LÉPINOIS, bas, à Olivier.

Niez la lettre !

OLIVIER, bas.

Quelle lettre ?...

MADAME LÉPINOIS, à son mari.

Vous dites?...

LÉPINOIS.

Rien, ma bonne.

Elle remonte.

THÉRÈSE.

Il ne me convenait pas hier de provoquer un scandale dans le salon de M. le baron de Grandgicourt ; mais vous n'avez pas espéré, je suppose, que je fermerais les yeux sur votre conduite ?

OLIVIER.

Ma conduite ?

THÉRÈSE.

Je veux parler de vos assiduités auprès de madame de Tremble.

MADAME LÉPINOIS, appuyant.

La petite vendangeuse !

OLIVIER.

Ah ! une scène de jalousie !... et c'est pour cela que vous avez convoqué le conseil de famille ?...

THÉRÈSE.

J'ai voulu que mon père et ma mère apprissent jusqu'à quel point vous avez trompé leur confiance et la mienne.

ACTE TROISIÈME.

OLIVIER.

Voyons, ma chère, ne faisons pas de mélodrame... c'est un genre que je déteste... Qu'avez-vous à me reprocher ?

LÉPINOIS, à part.

Il va s'enferrer !

OLIVIER.

Quelques attentions d'un homme bien élevé, auprès d'une jolie femme, quelques galanteries banales...

MADAME LÉPINOIS, éclatant.

Banales !... un baiser !...

OLIVIER, surpris.

Comment ! vous savez ?..

THÉRÈSE.

Oui, monsieur, j'étais là !...

OLIVIER.

Et vous avez pris au sérieux une plaisanterie ?...

LÉPINOIS.

De salon !

OLIVIER.

D'ailleurs, un baiser sous le masque n'a rien de compromettant... c'est une sorte d'hommage familier... un compliment des lèvres... où le cœur n'est pour rien.

LÉPINOIS.

Pour rien du tout !

OLIVIER, s'asseyant près d'elle, sur une chaise.

Il serait temps cependant de laisser de côté vos scrupules de petite bourgeoise effarouchée... et de prendre un peu le diapason du monde dans lequel vous êtes entrée.

THÉRÈSE.

Je vous remercie du conseil.

OLIVIER.

Où diable avez-vous rêvé que mes soins auprès de madame de Tremble pouvaient être un danger pour vous?.. Je la connais à peine, cette dame... je ne la reverrai probablement jamais...

THÉRÈSE.

Pardon... vous la reverrez... je vous annonce sa visite pour aujourd'hui.

OLIVIER.

Comment?...

LÉPINOIS, bas et vivement.

Niez la lettre!

OLIVIER.

Quelle lettre?

THÉRÈSE, lui tendant la lettre.

Celle-ci!...

OLIVIER, parcourant la lettre, et à part, se levant.

De la comtesse! Maladroite!

THÉRÈSE, se levant.

A l'avenir, je suivrai vos conseils,... monsieur... j'essayerai de me familiariser avec les habitudes et les mœurs de votre monde... je ne suis encore qu'une petite bourgeoise.. je perdrai ces scrupules que vous me reprochez!

OLIVIER.

Thérèse!

THÉRÈSE.

On me dit souvent que je suis jolie... je refusais de la croire... je le croirai...

MADAME LÉPINOIS.

Très-bien ! moi aussi !

THÉRÈSE.

J'accueillerai les propos galants... je me laisserai même embrasser...

MADAME LÉPINOIS, à son mari.

Moi aussi ?

THÉRÈSE.

On me fera la cour ! on me la fait déjà !

OLIVIER.

Comment ! permettez...

THÉRÈSE.

Un homme charmant, distingué, spirituel, dévoué.

Elle remonte.

MADAME LÉPINOIS.

Je le connais !

OLIVIER, à madame Lépinois.

Son nom ?

MADAME LÉPINOIS.

Que vous importe ! c'est un cavalier parfait... qui s'est montré plein d'égards et de petits soins pour moi...

LÉPINOIS.

Pour toi ? Laisse-moi donc tranquille !

MADAME LÉPINOIS.

Pourquoi pas ?... Ah çà, monsieur, vous me croyez donc finie ?...

LÉPINOIS.

Mais...

MADAME LÉPINOIS.

Je vous prouverai le contraire!... je me lancerai aussi!... Viens, ma fille !

Thérèse et madame Lépinois sortent par la gauche.

SCÈNE IX.

LÉPINOIS, OLIVIER, puis LAURE.

LÉPINOIS, à part.

Lance-toi, ma bonne, lance-toi !... elle a quarante-huit ans... Trop tard !

Il s'assied.

OLIVIER.

Beau-père... connaissez-vous ce cavalier accompli qui fait la cour à ma femme ?...

LÉPINOIS.

Ah çà ! est-ce que vous allez devenir jaloux, à présent ?...

OLIVIER.

Non... mais, malgré moi, cela me préoccupe... Le dépit pousse quelquefois les femmes à faire des choses si extravagantes !...

LÉPINOIS.

Laissez vos soupçons, mon cher, ce n'est pas de notre monde... c'est bourgeois !... regardez-moi... vous avez en-

ACTE TROISIÈME.

tendu les menaces de madame Lépinois... Eh bien, je suis calme! un roc!

OLIVIER.

Parbleu! vous!

LAURE, entrant.

Papa, mes devoirs sont terminés... voici l'heure d'aller au cours...

LÉPINOIS.

Très-bien!

Il se lève.

LAURE.

Oh! bonjour Olivier... Je viens de voir votre bouquet, il est superbe!

OLIVIER.

Mon bouquet?

LAURE.

On vient de l'apporter pour ma sœur pendant que je faisais mes devoirs... il m'a donné des distractions.

OLIVIER.

Mais quel bouquet?... je n'ai pas envoyé de bouquet à ma femme!

LAURE.

Comment! ce n'est pas vous?... Oh! que c'est vilain! alors je sais qui...

OLIVIER.

Ah!

LAURE.

Vous ne devinez pas?...

OLIVIER.

Non !

LAURE.

C'est M. de Jonsac !

LÉPINOIS, bas, à Laure.

Tais-toi donc !

OLIVIER.

Est-il possible ?...

LAURE.

Ah ! c'est un ami, celui-là !... il aime bien Thérèse !

OLIVIER, à part.

Ah ! mon Dieu, lui !...

LAURE.

Et Thérèse l'aime bien aussi !

OLIVIER.

Thérèse ?

LÉPINOIS, intervenant.

En voilà assez, mademoiselle ! suivez-moi !... vous verrez que nous arriverons après la dictée !... (Bas.) Petite bavarde !

LAURE, à part, étonnée.

Quel mal y a-t-il à cela ?

<small>Lépinois et Laure sortent par le fond.</small>

SCÈNE X.

OLIVIER, puis ROBERT.

OLIVIER, seul, répétant la phrase de Laure.

« Et Thérèse l'aime bien aussi!... » Jonsac!... un ami! allons donc! c'est impossible! lui que je reçois comme un frère, qui vit dans notre intimité... (Soupçonneux.) Au fait, il est toujours ici, galant, empressé, souriant... Oh! cette pensée... ce serait odieux!

ROBERT, entrant.

Bonjour, Olivier!

OLIVIER.

Robert... (Il court vivement vers lui.) Écoute, tu es mon ami, toi... promets-moi de me répondre franchement?

ROBERT.

A quoi?

OLIVIER.

Que dit-on dans le monde de M. de Jonsac?... (Hésitant.) et de ma femme?...

ROBERT, embarrassé.

Mais... rien... je ne sais...

OLIVIER.

Tu hésites!... J'ai compris... de Jonsac est l'amant de ma femme!

ROBERT.

Tu es fou! on ne dit pas cela!

OLIVIER.

Alors, que dit-on ?... Voyons... Robert... il s'agit de mon repos... de mon bonheur... il s'agit de ton plus vieil ami... parle, je t'en prie !

ROBERT.

Tu veux savoir la vérité ?

OLIVIER.

Oh ! oui !.

ROBERT.

J'aurai le courage de te la dire... car je souffre.... pour toi et pour Thérèse, de tout ce que je vois depuis trois mois.

OLIVIER.

Va ! va !

ROBERT.

Eh bien, l'on s'étonne dans le monde que, marié à une jeune femme, tu aies admis M. de Jonsac dans une intimité aussi grande... on s'étonne de le voir l'hôte assidu de ton foyer... on s'étonne de voir ta femme bien plus à son bras qu'au tien, se montrant publiquement au Bois, aux courses, au théâtre, partout enfin où la médisance publique peut exercer sa langue... de là des suppositions... des conjectures... des calomnies qui font dire...

OLIVIER.

Qui font dire ?...

ROBERT.

Que Jonsac fait la cour à ta femme... (Mouvement d'Olivier.) et lui-même ne manque aucune occasion de laisser accréditer ce bruit.

ACTE TROISIÈME.

OLIVIER.

Comment ?

ROBERT.

Hier encore, il portait à sa boutonnière une fleur de son bouquet.

OLIVIER.

C'est une preuve !

ROBERT.

Comme tu en portais une du bouquet de madame de Tremble.

OLIVIER, vivement.

Alors ce n'est pas une preuve !

ROBERT.

Froissé de ces familiarités, j'ai cru devoir m'en expliquer avec lui.

OLIVIER.

Toi ?...

ROBERT.

Oui... pendant le bal... je me suis adressé à sa loyauté, à sa reconnaissance... en lui apprenant cette rencontre dans laquelle tu as failli te faire tuer pour lui...

OLIVIER.

Eh bien?...

ROBERT.

Il la connaissait... et il m'a répondu d'un air passablement ironique : « Ce serait mal reconnaître les services du mari que de manquer de politesse envers la femme... Je l'ai invitée à valser... Elle m'attend... vous permettez, monsieur ?... » Et il m'a quitté !

OLIVIER, furieux.

Oh ! le misérable !

JOSEPH, entrant.

M. de Jonsac est au salon... il demande madame !

OLIVIER.

Lui !... faites entrer !

Joseph sort.

ROBERT.

Olivier... que vas-tu faire ?... du calme !

OLIVIER.

Sois tranquille... Entre chez ces dames... je puis avoir besoin de toi tout à l'heure... Tu me comprends... pas un mot de tout ceci à Thérèse !

Robert sort par la gauche.

SCÈNE XI.

OLIVIER, JONSAC

JONSAC.

C'est moi... je viens savoir ce que nous faisons aujourd'hui... Comment va Thérèse ?...

OLIVIER.

Je vous remercie... elle va bien... Thérèse !

JONSAC.

Qu'avez-vous donc?

OLIVIER.

Oh! peu de chose... Le bruit court, monsieur le comte, que vous faites la cour à ma femme...

JONSAC.

Ah! vous vous en apercevez?...

OLIVIER.

Comment! vous osez en convenir?...

JONSAC.

Du calme!... On voit bien que vous êtes un jeune mari... vous n'avez pas l'habitude de ces choses-là!

OLIVIER.

Je vous préviens, monsieur, que je prends l'affaire au sérieux...

JONSAC.

Vrai!... Eh bien, tant mieux!... vous voilà arrivé au point où je voulais... Asseyons-nous et causons...

OLIVIER.

Inutile, monsieur.

JONSAC.

Restez debout, si vous voulez moi, je préfère m'asseoir.

<small>Ils s'asseyent tous les deux.</small>

OLIVIER.

Dépêchons-nous, je vous prie!

JONSAC.

Mon ami... (Mouvement d'Olivier.) Attendez!... Vous vous êtes battu pour moi avec un faquin dont j'attends la guérison pour lui proposer une seconde partie... Je ne croyais plus guère au dévouement; vous m'avez prouvé que je me trompais, et je vous en remercie...

OLIVIER.

Ce langage!...

JONSAC.

Vous étonne... Je vais vous étonner bien davantage tout à l'heure... Le lendemain du jour où vous vous êtes battu pour moi, je me suis demandé quel service je pourrais vous rendre à mon tour... j'ai regardé dans votre vie comme dans celle d'un ami... et j'ai trouvé...

OLIVIER.

Ah!..

DE JONSAC.

Vous veniez de vous marier... vous aviez épousé une femme jolie, spirituelle, sensible à la flatterie et aux hommages... aux hommages respectueusement présentés, bien entendu... Je vous ai vu lancer cette jeune fille étourdiment dans le courant d'une société équivoque... je puis en parler... c'est la mienne!... je vous ai vu la conduire dans un monde de plaisirs, d'intrigues, de tentations... et je me suis dit : « C'est dommage !... » et j'ai prévu que votre femme ne pourrait respirer longtemps cet air malsain, sans faiblir, sans succomber peut-être...

OLIVIER.

Monsieur.

DE JONSAC.

Ah! j'en ai un exemple fatal... dans ma famille... Un mari imprudent, étourdi... comme vous... facile sur le choix de ses relations... Il a cédé comme vous à l'entraînement de ce monde faux et brillant... il y a jeté sa femme... et, aujourd'hui... ils sont séparés... pour toujours...

OLIVIER, à part.

Comme il est ému !

JONSAC.

Vous veniez de défendre mon honneur, je résolus de préserver le vôtre !..

ACTE TROISIÈME.

OLIVIER.

Je ne saisis pas...

JONSAC.

J'ai compris qu'au milieu de toutes ces intrigues, il serait bien difficile à votre femme, de ne pas en rencontrer une... j'ai compris qu'il lui fallait un roman, pour éviter une chute... et j'ai été ce roman.... roman plein de réserve, de tact, de mesure... j'ai occupé son esprit en respectant son cœur... enfin, j'ai joué près d'elle le rôle ingrat d'un amoureux... qui ne veut pas être aimé. (Se levant.) Olivier, croyez-moi, je puis avoir des défauts, des vices même... mais deux choses me sont restées : la reconnaissance et la loyauté.

OLIVIER.

En vérité... je ne sais ce que je dois croire...

JONSAC.

Voyons, réfléchissez, si j'avais cherché à séduire votre femme, si j'avais été capable de cette lâcheté, vous aurais-je donné hier au soir le conseil de quitter madame de Tremblo pour suivre madame de Millancey?

OLIVIER.

C'est vrai... cette insistance... ces paroles honnêtes...

JONSAC.

Oui... c'est vrai, j'ai prêché un peu... ce n'est pas dans mes habitudes... mais pour un ami qui allait se perdre...

OLIVIER, se levant.

Je vous crois, monsieur... mais vous avez joué un jeu dangereux...

JONSAC.

Non... je suis sûr de moi...

OLIVIER.

Mais elle?

DE JONSAC.

Comment?

OLIVIER.

Si ma femme, subjuguée par vos soins, vos hommages, votre esprit... si elle vous aimait?

DE JONSAC, effrayé.

Elle? que dites-vous? Allons donc, c'est impossible!

SCÈNE XII.

Les Mêmes, THÉRÈSE.

THÉRÈSE, entrant

Bonjour, comte... On m'a dit que vous étiez ici... et je suis accourue... J'ai à vous remercier pour le charmant bouquet que vous m'avez envoyé... c'est une merveille... je le porterai ce soir aux Italiens! Je compte sur votre bras, n'est-ce pas? mon mari a affaire, je crois... Demain, vous me conduirez aux courses... Oh! ce sera une journée de fête!

OLIVIER, bas, à Jonsac.

Vous entendez?

JONSAC, bas, à Olivier.

Si c'est une comédie, nous allons le savoir. (Haut, prenant son chapeau.) Monsieur de Millancey, dans une heure, mes témoins seront à vos ordres.

THÉRÈSE.

Des témoins? un duel! mais pourquoi? Je devine! (A Olivier.) Tu es jaloux! (A Jonsac.) De quel droit venez-vous provoquer mon mari? je ne vous connais pas. (Se jetant dans les bras d'Olivier.) Je ne veux pas que tu te battes! Je t'aime!...

JONSAC.

Allons donc! voilà ce que je voulais vous faire dire!

OLIVIER, embrassant sa femme.

Chère Thérèse!

JONSAC.

Excusez-moi, madame, vous êtes bien jolie... mais je ne vous ai jamais aimée.

THÉRÈSE.

Comment?

JONSAC.

Oh! mais du tout! du tout!...

OLIVIER, lui serrant la main.

Oh! quel ami nous avons là!

SCÈNE XIII.

Les Mêmes, MADAME LÉPINOIS, ROBERT, LÉPINOIS, LAURE, puis JOSEPH.

ROBERT, entrant par le côté gauche avec madame Lépinois.

Hein! ils se serrent la main!

LÉPINOIS, qui est entré avec Laure par le fond, à part.

Qu'est-ce que cela signifie?

OLIVIER.

J'étais fou... M. de Jonsac est le plus galant homme que je connaisse.

LÉPINOIS, à part.

Je ne comprends plus.

MADAME LÉPINOIS, à part.

C'est égal, je le surveillerai.

JOSEPH, entrant.

Madame la comtesse de Tremble est au salon.

TOUS.

La comtesse ?

MADAME LÉPINOIS.

La vendangeuse !

DE JONSAC.

Eh bien, mais il faut la recevoir. (A Joseph.) Faites entrer !...

THÉRÈSE.

C'est que...

JONSAC.

Dites à madame de Tremble que M. de Jonsac est ici... et qu'il sera enchanté de la voir...

Joseph sort.

THÉRÈSE, allant à sa mère.

Oh ! cette femme !...

MADAME LÉPINOIS, bas, à Thérèse.

Sois tranquille... je vais lui dire son fait !

LÉPINOIS, bas, à Olivier.

Soyez froid et digne !

ACTE TROISIÈME.

JOSEPH, rentrant.

Cette dame vient de partir!

TOUS.

Comment!...

JOSEPH.

Quand j'ai prononcé le nom de M. de Jonsac!... elle a pris la porte et elle court encore!...

THÉRÈSE, à Jonsac.

Qu'est-ce que cela veut dire?

DE JONSAC.

Rien... c'est une question d'électricité!

LÉPINOIS, à Joseph.

Eh bien, qu'est-ce que tu attends?...

JOSEPH.

Monsieur... il y en a une autre... une dame bien souffrante....la princesse Douchinka.

LÉPINOIS.

La princesse?... Je vais la recevoir.

MADAME LÉPINOIS.

Je vous ordonne de rester! (A Joseph.) Dites à madame la princesse que nous sommes tous indisposés!...

Joseph sort.

SCÈNE XIV.

Les Mêmes, GRANDGICOURT.

GRANDGICOURT, paraissant à la porte du fond, à Joseph.

C'est inutile de m'annoncer... Je suis de la maison.

TOUS.

Monsieur de Grandgicourt !

GRANDGICOURT.

C'est moi... un peu tremblant... mais plein d'espoir encore.

LÉPINOIS.

Monsieur le baron, permettez-moi d'abord de vous remettre les vingt-cinq louis que vous avez bien voulu prêter à ma fille.

GRANDGICOURT.

Non... Vous ne me devez rien... (Indiquant Robert.) Monsieur m'a remboursé.

TOUS.

Robert !...

GRANDGICOURT.

Il l'a exigé absolument... (A Laure.) Mademoiselle, vos parents vous ont sans doute fait part de mes projets... puis-je espérer qu'une réponse favorable...?

LAURE.

Désolée, monsieur, mais j'épouse celui qui paye mes dettes !

ROBERT

Laure !

GRANDGICOURT.

Comment?... Ce n'est pas possible!... Est-ce que monsieur votre père ne vous a pas parlé du douaire?... Je le double !

LAURE.

Oh ! ça m'est égal ! j'aime mieux mon cousin.

GRANDGICOURT, à part.

Un petit peintre... Je lui ferai des commandes éloignées. Je lui dirai de me peindre l'Égypte.

LÉPINOIS.

Monsieur le baron, voulez-vous me permettre de vous donner un conseil?... Réparez vos fautes... Donnez un nom à votre victime.

GRANDGICOURT.

Je vous remercie, mais ça ne me tente pas beaucoup... (A Robert.) Sans rancune, jeune homme... Je vous commande un portrait des Pyramides...

ROBERT.

Volontiers... Mais vous me les ferez venir.

GRANDGICOURT, à part.

Il se méfie... c'est un petit ménage qu'il faut laisser dormir pendant un an... Je reviendrai au printemps.. comme les asperges, (Se reprenant.) comme le soleil... (Saluant.) Mesdames... Messieurs...

FIN DE LA PREMIÈRE SÉRIE.

TABLE

LE PRIX MARTIN	1
J'AI COMPROMIS MA FEMME.	123
LA CIGALE CHEZ LES FOURMIS.	189
SI JAMAIS JE TE PINCE!.	241
UN MARI QUI LANCE SA FEMME	354

TABLE GÉNÉRALE

TOME PREMIER.

	Pages
UN CHAPEAU DE PAILLE D'ITALIE.	1
LE MISANTHROPE ET L'AUVERGNAT.	133
EDGARD ET SA BONNE.	201
LA FILLE BIEN GARDÉE.	265
UN JEUNE HOMME PRESSÉ.	333
DEUX PAPAS TRÈS-BIEN.	337
L'AFFAIRE DE LA RUE DE LOURCINE.	431

TOME II.

LE VOYAGE DE M. PERRICHON.	1
LA GRAMMAIRE.	123
LES PETITS OISEAUX.	179
LA POUDRE AUX YEUX.	295
LES VIVACITÉS DU CAPITAINE TIC.	401

TOME III.

CÉLIMARE LE BIEN-AIMÉ.	1
UN MONSIEUR QUI PREND LA MOUCHE.	137
FRISETTE.	213
MON ISMÉNIE.	267
J'INVITE LE COLONEL.	331
LE BARON DE FOURCHEVIF.	377
LE CLUB CHAMPENOIS.	441

TABLE GÉNÉRALE.

TOME IV.

	Pages.
MOI.	1
LES DEUX TIMIDES.	155
EMBRASSONS-NOUS, FOLLEVILLE!	209
UN GARÇON DE CHEZ VÉRY.	271
LES SUITES D'UN PREMIER LIT.	398
MAMAN SABOULEUX.	425
LES MARQUISES DE LA FOURCHETTE.	455

TOME V.

LA CAGNOTTE.	1
LA PERLE DE LA CANNEBIÈRE.	171
LE PREMIER PAS.	239
UN GROS MOT.	305
LE CHOIX D'UN GENDRE.	357
LES 37 SOUS DE M. MONTAUDOIN.	403

TOME VI.

LE PLUS HEUREUX DES TROIS.	1
LA COMMODE DE VICTORINE.	141
L'AVARE EN GANTS JAUNES.	203
LA SENSITIVE.	309
LE CACHEMIRE X. B. T.	413

TOME VII.

LES TRENTE MILLIONS DE GLADIATOR.	1
LE PETIT VOYAGE.	135
29 DEGRÉS A L'OMBRE.	173
LE MAJOR CRAVACHON.	217
LA MAIN LESTE.	273
UN PIED DANS LE CRIME.	319

TABLE GÉNÉRALE.

TOME VIII.

Pages.

LES PETITES MAINS.	1
DEUX MERLES BLANCS.	115
LA CHASSE AUX CORBEAUX.	255
UN MONSIEUR QUI A BRULÉ UNE DAME.	395
LE CLOU AUX MARIS.	445

TOME IX.

DOIT-ON LE DIRE ?	1
LES NOCES DE BOUCHENCOEUR.	131
LA STATION CHAMPBAUDET.	231
LE POINT DE MIRE.	343

TOME X.

LE PRIX MARTIN.	1
J'AI COMPROMIS MA FEMME.	123
LA CIGALE CHEZ LES FOURMIS.	189
SI JAMAIS JE TE PINCE.	241
UN MARI QUI LANCE SA FEMME.	354

FIN DE LA TABLE GÉNÉRALE
DE LA PREMIÈRE SÉRIE.

ÉMILE COLIN — IMPRIMERIE DE LAGNY.

www.ingramcontent.com/pod-product-compliance
Lightning Source LLC
Chambersburg PA
CBHW070601230426
43670CB00010B/1373